Vom Nutzen der grauen Theorie

Pädagogik und Psychologie für Referendare und Lehreranwärter an beruflichen Schulen und Institutionen der Weiterbildung

Von

Karin Michaelis-Jähnke

Schneider Verlag Hohengehren GmbH

Umschlagbild und Illustrationen: Karin Michaelis-Jähnke

Gedruckt auf umweltfreundlichem Papier (chlor- und säurefrei hergestellt).

Bibliografische Information Der Deutschen Bibliothek

Die Deutsche Bibliothek verzeichnet diese Publikation in der Deutschen Nationalbibliografie; detaillierte bibliografische Daten sind im Internet über ›http://dnb.ddb.de‹ abrufbar.

ISBN 3-8340-0086-8

Schneider Verlag Hohengehren, Wilhelmstr. 13, D-73666 Baltmannsweiler

Printed in Germany – Druck: Hofmann, Schorndorf

Inhaltsverzeichnis

Für Norbert

und für Birgit,

Achim und Jan-Christof

Ich danke Professorin Berta Wurz, langjährige Fachleiterin für Physik am Staatlichen Seminar für Didaktik und Lehrerbildung (BS) Karlsruhe, für die erste Lektüre dieses Buches und für wertvolle Hinweise. Auch meinem Kollegium bin ich zu Dank verpflichtet, besonders aber den Referendaren und Referendarinnen der Kurse '98 bis '03, die meine Neuerungen mitgetragen und mitgestaltet haben. Und ich danke meiner Familie für ihr kritisches Interesse.

1. Einleitung

1. Einleitung

Viele Referendare und Referendarinnen, besonders solche, die an beruflichen Schulen ihre Arbeit aufnehmen, haben sich erst spät entschlossen, Lehrer zu werden. Oft ging sogar eine Phase der Berufstätigkeit in der freien Wirtschaft voraus. Dennoch – oder gerade deshalb – stürzen sich die meisten von ihnen mit Elan auf die Erfordernisse des neuen Berufs, sind aber oft ratlos, mit welchem Teilaspekt des umfangreichen Tätigkeitsfeldes sie beginnen sollen. Sie merken, dass sie ihr eigenes Fachwissen auffrischen und neu akzentuieren müssen; sie müssen sich mit zwei bis drei Fachdidaktiken auseinander setzen und sie spüren, dass sie sich unbedingt auch Kenntnisse in Pädagogik, Psychologie, Kommunikation, Rhetorik, Jugendentwicklung und in gesellschaftlichen Fragen aneignen sollten.

Gleichzeitig stehen sie unter Handlungsdruck. Der erste Unterricht ist oft schon nach ein paar Wochen angesagt und wenig später gilt es, Arbeiten zu korrigieren und Schüler zu beurteilen. Der Wunsch nach Expertenwissen ist deshalb zumeist groß, der Wunsch nach schnörkellosen praktischen Tipps jedoch meist noch viel größer: Die Zeit reicht hinten und vorne nicht und Vorrang hat der Unterricht am folgenden Tag.

Unter diesen Anfangsbedingungen haben etliche Referendarinnen und Referendare den Eindruck, dass die in der Ausbildung dargebotenen pädagogischen und psychologischen Theorien umständlich, weitschweifig und praxisfern sind: Vielfach beziehen sie sich nur auf einen winzig kleinen Problemausschnitt des großen, komplexen Handlungsfeldes Schule.

Hier soll das vorliegende Buch eine Lücke schließen helfen. Es enthält Expertenwissen; aber immer wird das Wissen in den schulpraktischen Zusammenhang gestellt. Jedes Kapitel geht von konkreten Fragen aus, die Lehramtsanwärter beschäftigen. Es folgen knappe Theoriedarstellungen und es schließen sich regelmäßig Überlegungen an, welche Konsequenzen für die Praxis sich daraus ergeben. Die Kapitel enden schließlich mit praktischen, jedoch theoriegestützten Tipps und Literaturangaben zur möglichen Vertiefung.

Neben dem Bemühen, den Bezug zur Praxis herzustellen, stand auch das Bestreben, die Theoriemodule, die aus den unterschiedlichsten Disziplinen stammen, miteinander zu verknüpfen. Das Buch ist deshalb nicht nach Fachgebieten, sondern nach Themen gegliedert. Der gemeinsame Kristallisationspunkt ist der in schulischen Organisationen lernende und sich entwickelnde Mensch. Spätestens hier fügen sich die Puzzleteile zu einem ganzen Bild, das beim Leser und der Leserin zu einer sogenannten handlungsleitenden Kognition werden kann.

Mit der Themenauswahl folge ich im Wesentlichen kultusministeriellen Vorgaben, um die Referendarinnen und Referendare gut für die zweite Staatsprüfung zu rüsten. Gleichzeitig ist es mein eigenes, teilweise zusätzliches Bestreben, alle Bestimmungsmomente des didaktischen Feldes zu beleuchten. Die Lehramtsanwärter sollen etwas über das Lehren und Lernen und dessen Bedingungen erfahren (Kapitel 2, 4 und 6), über die Schüler (Kapitel 9), über die Lehrer (Kapitel 10) und die Aufbereitung und Planung des Unterrichtsgegenstandes und des Unterrichts (Kapitel 3). Darüber hinaus wird die gesellschaftliche Relevanz thematisiert (Kapitel 5, 7 und 8) und es wird die Interaktion zwischen den Beteiligten behandelt (Kapitel 11).

Die Reihenfolge schließlich orientiert sich an den Bedürfnissen der Referendare und Referendarinnen im ersten Jahr der praktischen Ausbildungsphase. Zunächst ist die Beschäftigung mit der ganz konkreten Unterrichtsplanung vorrangig. Es folgen Überlegungen zu Lehr- und Lernprozessen. Danach werden unterschiedliche didaktische Positionen erörtert und unterschiedliche Bedingungen des Lernens thematisiert. Mit dem Fortschreiten der eigenen Unterrichtserfahrung wächst dann die Notwendigkeit, die Beurteilungs- und Bewertungspraxis kritisch zu diskutieren. Sie hat letztlich mit Normen und Werten der Gesellschaft zu tun und ist an diesen zu orientieren. Im letzten Drittel des ersten Unterrichtsjahres werden Fragen der Individualität sowohl der Schüler wie der Lehrer genauer unter die Lupe genommen und es wird darüber nachgedacht, wie die Interaktion zwischen beiden günstig gestaltet werden kann.

Natürlich gäbe es noch viele weitere wichtige Themen wie Elternarbeit, Umgang mit Jugendlichen in schwierigen Lebenslagen, die Integration von Migranten und die Kooperation mit außerschulischen Lernorten, Behörden und andere. Ihre Behandlung würde aber den Rahmen dieses Büchleins sprengen. Ich bin jedoch davon überzeugt, dass die vorliegenden Themen die Grundlage für eine gezielte Wahrnehmung und entsprechende Weiterbildung liefern. Wer zum Beispiel um die Benachteiligung durch Herkunftsfaktoren weiß, der wird sein Augenmerk unwillkürlich auf Fragen der Lebensumstände lenken und sich informieren. Und die Kenntnis der Kommunikationsmodelle wird ihm helfen, auch hinter zunächst verborgene Probleme vorzudringen und im Gespräch mit allen Beteiligten nach Lösungen zu suchen.

Die Zielgruppe des Leitfadens sind in erster Linie Referendarinnen und Referendare an beruflichen Schulen, weil viele von ihnen bisher wenig Gelegenheit hatten, sich hinreichend mit pädagogischen oder psychologischen Fragen zu befassen. Im Grunde ist allgemeinpädagogisches und psychologisches Wissen jedoch schulartübergreifend nützlich. So können sich durchaus auch Lehrende anderer Schularten sowie Dozenten in Weiterbildungsmaßnahmen angesprochen fühlen.

Die vorliegende Schrift ist wertorientiert. Zugrunde liegt die Überzeugung, dass unsere Gesellschaft auf der Basis der freiheitlich-demokratischen Grundordnung lernfähig ist. Ob deren positive Weiterentwicklung gelingt, hängt auch vom Engagement der Lehrer und Lehrerinnen ab. Sie haben nolens volens einen nicht unerheblichen Einfluss auf die nächste Generation und auf deren Entscheidungsträger. Nicht zuletzt deshalb ist im Lehr-, aber auch im Erziehungsbereich unbedingt professionelles Handeln erforderlich. Professionelles Handeln aber zeichnet sich durch Theoriebezug aus.

Zum Schluss soll noch erwähnt werden, dass die Theorien unter dem Gesichtspunkt „Überblickswissen" selbstverständlich bei weitem nicht erschöpfend behandelt werden konnten. Es sei deshalb ausdrücklich auf die Literaturangaben verwiesen, die dazu ermuntern sollen, sich mit dem neuen Expertenwissen eingehender zu beschäftigen.

2. Beobachtungsaspekte

2. Beobachtungsaspekte

2.1 Fragestellung

Bevor Referendare und Referendarinnen beginnen, Unterricht zu halten, werden sie in der Regel aufgefordert, etliche Stunden lang Unterricht zu beobachten, um Gutes nachzuahmen und aus Fehlern zu lernen. Kann das funktionieren? Kann und soll man andere imitieren? Und wenn ja: Haben nicht alle schon viele Jahre lang als Schüler und Schülerinnen Unterricht beobachtet und wissen durchaus, was sie selbst tun und nicht tun möchten?

Einfach dabei zu sitzen bringt in der Tat nichts. Es kommt darauf an, was beobachtet wird und wie beobachtet wird. Es müssen also Beobachtungsbereiche herausgehoben werden und es müssen die Fehler bedacht werden, die Beobachter oft unbewusst machen. Oder, um es positiv auszudrücken, Referendare und Referendarinnen brauchen ein paar Hinweise in Bezug auf die Grundgesetze menschlicher Wahrnehmung.

2.2 Wahrnehmungsaspekte und Beobachtungsbereiche

2.2.1 Wahrnehmungsaspekte

Die menschliche Wahrnehmung – das hat die Hirnforschung inzwischen bewiesen – ist ein äußerst subjektiver Vorgang und führt zu schnellen, ebenfalls subjektiven Urteilen. Menschen nehmen wahr, was sie aufgrund ihrer eigenen Erfahrung für wichtig erachten, gleichen das Beobachtete blitzschnell mit ähnlichen Erfahrungen ab und ordnen es in eine von ihnen selbst bereitgestellte Rubrik ein. Das ist für sich allein genommen kein Fehler. Im Gegenteil: Schnelles Urteilen ist lebensnotwendig, wenn es zum Beispiel darum geht, eine Gefahr wahrzunehmen und fast im gleichen Atemzug zu bewerten, um schnell reagieren und sich retten zu können. Fehler schleichen sich erst ein, wenn wir die eigene Einschätzung bei allen Gelegenheiten – also auch wenn keine akute Gefahr besteht – für unumstößlich halten und nicht bereit sind, sie mit der von anderen abzugleichen. So können sich Vorurteile bilden, die ihrerseits wieder Missverständnisse und Kommunikationsstörungen nach sich ziehen können. Es ist zum Beispiel bekannt, dass Schüler, aber auch andere Zuhörer oder Studierende „zumachen", wenn ihnen der Stil des Vortragenden nicht zusagt: Sie bemühen sich nicht weiter um Aufmerksamkeit. Um dem vorzubeugen, ist es daher dringend nötig, detailliert Einzelheiten zu registrieren, sie anderen gegenüber zur Sprache zu bringen, sie vorsichtig und abwartend zu interpretieren und erst dann zu bewerten. Professionellen Beobachtern muss es um Verhalten gehen, das analysiert, trainiert und verändert werden kann. Sie müssen deshalb als Erstes lernen, nur konkrete

Verhaltensweisen zu beobachten und als nächstes, Beobachtung, Interpretation und Wertung zu trennen!

2.2.2 Beobachtungsbereiche

Dass wir alle unsere eigenen individuellen Beobachtungen zu eigenen Urteilen und letztlich subjektiven Theorien zusammenfügen, bedeutet nicht, dass es keine allgemeine Vorstellung davon gibt, was guten Unterricht ausmachen könnte. Zeitgenossen machen in der Regel ähnliche Erfahrungen und haben ähnliche Visionen wie z.B. die von einer anregenden Atmosphäre und einem freundlichen, aber dennoch energischen und gerechten Lehrer. Aber das Bild ist facettenreich. Einzelheiten müssen diskutiert, ein Konsens muss hergestellt und Beobachtungskriterien müssen ausgearbeitet werden. Das geschieht in den Fachdisziplinen und bei der Schulaufsicht; aber letztlich muss es auch Sache der Kollegien werden, ihre Handlungsmaximen offen zu legen und mit den jungen Mitarbeitern über günstige und zeitgemäße Verhaltensweisen zu diskutieren. Vielerorts wird das bereits geleistet. Folgende Punkte haben sich – auch in Übereinstimmung mit der sich entwickelnden Gesellschaft –als bedeutsam herauskristallisiert: Lehrer und Lehrerinnen sollten offen und schülerzugewandt sein, sie sollten klar und anschaulich erklären können, sie sollten einen partnerschaftlichen Unterrichtsstil praktizieren und die Schüler zu Aktivität und Mitarbeit animieren. Hieraus ergeben sich verschiedene Beobachtungsbereiche: Haltung, Mimik, Gestik und Sprache der Lehrkraft, rhetorische Fähigkeiten und das Führungsverhalten, das sich in der Atmosphäre niederschlägt.

2.3 Haltung, Mimik, Gestik und Sprache

Wenigen Lehrern ist bewusst, wie bedeutsam ihre Mimik, ihre Stimme, Sprache und Gestik ist, wie sehr der Stand und die Haltung, ja auch die gesamte äußere Erscheinung den Unterrichtserfolg mitbestimmen. Die Körpersprache ist sozusagen die Gebrauchsanweisung für den Inhalt. Sie lässt ihn interessant, langweilig oder gar völlig belanglos erscheinen und entscheidet also mit darüber, ob die Schüler und Schülerinnen sich überhaupt der Mühe des Zuhörens unterziehen.

Schon das erste Auftreten ist von Bedeutung. Der Lehrer oder die Lehrerin sollte Sicherheit ausstrahlen, aber auch Offenheit und Geduld und den festen Willen, das Geschehen zu lenken. Dazu muss er oder sie im wörtlichen Sinn einen festen Stand einnehmen, ohne sich zunächst anzulehnen; er oder sie muss sich aufrecht halten, den Schülern zuwenden und Blickkontakt mit ihnen aufnehmen. Das alles sollte ruhig geschehen, mit Mut zu sekundenlangen Pausen (die nur dem Lehrer lang vorkommen). Damit wird die Bereitschaft signalisiert zu warten, bis möglichst die Aufmerksamkeit aller im Raum erreicht ist. Dazu können ruhige Begleitsätze gesprochen werden, wie z. B. „Ich würde Euch/Ihnen gern das heutige Thema vorstellen".

Wenn die Hürde des Stundenbeginns genommen ist, werden Stimme, Mimik und Gestik wichtig. Die Stimme klingt natürlich, und wird darüber hinaus auch gesundheitlich geschont, wenn als Ausgangslage die Normaltonlage benutzt wird. Die kann man für sich selbst herausbekommen, indem man ein paar Mal stimmhaft seufzt und den Ton wählt, der am leichtesten, also quasi automatisch dabei heraus kommt. Aber die Normaltonlage sollte dann variiert werden! Wir alle wissen, dass Monotonie „tödlich" langweilig ist und die Hörer zum Abschweifen verleitet. Also sollten Höhen und Tiefen ausgenutzt und alle Register gezogen werden, um Engagement und Begeisterung mitschwingen zu lassen. Selbstverständlich muss auch deutliches Sprechen zur Gewohnheit werden und schließlich die Fähigkeit, die Lautstärke zu verändern, beispielsweise um Anordnungen Nachdruck zu verleihen.

Für Mimik und Gestik gilt, ihr freien Lauf zu lassen. Wir alle verfügen über die entsprechenden Mittel, scheuen uns oft nur, sie sichtbar werden zu lassen, aus Angst „unsachlich" zu wirken. Im Umgang mit Menschen ist es weniger wichtig, sachlich zu wirken, sondern es ist wichtig, „menschlich" zu wirken. Sogar Ärger oder Freude dürfen sichtbar sein. So wissen Schüler, woran sie mit uns sind und die Befindlichkeiten können zur Sprache kommen. Heutige Schüler, die nicht mehr den Respekt der fünfziger Jahre vor ihren „Paukern" haben, fragen auch schon mal ganz freimütig: „Sind Sie jetzt sauer?" Etwas Besseres kann Lehrern in schwierigen Klassen gar nicht passieren; es ist eine Einladung zur Metakommunikation, also die Gelegenheit, mit Schülern über die Kommunikation zu sprechen (vgl. Kapitel Lehrer / Schüler-Interaktion).

Im Zusammenhang mit der Gestik gibt es noch eine besondere Schwierigkeit: Viele Lehrer wissen nicht, wie und wo sie ihre Arme halten sollen. Das Ergebnis ist oft ein verkrampftes Kreuzen, möglicherweise sogar auf dem Rücken. Hiermit nimmt sich die Lehrerin oder der Lehrer aber die Möglichkeit, frei zu gestikulieren und die Rede zu unterstreichen. Es wird deshalb empfohlen, die Arme leicht angewinkelt in Hüfthöhe zu halten und die Hände locker ineinander zu legen, so dass sie frei sind und normalerweise wie von selbst agieren, wie im normalen Gespräch unter Freunden auch.

Zum Schluss sei noch erwähnt, dass auch die Art der Kleidung eine Rolle spielt. Hier soll nicht irgendeiner Mode das Wort geredet werden, sondern eher für seriöse Unauffälligkeit plädiert werden. „Schräge" Kleidung lenkt Lernende ab und verleitet sie zum Tuscheln oder gar Karikieren. Und allzu jugendliche Kleidung, die Referendare gern tragen, weil sie sich den Jugendlichen oft noch besonders verbunden fühlen, kann zu Missverständnissen führen und als Kumpanei aufgefasst werden. Die Lehrkraft darf nicht vergessen, dass sie Führungskraft ist.

2.4 Die inhaltliche Struktur der Darbietungen

Wie Inhalte beschaffen sein müssen, um gut verstanden zu werden, wurde bereits 1981 von Langer, Schulz v. Thun und Tausch untersucht. Es kommt wesentlich auf vier Punkte an, nämlich Einfachheit, Gliederung / Ordnung, Kürze / Prägnanz und zusätzliche Stimulanz. Schulz v. Thun (1992) nennt dies die „Verständlichmacher", die nicht nur den Behaltenswert von Sachaussagen erhöhen, sondern in der Regel auch dazu führen, dass Leser oder Hörer positiver auf das Gelesene oder Gehörte reagieren. Das gilt für alle Bildungsgrade gleichermaßen!

Zur Einfachheit gehört es, kurze Sätze und bekannte Wörter zu verwenden und Fachwörter zu erklären. Zur Gliederung / Ordnung gehört die Ankündigung des Vorhabens, es gehören strukturierende Bemerkungen dazu sowie die Hervorhebung von besonders Wichtigem und der Verweis auf gedankliche Beziehungen und Querverbindungen.

Kürze / Prägnanz dienen der Beschränkung auf das Wesentliche. Allerdings sollten die Mitteilungen nicht zu kurz sein; ein mittlerer Wert auf einer fünfstufigen Skala hat sich nach Schulz v. Thun als besonders günstig erwiesen. Die zusätzliche Stimulanz schließlich hat die Aufgabe, die Leser und Hörer gefühlsmäßig anzusprechen, etwa mit Hilfe von Beispielen aus dem Leben, mit Hilfe von sprachlichen Bildern, Zeichnungen oder der Preisgabe persönlicher Erfahrungen mit dem Thema.

Schulz v. Thun schlägt vor, die „Verständlichkeitsdiagnose" in ein „Verständlichkeitsfenster" einzutragen. Links sind die vier Verständlichmacher aufgeführt, rechts ist beispielhaft das mögliche Ergebnis einer Beobachtung eingetragen, ausgedrückt mit Hilfe von Plus- oder Minuszeichen.

Verständlichkeitsfenster	
Einfachheit	Gliederung, Ordnung
Kürze, Prägnanz	Zusätzliche Stimulanz

Verständlichkeitsfenster (mit mögl.Ergebnis)	
Einfachheit	Gliederung, Ordnung
+	-
Kürze, Prägnanz	Zusätzliche Stimulanz
0	++

nach Schulz v. Thun, 1992, S. 151

2.5 Das Führungsverhalten

Zum Führungsverhalten gab es in der zweiten Hälfte des vorigen Jahrhunderts viele Untersuchungen. Man ging davon aus, dass ein bestimmtes Lehrerverhalten, wie z. B. die Wortwahl, ein bestimmtes Schülerverhalten auslöst und plädierte daraufhin für Höflichkeit, Zurückhaltung bei Strafen und anderes mehr. Vergessen wurde dabei jedoch, dass das Lehrer-Schüler-Verhältnis keine Einbahnstrasse ist, dass vielmehr auch Lehrer Reagierende sind und unmöglich bei jeder Art von Schülerverhalten ausgesucht höflich bleiben können. Die Lehrer-Schüler-Interaktion ist im Grunde wie jede andere Interaktion auch als Regelkreis-Verhältnis zu denken. Dennoch sollen die wichtigsten Ansätze zur Führungsstilfrage hier vorgestellt werden. Lehrer und Lehrerinnen unterliegen zwar auch situations-spezifischen Reizen und haben oft das Gefühl, nur noch reagieren zu können. Aber auf der anderen Seite sind sie diejenige Person, die den Anfangskontakt herstellt und die die Macht und den Auftrag hat, steuernd in das weitere Geschehen einzugreifen. Insofern sind sie für die Interaktion verantwortliche Führungskräfte.

2.5.1 Die drei Führungsstile nach Lewin

Die Untersuchungen des in der Zeit des Nationalsozialismus in die USA emigrierten deutsch-jüdischen Psychologen Kurt Lewin haben bis heute die nachhaltigste Wirkung entfaltet. Die Begriffe vom „autoritären" (autokratischen), „demokratischen" (sozialintegrativen; partnerschaftlichen) und „laissez-faire-"Führungsstil sind in die Alltagsprache eingegangen und werden, oft ohne Angabe der Herkunft, in diversen populärwissenschaftlichen Ratgebern verwendet. Lewin war daran interessiert zu erfahren, ob und wie Menschen (wie in Deutschland geschehen) zu gehorsamen Untertanen erzogen werden können. In seinen Laboruntersuchungen ließ er drei Gruppen von Schülern von je drei Leitern beschäftigen, die die Aufgabe hatten, sich bestimmten Anweisungen gemäß zu verhalten, nämlich letztlich unterschiedlich rigide. Die Auswirkungen auf das Verhalten der Schüler waren erstaunlich. Auf „autoritäres" (autokratisches) Verhalten reagierten die Schüler kurz gesagt angepasst, auf „demokratisches" (partnerschaftliches) einsichtig und auf „laissez-faire"-Verhalten chaotisch.

Lewins Untersuchungen wurden vielfach variiert und auch in Schulklassen durchgeführt. In Deutschland waren es insbesondere Reinhard und Anne-Marie Tausch, die mit Hilfe der Faktorenanalyse die Einzelmerkmale der unterschiedlichen Stile herausarbeiteten.

Eine autokratische Lehrkraft (die Tauschs änderten die Wortwahl etwas, um Missverständnissen vorzubeugen) ist streng und rigide, bestimmt das jeweilige Vorgehen allein, kritisiert selbst und wird dabei oft persönlich, droht Strafen an und zeigt sich dem Wollen und Können der Schüler gegenüber misstrauisch. Die

Schüler gehorchen und passen sich an. Zwischen Lehrer und Schülern herrscht eine große Distanz mit der Folge von Spannungen, die sich in Abwesenheit der Lehrkraft in Aggressionen entladen. Die Leistungserfolge sind bei einem solchen Lehrer oder einer solchen Lehrerin gut.

Eine sozialintegrativ unterrichtende Lehrperson lässt die Schüler mitbestimmen, lässt sachbezogene Kritik zu, und zwar von allen Teilnehmern, geht höflich auf Einzelne ein und zeigt sich optimistisch und vertrauensvoll, was das Wollen und Können der Schüler angeht. Die Schüler reagieren darauf mit größerer Zufriedenheit, mit der Bereitschaft zur Kooperation sowie Vertrauen zum Lehrer. Der Zeitaufwand für die geforderte Leistung ist höher, aber die Schüler sind bereit, auch in Abwesenheit des Lehrers weiter zu arbeiten und sie behalten das Gelernte dauerhafter.

Beim Laissez-faire-Verhalten werden keine Vorschriften gemacht, nichts wird vorstrukturiert, und der Lehrer oder die Lehrerin gibt keine Rückmeldungen. Er oder sie verhält sich weitgehend passiv bis gleichgültig. In einer derart geführten Gruppe herrscht die größte Unzufriedenheit und Aggressivität, und Verunsicherungen nehmen zu. Es gilt schließlich das Recht des Stärkeren und die Lern- bzw. Leistungsergebnisse sind gering.

Tausch und Tausch halten vier Dimensionen für ausschlaggebend:

- die Dimension der Zuneigung / Abneigung
- die Dimension der Lenkung (maximal vs minimal)
- die Dimension der Aktivität / Passivität
- die Dimension der Klarheit / Unbestimmtheit

Es steht inzwischen außer Zweifel, dass der partnerschaftliche Führungsstil der für eine demokratische Gesellschaft angemessene Führungsstil ist, wobei unterschiedliche Ausprägungen je nach Individuum und Situation nicht nur normal, sondern unter Umständen sogar wünschenswert sind. Kinder und Jugendliche, die es von zu Hause aus anders gewöhnt sind, können nur allmählich und langsam an kooperatives Verhalten gewöhnt werden und brauchen hin und wieder ein zupackendes Gegenüber, wobei aber klar sein muss, dass eine Verhaltensänderung erwünscht ist und dem betreffenden Kind oder Jugendlichen auch zugetraut wird. Das wichtigste Merkmal der partnerschaftlichen Führung ist die Wertschätzung des Schülers und der Schülerin als Person.

2.5.2 Techniken der Klassenführung nach Kounin

Den US-Amerikaner Kounin interessierte der Unterschied zwischen erfolgreichen und nicht erfolgreichen Lehrern und Lehrerinnen weniger im Bereich des erziehenden Verhaltens als vielmehr in der „Technik der Klassenführung". Er untersuchte in den 70er Jahren mit seinen Mitarbeitern Tausende Video-Sequenzen von Unterricht und kam zu dem Schluss, dass folgende Merkmale für erfolgreichen Unterricht entscheidend sind:

- Allgegenwärtigkeit
- Überlappung
- Reibungslosigkeit und Schwung
- Abwechslung
- Aufrechterhaltung des Gruppen-Fokus

„Allgegenwärtigkeit“ bedeutet, dass die Lehrkraft sozusagen „Augen im Hinterkopf“ haben muss, dass ihr klar sein muss, was wo wie läuft und dass sie den Überblick nicht verliert. Diese Fertigkeit wächst sicherlich mit einer gewissen Routine, muss aber beachtet und trainiert werden, etwa durch Hinweise von guten Kollegen, die mit im Unterricht sitzen oder durch das Anschauen von Video-Aufnahmen des eigenen Unterrichts. Dort wird sichtbar, ob etwa auffällige Nebenbeschäftigungen von Schülerinnen und Schülern unbeachtet blieben.

Mit „Überlappung“ ist die Fähigkeit gemeint, sich aktiv um das Lösen zweier gleichzeitig auftretender Probleme kümmern zu können, zum Beispiel Hausaufgaben nachzuschauen und trotzdem auf Fragen Einzelner einzugehen.

„Reibungslosigkeit und Schwung“ sowie „Abwechslung“ befassen sich mit der Gestaltung des Unterrichts. Günstig für erfolgreichen Unterricht ist eine folgerichtige Struktur, die Vermeidung von Sprunghaftigkeit und Reizabhängigkeit, aber auch von Überproblematisierung von bestimmten Schüler-Verhaltensweisen. Und schließlich ist es die Vermeidung von Überdruss, z. B. durch Methodenwechsel.

Die „Aufrechterhaltung des Gruppen-Fokus“ schließlich ist die Fähigkeit, sich nicht von Einzelproblemen ganz absorbieren zu lassen, sondern die Gesamtgruppe im Auge zu behalten. Auch für das Training dieser Fertigkeit ist die Rückmeldung von außen hilfreich.

2.5.3 Die Themenzentrierte Interaktion (TZI) nach Ruth Cohn

Der dritte Führungsstil-Ansatz, nämlich die Themenzentrierte Interaktion (TZI) von Ruth Cohn, wird oft unter der Rubrik Kommunikationsmodelle behandelt (vgl. Kapitel 11). Aus zwei Gründen soll er jedoch hier vorgestellt werden. Zum einen betonen TZI-Anhänger ausdrücklich die Führungsaufgabe der Lehrkraft, trotz ihrer grundsätzlichen Überzeugung von der Wechselseitigkeit im Verhaltensgefüge zwischen dem Einzelnen, der Gesamtgruppe und dem Thema. Zum anderen umreißt das Modell wie kein anderes die Randbedingungen gelungener Kommunikation.

Ruth Cohn, die wie Lewin in der Zeit des Nationalsozialismus in die USA emigrieren musste, beschäftigte sich als Psychoanalytikerin mit dem Einfluss von unbewussten Gruppen-Mechanismen auf Arbeitsergebnisse und kam zu dem Schluss, dass erfolgreiches Arbeiten nur gelingen kann, wenn eine Balance zwischen den Bedürfnissen des Einzelnen (ICH), der Gruppe (WIR) und der Bedeutung des Themas (ES) besteht. Die drei Pole sind eingebettet in den „Globe“, das heißt in eine irgendwie geartete Umgebung, der ebenfalls Rechnung getragen werden muss:

TZI-Modell (nach Cohn)

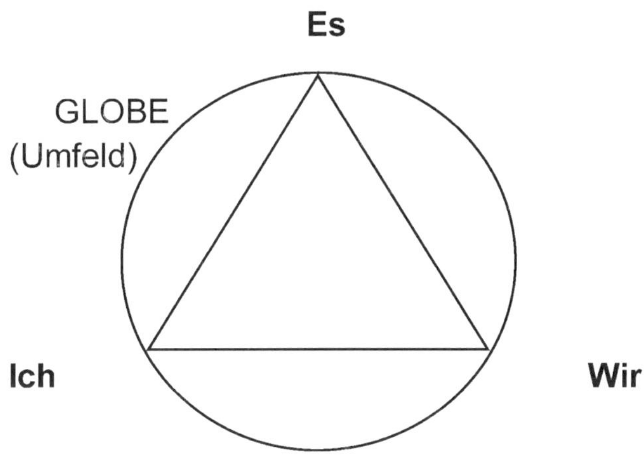

Bei Störungen des Gleichgewichts kann und will sich niemand mehr auf das Thema konzentrieren, wobei mit Störungen nicht in erster Linie Unterrichtsstörungen üblicher Art gemeint sind, sondern Störungen des Befindens einzelner Teilnehmer. Diese Störungen müssen dann zur Sprache gebracht und möglichst ausgeräumt werden: „Störungen haben Vorrang“ (Ruth Cohn, 2004, S. 122). Jeder Teilnehmer trägt nach Ruth Cohn die Verantwortung für sein eigene Befinden und muss lernen, seine Störung anzumelden (ICH). Dabei kann es sich um eine banale Beschwerde über Hitze oder Kälte handeln, über das zu viele Reden bestimmter Teilnehmer oder das dauernde Schweigen anderer oder über die scheinbare Abwegigkeit des Themas. Auch die „Kopflastigkeit“ eines Themas kann als Störung aufgefasst werden: Die Teilnehmer sind in Gefahr abzuschalten und Unterrichtsstörungen, wie wir sie kennen, sind die Folge.

Die Lehrkraft wiederum muss als Führungskraft alle drei Faktoren (das ES, das WIR und auch das eigene ICH) im Auge behalten, Störungen bemerken und helfen, eine Lösung zu finden. So kann zum Beispiel ein Lehrer oder eine Lehrerin wachsende Unruhe mit den Worten aufgreifen: „Ich merke, Sie können sich nicht mehr konzentrieren. Brauchen Sie vielleicht eine Verschnaufpause? Sollen wir das Fenster öffnen?“ In der Nachbereitung des Unterrichts wird er oder sie sich fragen, ob es vielleicht irgendwo ein ungutes Übergewicht des einen oder anderen Faktors gegeben hat. Die vermuteten Störungen werden dann bei nächster Gelegenheit thematisiert. Es werden Wünsche, z. B. in Bezug auf die Art der Behandlung des Themas, geäußert und Vereinbarungen für das weitere Vorgehen getroffen.

Ruth Cohns Ansatz deckt sich in vielem mit dem partnerschaftlichen Führungsstil nach Lewin, hebt aber als zusätzliches Element noch die Bedeutung von Gefühlen und unbewussten Gruppenmechanismen hervor. Sie können unter der Oberfläche als Störungen wirksam und damit kontraproduktiv sein und müssen deshalb aufgedeckt werden.

2.6 Die Arbeitsatmosphäre

Den genannten Untersuchungen über geeignetes Führungsverhalten ist gemeinsam, dass sie demokratisches Handeln mit eher indirekter Steuerung verbinden. Das heißt, dass nicht Befehl und Kontrolle den Unterricht bestimmen, sondern der Aufforderungscharakter der Situation oder eines vorgestellten Problems, verbunden mit der Delegation von Verantwortung an die Betroffenen. Die Kooperation mit anderen wird gefördert, es wird aber auch selbstständiges Lernen und Arbeiten gefordert. Die Anliegen der Lernenden werden dabei ernst genommen und ihre Fortschritte werden gesehen und gewürdigt. Im Unterricht herrscht also nicht mehr die lehrerzentrierte fragend-entwickelnde Methode vor, die nur scheinbar alle Schüler aktiviert und viel Disziplinierung erfordert, sondern die Arbeit an einer Lernaufgabe, sei es als Gruppen-, sei es als Einzelarbeit. Das schlägt sich in einer eher unaufgeregten Arbeitsatmosphäre nieder.

2.7 Konsequenzen für die Praxis

Die Ausführungen haben hoffentlich zeigen können, dass es lehrreich und aufschlussreich ist, Kollegen bei der Arbeit zu beobachten und den Zusammenhang zwischen Körpersprache, Rhetorik, Führungsverhalten und Unterrichts-Atmosphäre zu sehen und zu diskutieren.

Der Beobachter von Unterricht kann sich zum Beispiel vornehmen, auf die Balance zwischen dem Einzelnen, der Gruppe und dem Thema zu achten und Hypothesen darüber aufstellen, warum ein Unterricht beispielsweise plötzlich „kippt" und Unruhe aufkommt. Fühlt sich vielleicht jemand gegängelt oder übergangen? Ist die Gruppenatmosphäre friedlich oder unterschwellig aggressiv? Kommt das Thema bei Schülern und Schülerinnen an?

Des Weiteren kann er sich vornehmen, die Klarheit der Aussage und ihre Strukturierung besonders ins Visier zu nehmen oder sich bei einer anderen Gelegenheit ganz auf Erscheinungsbild und Körpersprache des Beobachteten konzentrieren.

Natürlich kann nicht alles gleichzeitig registriert werden. Dazu ist das Geschehen zu komplex. Aber es macht Sinn, sich für eine bestimmte Zeitspanne einen der Beobachtungsbereiche vorzunehmen und sich dazu Notizen zu machen. Und diese Notizen sollten strikt zwischen Beobachtung, Interpretation und Wertung trennen! Es empfiehlt sich deshalb, den Beobachtungsbogen – es bietet sich ein DIN A 4 Bogen im Querformat an – in der Horizontalen entsprechend zu unterteilen, wobei die Beobachtungsbereiche in der Vertikalen aufgeführt werden.

Zum Schluss soll nicht unerwähnt bleiben, dass die Art und Weise, wie beobachtet wird, mit dem beobachteten Lehrer oder der Lehrerin abgesprochen werden sollte. Sicherlich erwartet er und erwartet sie auch Rückmeldungen, wobei besonders positive Rückmeldungen zunächst gut ankommen. Fragwürdiges spricht er oder spricht sie dann vielleicht von selbst an und ist bereit, es zu diskutieren. Unverstandenes muss unbedingt erfragt werden.

Die Bewertung wäre dann schließlich die Aufgabe für die Nachbereitung zu Hause.

Literatur

Birkenbihl, Vera: Kommunikationstraining. München 1992

Birkenbihl, Vera: Psycho-logisch richtig verhandeln. München 1989

Cohn, Ruth: Von der Psychoanalyse zur Themenzentrierten Interaktion. Stuttgart 2004

Heidemann, Rudolf: Körpersprache im Unterricht. Wiebelsheim 1999

Kounin, Jacob S.: Techniken der Klassenführung. Bern 1976

Schulz v. Thun, Friedemann: Miteinander Reden. Bd. 1, Reinbek 1992

Tausch, Reinhard und Anne-Marie: Erziehungspsychologie. Göttingen 1973

3. Planungsaspekte

3. Planungsaspekte

3.1 Fragestellung

Etliche Lehramtsanwärter, gerade auch solche, die vielleicht aus einem Beruf heraus an eine berufliche Schule wechseln, fragen sich, warum Unterricht so penibel, oft in Form längerer schriftlicher Ausführungen, geplant werden soll. Es sind drei Fragenkomplexe, die sie beschäftigen: Zum einen handelt es sich ihrer Meinung nach an den beruflichen Schulen um junge Erwachsene, die motiviert sein müssten, da sie etwas Bestimmtes lernen wollten. Zum Zweiten haben sie, die jungen Diplomierten oder Universitätsabgänger, doch genau das gewünschte Wissen anzubieten; so müsste sich nach einer kleinen Motivationsphase eigentlich zwanglos ein interessanter Dialog mit den Lernenden ergeben. Und drittens soll moderner Unterricht bekanntermaßen schülerzentriert und offen sein – passt dazu eine penible Planung?

Alle drei Vorstellungen treffen nicht ganz die Wirklichkeit. Viele Schüler und Schülerinnen an beruflichen Schulen sind heute noch nicht erwachsen. Sie stekken noch mitten in der Identitätsfindung und wissen oft noch gar nicht, was sie eigentlich wollen. Viele sind auch nicht ganz freiwillig an einer beruflichen Schule. Sie haben nur noch keine oder nicht die gewünschte Lehrstelle gefunden und streben nun einen höheren oder einen anderen Abschluss an, um beim zweiten Anlauf bessere Voraussetzungen mitzubringen. Das bedeutet aber auch, dass sie den einzelnen Lehrgegenständen gegenüber zunächst nur ein sekundäres Interesse, wenn überhaupt ein Interesse entgegenbringen; ihnen geht es oft nur um das Zusatzzertifikat oder gar nur um das Absitzen von Zeit, da für etliche Berufe die Volljährigkeit vorausgesetzt wird. Und was den dritten Komplex betrifft: Auch, oder vielmehr gerade moderner Unterricht muss sorgfältig geplant werden, um bei aller Schülerzentrierung dennoch zielgerichtet und ergebnisorientiert zu sein.

Sicherlich unterscheidet sich Lektionen- vom Projektunterricht. Aber beide weisen, wenn sie professionell angegangen werden, eine didaktische Struktur auf und beide folgen einem am Lernprozess orientierten Ablaufschema. Um diese sehr allgemeinen Strukturierungen soll es im Folgenden gehen.

3.2 Überblick: Modelle von Unterricht

3.2.1 Strukturmodelle

Seit jeher geht es im Unterricht um Lehrer, Schüler und einen zu vermittelnden Stoff. Zwischen den drei Polen gibt es jedoch keine gesetzmäßige Beziehung; es hängt vom Menschenbild und den Zielen einer Gesellschaft ab, welchen Schwerpunkt sie bevorzugt.

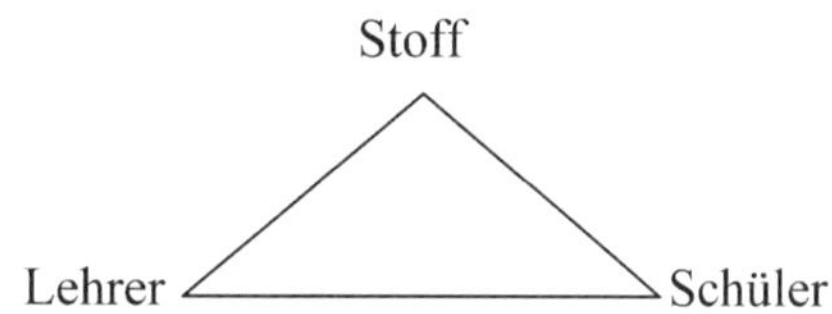

Das didaktische Dreieck

Lange Zeit war es das Ziel, die „Denkstruktur des Kindes in die Sachstruktur" des Gegenstandes zu überführen. Dies hat jedoch letztlich zur Kopflastigkeit unseres intellektuellen Lebens, mit den entsprechenden Nachteilen für die leibseelische Ganzheit, geführt. Deshalb ist man heute bestrebt, neben kognitiven auch affektive und pragmatische Ziele zu verfolgen. Schüler sollen „Schlüsselqualifikationen" erwerben, womit Fach-, Methoden- und Sozialkompetenz gemeint sind. So ist Unterricht wieder mehr als Begegnung aufzufassen (auch dieses Modell gab es und gibt es), eine Interaktion, die heute eine Balance zwischen dem Einzelnen, der Lerngruppe und dem Thema herzustellen versucht und die viele Vermittlungswege offen lässt (vgl. Kapitel 2.5.3 Die themenzentrierte Interaktion).

Im Folgenden sei ein Strukturmodell gezeigt, das Lehrer als für den Unterricht allein verantwortliche Personen sieht. Aufgrund gegebener individueller Schüler und gegebener kultureller Bedingungen hat der Lehrer oder die Lehrerin über Intention, Inhalt, Methode und Medium zu entscheiden und erreicht damit bestimmte anthropologisch-psychologische sowie soziokulturelle Folgen. Der Schüler ist mehr oder weniger Objekt einer Behandlung.

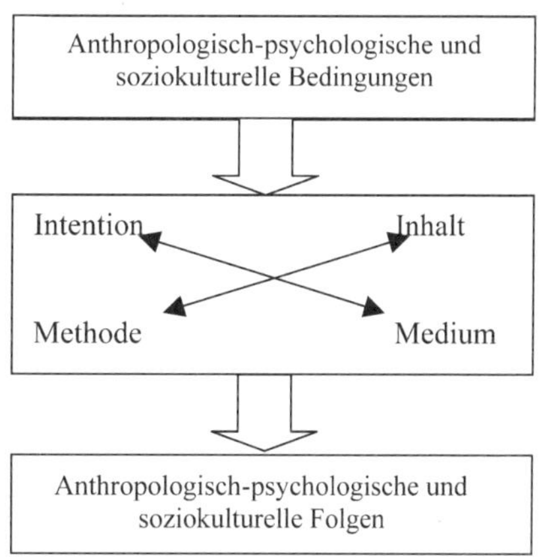

Strukturmodell des Lehrens und Lernens nach Heimann / Otto / Schulz (**Berliner Modell**)

Ein weiteres Modell zeigt Lehrer/innen und Schüler/innen, Ziele und Erwartungen, Inhalte sowie Lernerfolge und Handlungsprodukte im Raum Schule in Wechselwirkung. Ebenfalls von Bedeutung sind Methode und Medien, die Lernwege und Sinneswahrnehmungen der Schüler und, besonders wichtig, die Beziehungsstruktur der Beteiligten. Schüler sind in diesem Modell Partner.

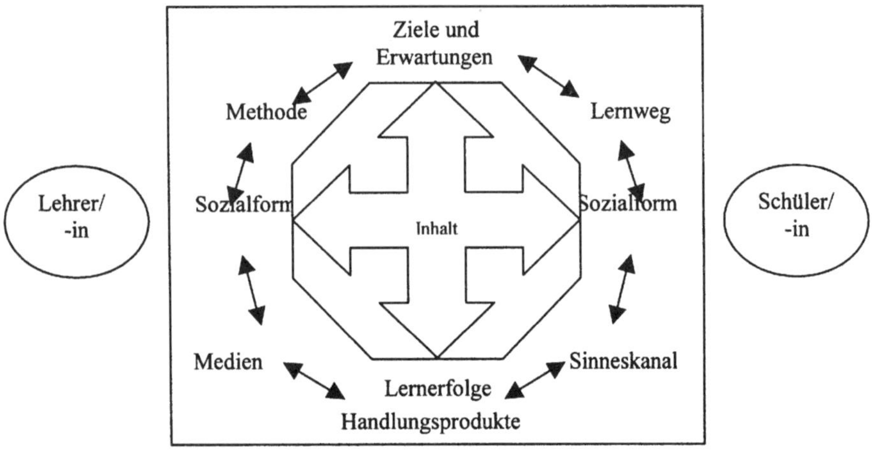

Strukturskizze von Unterricht (nach Huwendiek). In Bovet / Huwendiek, 1998, S. 116

3.2.2 Phasenmodelle

Die Struktur von Unterricht entfaltet sich jedoch nicht nur in der Beziehung von Lehrer, Schüler und Stoff, sondern ebenfalls auf der Zeitschiene. Jede Einheit hat einen Beginn und ein Ende, und auch die Erarbeitung des Stoffs zwischen diesen Fixpunkten wird gegliedert.

Damit der zu vermittelnde Stoff möglichst nachhaltig aufgenommen wird, hat man seit Aristoteles versucht, die Abfolge dieser Phasen möglichst „natürlich" zu gestalten und den menschlichen Lernphasen nachzubilden. Im Folgenden ist eine Übersicht einiger weniger wichtiger Phasenmodelle aus zwei Jahrtausenden abgebildet:

Ausgewählte Phasen-Modelle aus zwei Jahrtausenden

Aristoteles 384 - 322	Wahrnehmung		Verstand		Streben
Herbart 1776 - 1841	Vertiefung			Besinnung	
	Klarheit		Assoziation	System	Methode
Ziller 1817 - 1882	Analyse	Synthese	Assoziation	System	Methode

Eggersdorfer 1879 - 1958	Empirisches Erfassen		Logisches Begreifen		Praktisches Verfügen	
Roth 1906 - 1983	Motivation	Schwierigkeit	Lösungsversuche	Tun und Ausführung	Behalten / Einüben	Übertragung Integration

Die Rothsche Phasengliederung ist bis heute die gebräuchlichste. Da jedoch die Tendenz zu beobachten ist, von der Planung der Einzelstunde weg und hin zu größeren Planungseinheiten überzugehen, wird dieses Raster nicht unbedingt alle 45 Minuten zu durchlaufen sein, sondern es kann sich ebenso gut auf eine Doppelstunde oder ein ganzes Projekt beziehen. Hilbert Meyer unterteilt deshalb nur noch in drei Phasen: die **Einstiegs-**, **Erarbeitungs-** und **Ergebnissicherungsphase** (Hilbert Meyer, 2005, S. 190 ff).

Die drei Phasen, die Meyer unterscheidet, haben die folgenden Funktionen:

Unterrichtseinstieg	**Erarbeitung**	**Ergebnissicherung**
– vermittelt Orientierungsrahmen	– fördert Sach- / Sozial- u. Sprachkompetenz	– sichert Dokumentation / Verbindlichkeit
– führt in zentrale Aspekte des Themas ein	– entwickelt Methodenkompetenz	– dient der Vertiefung
– knüpft an Vorverständnis an	– ermuntert zur Selbständigkeit	– Verständigung über geleistete Arbeit / kritische Bewertung
– diszipliniert die Schüler		
– ermöglicht u. U. handelnden Umgang mit dem Thema		

3.2.3 Ein Strukturmodell des Unterrichtsprozesses

Hilbert Meyer macht darauf aufmerksam, dass das, was in den verschiedenen Unterrichtsphasen geschieht, nicht immer der gleichen Handlungsebene angehört; eine Seite lesen zu lassen hat z. B. einen anderen Stellenwert als die Klasse in Gruppen einzuteilen und eventuell ein Produkt herstellen zu lassen. Er unterscheidet deshalb **Ebenen methodischen Handelns**, nämlich Handlungssituationen, Handlungsmuster, Unterrichtsschritte, Sozialformen und Methodische Großformen. (vgl. Meyer, H., 2005, S. 115 ff.)

Die kleinste (aber u. U. wichtigste!) Einheit sind **Handlungssituationen**. Dies sind von Lehrern und Schülern gestaltete, abgeschlossene Interaktionseinheiten, vergleichbar kleinen Szenen in einer Theater-Aufführung. Dazu gehören von der Lehrkraft intendierte Lehrtechniken wie „Vormachen und Nachmachen“, „Fragen und Antworten“, „Problematisieren und Klären“, „Abstrahieren und Konkretisieren“, Unterbrechen, Wiederholen, Weiterführen und andere, aber auch heimliche Schülertätigkeiten wie Schiffe-Versenken-Spielen oder

Schummeln. Handlungssituationen haben Aufgabencharakter und bringen den Unterrichtsprozess in Gang (oder stören ihn).

Die nächstgrößere Einheit – das, was landläufig „**Methoden**" genannt wird – sind die **Handlungsmuster**. Handlungsmuster sind historisch gewachsene „Formen der Aneignung von Wirklichkeit" (Meyer, a. a. O., S. 127), wie etwa der Lehrervortrag, das Schüler-Referat, das gelenkte Unterrichts-Gespräch, das Experiment und andere. Sie regeln die Handlungsstruktur von Unterricht.

Unterrichts-Schritte dagegen regeln den Verlauf des Unterrichts. Sie folgen entweder der Sachstruktur oder den aufeinander aufbauenden Lernzielen, oder aber den vermuteten Lerngesetzmäßigkeiten der Schüler. Nach Meyer gehört dazu der Unterrichtseinstieg, die Erarbeitungsphase und die Ergebnissicherungsphase. Auch bei den sechs Phasen von Roth handelt es sich um Unterrichtsschritte.

Sozialformen regeln die Beziehungsstruktur des Unterrichts. Es gibt Frontalunterricht, Einzelarbeit, Partnerarbeit, Gruppenarbeit oder Mischformen. Während bei den beiden ersten Formen die Lehrkraft und/oder der Stoff dominieren, erlauben die beiden anderen Formen den direkten Austausch der Schüler untereinander.

Methodische Großformen schließlich sind historisch gewachsene „feste Strukturen der zielbezogenen Organisation … schulischer Aufgabenkomplexe" (ebenda, S. 146). Sie können verschiedene Sozialformen und Handlungsmuster enthalten. Als Beispiele seien Projekt, Lehrgang, Trainingsprogramm, Workshop, Lernzirkel und andere genannt.

Ebenen methodischen Handelns im Überblick

Handlungs-situationen	Handlungs-muster	Unterrichts-schritte	Sozial-formen	Methodische Großformen
Vormachen/	Lehrervortrag	Einstieg	Frontal-	Projekt
Nachmachen	Schülerreferat	Erarbeitungs-	unterricht	Lehrgang
Fragen/	Unterrichts-	phase	Gruppen-	Trainings-
Antworten	gespräch	Auswertungs-	arbeit	programm
Problemati-	Experiment	phase	Partnerarbeit	Workshop
sieren, Klären	etc.	oder	oder	Exkursion
Unterbrechen		Einleitung	Stuhlkreis	etc.
Wiederholen		Vertiefung	oder	
etc.		Übung	Mischformen	
		Zusammen-	etc.	
		fassung		
		etc.		

Nach Meyer, H, 2005, S. 115

Für Hilbert Meyer ergibt sich daraus ein Strukturmodell methodischen Handelns. Damit gelingt es ihm, die Struktur von Unterricht und den Verlauf in der Zeit in einem Modell zu vereinen.

Strukturmodell des Unterrichtsprozesses

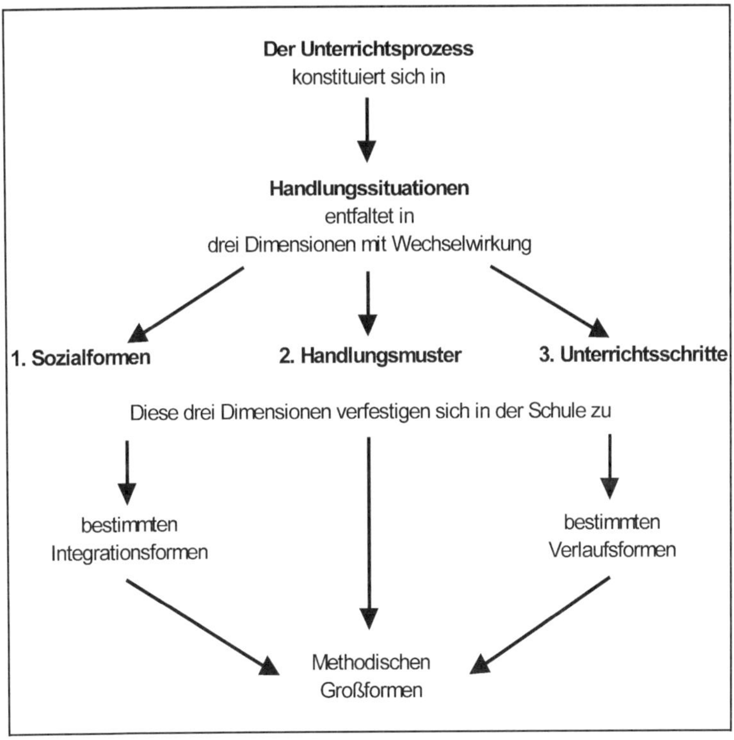

Nach Meyer, H., 2005, S. 235

3.3 Die Planung von Unterricht

3.3.1 Allgemeines zur Planung von Unterricht – Ein Ablaufschema

Mitunter herrscht die Vorstellung, dass mit der Abkehr vom traditionellen Unterricht auch eine Abkehr von bewährten Planungsrastern einhergehe. Das ist aber nicht der Fall. Traditioneller Unterricht ist zwar mit Recht in die Kritik geraten, aber nicht wegen der didaktischen Vorüberlegungen, sondern wegen seiner Lehrerzentriertheit und „Monostruktur" (H. Meyer). Ein eher offener Unterricht versucht dergleichen starre Strukturen aufzubrechen, die Schüler zu beteiligen und zu aktivieren. Das erfordert eine neue Raum- und Zeitplanung und eine sehr viel größere Flexibilität. Aber davon abgesehen sind die im engeren Sinne didaktischen Überlegungen dieselben geblieben. Bei der Planung von Unterricht muss in jedem Fall sowohl die Struktur als auch der Verlauf in der Zeit bedacht werden.

Die **Verlaufsplanung** macht dabei meist weniger Schwierigkeiten. Sie kann sowohl im traditionellen wie im offenen Unterricht dem Grundrhythmus „Einstieg, Erarbeitung und Erfolgssicherung" (s. o.) folgen. Dieser Rhythmus ist auch auf vielen anderen Gebieten üblich, etwa beim Aufsatzschreiben; er folgt einer gewissen Prozesslogik (vgl. Meyer, 2004, S. 14). Aber während es im traditionellen Unterricht dabei meist um den Verlauf einer einzelnen Unterrichtsstunde geht, erstreckt sich die gleiche Abfolge im eher offenen Unterricht über die zur Verfügung stehende Unterrichtszeit, sei es nun eine Doppelstunde, ein halber Tag oder eine noch größere Zeiteinheit. Außerdem wird im eher offenen, meist handlungsorientierten Unterricht Zeit für die Schülerbeteiligung eingeplant. Für traditionellen wie offenen Unterricht eignet sich ansonsten das folgende Ablaufschema, bei dem das Kästchen mit Kursivschrift die Zusatzkomponente für die eher offene Form kennzeichnet.

Ablaufschema

(Hinweise für offenen, handlungsorientierten Unterricht kursiv gedruckt)

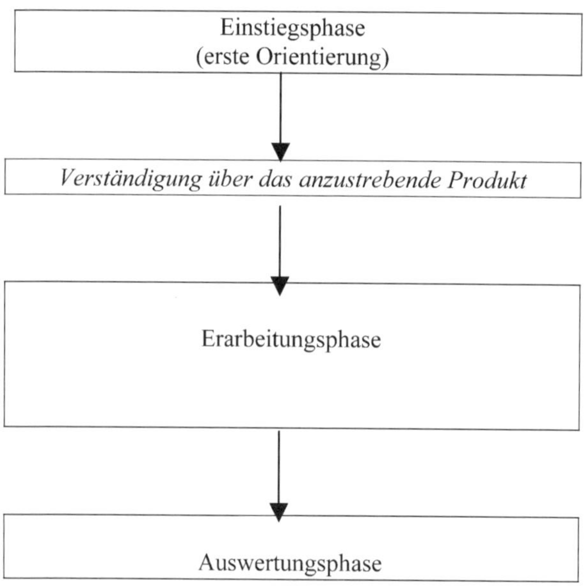

3.3.2 Die didaktische Strukturierung

Die **didaktische Strukturierung** folgt im traditionellen wie im offenen Unterricht ebenfalls einander ähnlichen Überlegungen. Es geht hier wie dort um die Aufbereitung von Wissensstoff für Unterrichtszwecke. Die „offene“ Unterrichtsplanung muss nur wiederum einen flexibleren Umgang mit dem Unterrichtsvorhaben einkalkulieren.

Für die Planung im Vorfeld eignet sich ganz allgemein das Berliner Modell (s. auch S. 19), da es auf den Lehrer als Akteur reduziert ist. Es verweist auf die Berücksichtigung von **Bedingungen** und die Notwendigkeit von **Entscheidungen** in den Bereichen **Intention**, (hier: **Zielentscheidung**), **Inhalt**, **Methode** und **Medium**, die **interdependent** sind, das heißt von einander abhängen.

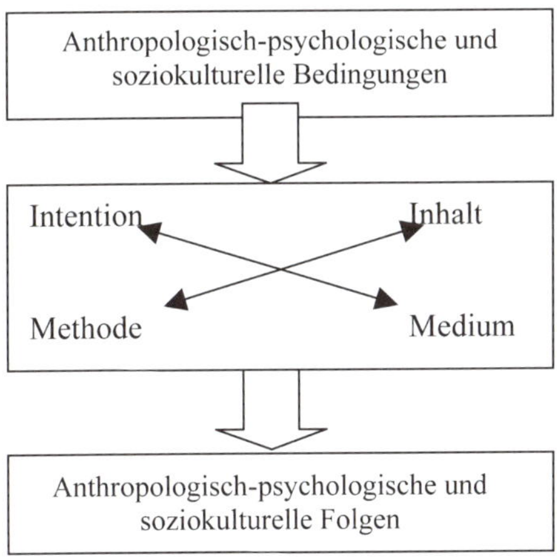

Strukturmodell des Lehrens und Lernens nach Heimann / Otto / Schulz
(Berliner Modell)

Die **Bedingungen**, auf die Lehrer und Lehrerinnen ihren Unterricht abstimmen müssen, betreffen die Schülerklientel, ihre Lernvoraussetzungen, ihren Entwicklungsstand, aber auch Rahmenbedingungen wie Lernort, Schulart, Zusammensetzung der Klasse, Organisationsform, Tageszeit und andere. Es werden allerdings in der schriftlichen Planung nur die Besonderheiten aufgeführt, die der Lehrerin oder dem Lehrer aufgefallen sind und die einen Einfluss auf die Planung haben. Zur Veranschaulichung seien beispielhaft einige mögliche Bedingungen aus dem soziokulturellen und einige mögliche Bedingungen aus dem anthropologisch-psychologischen Bereich aufgeführt:

Soziokulturelle Bedingungen:

- Schulart
- Institutionelle Merkmale (Anzahl der Schüler, Herkunft)
- Lerngruppe (Zusammensetzung der Klasse etc.)
- Lernort (Art des Raumes, Ausstattung, Sitzordnung, etc.)
- Lernzeit (im Leistungsoptimum oder Leistungstief, Fächerfolge etc.)

Anthropologisch-psychologische Bedingungen:

- kognitive Voraussetzungen
- motivationale Voraussetzungen
- sprachliche Voraussetzungen
- familiale Voraussetzungen
- arbeitstechnische Voraussetzungen

Basierend auf diesem Teil der Bedingungsanalyse untersucht der Lehrer und die Lehrerin den Unterrichtsgegenstand in fachlicher Hinsicht und er und sie erörtern die Handlungsspielräume, die sie haben. Es ist zum Beispiel möglich, dass der zu vermittelnde Inhalt Schichtungen aufweist, die eine besondere Organisation des Vorwissens erforderlich machen. Oder aber es bietet sich eine Verknüpfung mit anderen Lern- oder Lebensbereichen an. Und schließlich muss der Umfang in Bezug auf das Fassungsvermögen der Schüler bedacht und diskutiert werden. Eine große Rolle spielt letztlich die Möglichkeit einer **didaktischen Reduktion**, das heißt die Rückführung komplexer Lerninhalte auf ihre Kernaussage. Es ist eine besondere Kunst, Formen der Vereinfachung qualitativer oder quantitativer Art zu finden, die dennoch den Sachinhalt nicht verfälschen.

Die nachfolgende **didaktische Strukturierung** erläutert, wie Inhalt, Intentionen (hier: Zielentscheidungen), Methoden und Medien zusammenhängen.

Die **Inhaltsauswahl** ist zwar an staatlichen Schulen zumeist vorweggenommen. Innerhalb dieser Lehrpläne muss der Lehrer aber Akzente setzen, um zum einen seinem Lehrauftrag gerecht zu werden, um zum anderen aber auch auf seine speziellen Schülerinnen und Schüler Rücksicht zu nehmen. Für die Auswahl können die verschiedensten Überlegungen fachlicher, methodischer oder sozialer Art eine Rolle spielen. Erneut sollen fünf mögliche Gründe beispielhaft genannt werden:

Begründungen für die spezielle Auswahl der Inhalte:

- der Inhalt ist für das weitere Lernen grundlegend
- der Inhalt ist exemplarisch
- der Inhalt ist für künftige Situationen relevant
- der Inhalt fördert die Selbstständigkeit
- der Inhalt vermittelt Sozialerfahrung

Wieder gilt, dass der Lehrer nur die Punkte in seine schriftliche Ausarbeitung aufnehmen wird, die ihm bemerkenswert erscheinen und die besondere Berücksichtigung bei der Planung verdienen. Die Akzentsetzung beeinflusst wesentlich die weiteren Entscheidungen.

Zielentscheidungen werden erleichtert, wenn der Planende sich ganz genau klar macht, was der Lerner – entsprechend seinen Lernvoraussetzungen – nach dem Unterricht wissen oder können und welche Fähigkeiten er erworben haben soll. Soll er etwas nennen können oder verstehen oder anwenden? Oder soll er gar zu Analyse, Synthese oder Bewertung befähigt werden?

Zu diesem Zweck sollten unter der Rubrik Zielentscheidungen konkrete Verhaltensweisen genannt werden. Die Ziele werden in Verbform formuliert. Diesen Vorgang nennt man **Operationalisierung** von Zielen. Die Art des Verbs lässt auf die angestrebte Könnensstufe schließen.

3.3.3 Exkurs: Lernzieltaxonomien und Operationalisierung von Zielen

Die Könnensstufen (Hierarchisierungen von Lernzielen) werden **Lernzieltaxonomien** genannt. Sie reichen jeweils von einer niedrigeren Stufe des eher rezeptiven Lernens bis zur Fähigkeit, gelerntesWissen anwenden und beurteilen zu können. Könnensstufen spielen insbesondere in der lernzielorientierten Bewegung (vgl. Kapitel 5) eine Rolle; aber die Notwendigkeit, sich mit ihnen gedanklich auseinander zu setzen, wird inzwischen von allen Didaktikern anerkannt.

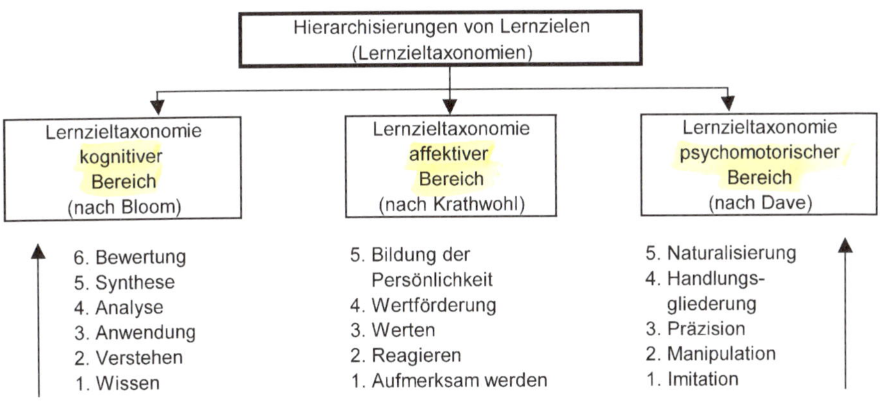

Die Tabelle zeigt eine zunehmend stärkere Verfügung über Kenntnisse und Fähigkeiten (nach Ott, 1997, S. 155)

Im Folgenden werden Beispiele für die Operationalisierung von verschiedenen Taxonomiestufen aus dem kognitiven Bereich aufgeführt:

1. Wissen – z. B.: „Die Schüler sollen angeben (zeigen etc) können, in welchem Land das EU-Parlament seinen Sitz hat“

2. Verstehen – z. B.: „Die Schüler sollen erklären (darstellen etc) können, welche Befugnisse das EU-Parlament besitzt.“
3. Anwendung – z. B.: „Die Schüler sollen die EU-Richtlinien auf einen konkreten Fall anwenden können.“
4. Analyse – z. B.: „Die Schüler sollen einen Text identifizieren (klassifizieren etc.) können.“
5. Synthese – z. B.: „Die Schüler sollen eine Petition entwerfen können.“
6. Bewertung – z. B.: „Die Schüler sollen passende Argumente auswählen (beurteilen, bewerten etc.) können.“

Ziele werden außerdem nach **Richt-,Grob- und Feinzielen** unterschieden. Anhänger der lernzielorientierten Bewegung, die ein engmaschiges Vorgehen propagiert (vgl. Kapitel 5), führen alle Ziele einzeln auf. Eher ganzheitlich orientierte Kollegen begnügen sich dagegen zumeist mit der Nennung eines Lernzieles pro Unterrichts-Sequenz.

Methodische Überlegungen richten sich nach dem Inhalt, den Zielen, insbesondere aber auch nach den Voraussetzungen, die die Schüler mitbringen und die bestimmte Vorgehensweisen nahe legen und andere ausschließen. Es gibt aber keinen zwingenden Zusammenhang zwischen Ziel, Inhalt und Methode. Methoden sind nach H. Meyer **Handlungsmuster**, die unter bestimmten historischen Rahmenbedingungen der Aneignung von Wirklichkeit dienen. Hinter ihnen steht oft ein bestimmtes Unterrichtskonzept und dahinter ein bestimmtes Menschenbild. Das heißt, dass Methoden einerseits bestimmten Theorien des Lernens, andererseits aber auch dem Zeitgeist verhaftet sind.

Methoden sind darüber hinaus auch Ergebnis von Experimentierfreude und Austausch mit den Lernern: es kann immer neue und spannende „Inszenierungen von Unterricht“ (H. Meyer) geben, wie es auch immer neue Aufführungen alter Stücke oder auch Versuche der Koproduktion mit den Beteiligten geben kann. Zunächst gilt es aber, sich ein gewisses Repertoire anzueignen, durch Hospitation, durch Austausch mit den Kollegen oder Lektüre von Methodik-Handbüchern (z. B. Peterßen, W. H.: Kleines Methodenlexikon. München, 1999, 2. Aufl. 2001). Allgemein gilt, dass ein abwechslungsreicher Unterricht Methodenwechsel (aber keine sprunghafte Hektik!) aufweisen sollte und dass die Methoden sich folgerichtig aufeinander beziehen sollten.

Es gibt in der Literatur viele Versuche, Handlungsmuster (Unterrichtsmethoden / Unterrichtsformen) zu ordnen. Die gebräuchlichste Einteilung ist die Einteilung nach dem Grad der Lehrer- bzw. Schüleraktivität. (nach Ott, 1997)

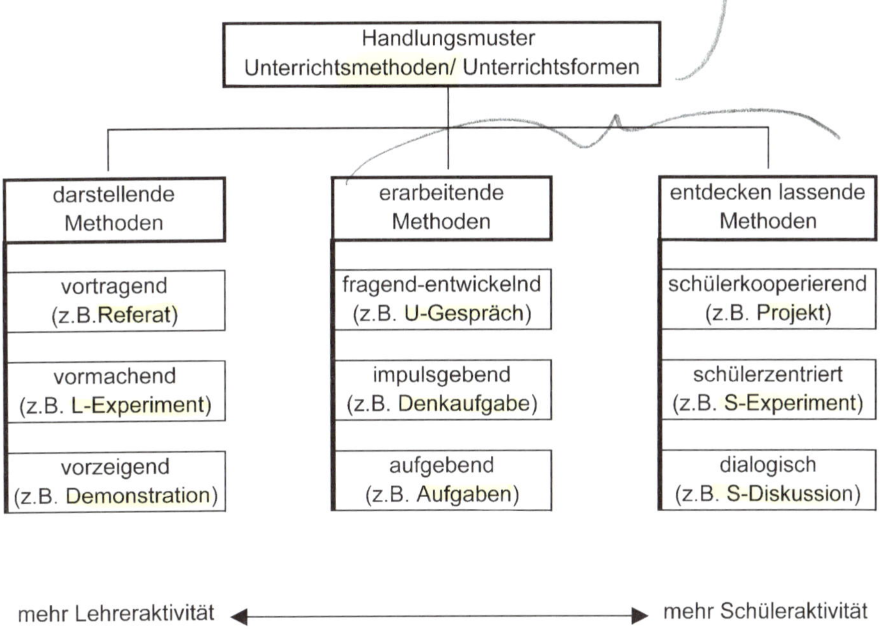

Die Entscheidung für die eine oder andere Unterrichtsform wird also damit zusammenhängen, ob mehr Lehrer- oder Schüleraktivität gewünscht ist, beziehungsweise, ob es eher um die Förderung von Fach-, Methoden- oder auch von kommunikativen Kompetenzen geht.

Da an deutschen Schulen zur Zeit immer noch lehrerzentrierte Methoden vorherrschen, wird zu Recht der Ruf nach mehr schülerzentrierten Methoden laut. Schüler sollen als zukünftig mündige Bürger Selbstwirksamkeitserfahrungen machen. Deshalb wird mehr Ganzheitlichkeit, mehr Lebensnähe und mehr Handlungsorientierung gefordert. Die Vorschläge reichen vom „situierten Lernen“ (das Lernen aus der Lebenssituation heraus) über Projektarbeit bis hin zum selbst organisierten Lernen (SOL).

Für Schüler und Schülerinnen an beruflichen Schulen ist Handlungsorientierung und Lebensnähe besonders wichtig. Sie werden im dualen System, aber auch in den Praktika der Vollzeit-Einrichtungen mit Alltagssituationen konfrontiert und müssen mit auftauchenden Problemen selbstständig fertig werden. Das heißt, sie müssen gelernt haben, von der Sachlage auszugehen und nicht von der Theorie.

Andererseits wünschen sich Schüler und Schülerinnen des beruflichen Schulwesens mehr noch als ihre Altersgenossen an den allgemein bildenden Gymnasien Überblicks-Darstellungen, Orientierungen und Hilfen durch den Lehrer. Sie möchten, dass ihnen Schwieriges erläutert und/oder vorgemacht wird und dass sie auf besonders Wichtiges aufmerksam gemacht werden. Das hängt mit ihren

Lernbiografien zusammen und mit der Tatsache, dass Haupt- und Realschulen als abgebende Schulen das Schwergewicht bei Lernaufgaben vielfach auf Wissen, Verstehen und Anwendung legen und nicht auf Analyse, Synthese oder Bewertung (vgl. 3.3.3 Lernzieltaxonomien).

Wie so oft besteht die Gefahr, dass man vom einen Extrem ins andere fällt und jetzt nur noch Aktivitäten um der Aktivität willen in Gang setzt, ohne dass dabei immer auch ein Lernzuwachs zu verzeichnen wäre. Mir scheint deshalb eine Mischung aus traditionellem Fachunterricht, aus mediengestütztem selbstständigen Lernen und aus Projektarbeit das beste Mittel zu sein, um abwechslungsreichen und emotional befriedigenden Unterricht zu gewährleisten. Das Wort „schülerzentriert“ kann schließlich auch noch in einem anderen, weiteren Sinn verstanden werden, nämlich ähnlich wie „teilnehmerzentriert“ oder „klientenzentriert“ als eine besonders rücksichtsvolle Einstellung im Hinblick auf die Bedürfnisse der Klientel. Und fragt man die Klientel an beruflichen Schulen, so darf und soll es auch lehrerzentrierte Phasen geben.

3.3.4 Exkurs: Methoden-Bausteine für traditionellen und eher offenen Unterricht

Im Folgenden möchte ich beispielhaft jeweils sechs Methoden-Bausteine vorstellen, die zu einem eher lehrerzentrierten oder eher schülerzentrierten Unterricht gehören. Des weiteren werden zwei Unterrichtsformen vorgestellt, die den Einstieg in eine offenere Art der Arbeit erleichtern.

Sechs typische Methoden-Bausteine des traditionellen Unterrichts (mit weniger Schüleraktivität)

Der Lehrervortrag
Der Lehrervortrag sollte – so der beliebte Ratgeber von Grell / Grell – wie ein Lieblingsbadeanzug geschnitten sein: Knapp, ansprechend und das Wesentliche abdekkend. (1985, S. 208). Für ihn sind die rhetorischen Qualitäten wichtig, die im ersten Kapitel behandelt wurden. Keinesfalls ist ein Lehrervortrag mit einem sich über 45 Minuten hinziehenden Lehrer-Monolog zu verwechseln; vielmehr muss er einen deutlichen Anfang und ein Ende haben und sich vom übrigen Unterrichts-Verlauf abheben.

Das fragend-entwickelnde Unterrichtsverfahren (oder das gelenkte Unterrichtsgespräch)
Das fragend-entwickelnde Verfahren ist der Versuch des Lehrers, das Denken der Schüler durch geschickte Fragen in die von ihm gewünschte Richtung zu lenken und den Lehrstoff im Dialog zu erarbeiten. Dieses Verfahren ist immer noch die in Deutschland beliebteste Methode, obwohl sie zunehmend kritisiert wird, da sie eine demokratische Gesprächshaltung vorgaukelt, die sie in Wahrheit nicht einlösen kann.

Sie ist in Wirklichkeit stark lehrerzentriert, da der Lehrer lenkt und leitet und sich meist nur wenige Schülerinnen und Schüler am Gespräch beteiligen. Ob der Rest der Schülerinnen und Schüler einer Klasse überhaupt mitdenkt oder mitkommt, ist dem Lehrer meist nicht bekannt. Dennoch nimmt er den Eindruck mit nach Hause, gut und erfolgreich unterrichtet zu haben.

Sollte dem Lehrer oder der Lehrerin dennoch eine dialogische Form der Erarbeitung eines Inhalts vorschweben, so gilt die „Sparsamkeitsregel“: Es sollten so wenige Fragen wie nur möglich gestellt werden. Sie sollten außerdem strikt die ihnen zugedachten Funktionen erfüllen, nämlich Vorkenntnisse ermitteln, Aufmerksamkeit wecken und zum Nachdenken provozieren. Keinesfalls sollten die Schüler und Schülerinnen mit Kettenfragen bombardiert werden. Vielmehr gilt es abzuwarten und schweigen zu lernen, um der Klasse Zeit zum Denken zu lassen. Durch aktives Zuhören, in diesem Fall eine Spiegelung von Schülerantworten mit anderen Worten, zeigen Lehrer und Lehrerinnen, dass sie Schülermeinungen gelten lassen und sich nicht unbedingt selbst durchsetzen wollen. Trotzdem dürfen und müssen natürlich begründete Zweifel an der einen oder anderen Aussage geäußert werden. Sie fungieren als neuer Denkanstoß für die Schüler und Schülerinnen. Das Ergebnis des gelenkten Gesprächs wird an der Tafel (oder am Projektor) festgehalten, und zwar möglichst von Schülern und möglichst mit deren eigenen Worten.

Die Plenums- und Schüler-Diskussion

In der allgemeinen Klassen-Diskussion organisiert der Lehrer nur die Lernsituation, aber nicht den inhaltlichen Verlauf. Er betätigt sich im Grunde als Moderator, der unterschiedliche Positionen zulässt, die wichtigsten Punkte an der Tafel festhält und, möglichst zusammen mit der Klasse, ein Ergebnis formuliert.

Mediengestützte Stillarbeit

Unter Stillarbeit wurde früher zumeist eine klassenarbeitsähnliche Situation verstanden. Schüler sollten allein eine oder mehrere Aufgaben lösen und durften dabei oft nicht sprechen. Stillarbeit dient auch heute noch der Aufgabenlösung durch den einzelnen Schüler oder die Schülerin, aber die Einstellung zur Stillarbeit hat sich verändert: Die Schüler und Schülerinnen dürfen die Aufgabe zumeist leise besprechen, sich gegenseitig helfen und Fragen stellen. Für den Lehrer ergibt sich damit die Gelegenheit, Einzelnen Unverstandenes noch einmal zu erklären. Entscheidend ist nur, dass die Arbeitsatmosphäre gewahrt wird. Auch die Aufgabenblätter haben sich gegenüber früher verändert : sie werden möglichst anregend gestaltet, damit Schüler und Schülerinnen Lust bekommen, sie zu bearbeiten.

Das Lehrerexperiment

Lehrerexperimente dienen der Anregung sowie der Aufstellung und Überprüfung von Hypothesen. Sie können in ein Thema einführen, um Neugierde und Staunen zu wecken oder aber, nach der Behandlung eines Inhalts, der Bestätigung von Gesetzmäßigkeiten dienen. Auf jeden Fall machen sie den Unterricht anschaulicher und lebendiger und bleiben länger im Gedächtnis, als wenn der Inhalt nur verbal dargeboten würde. Aber Lehrerexperimente sind eben auch lehrerzentriert und haben mit allen lehrerzentrierten Methoden gemein, dass es keine Gewähr dafür gibt, dass auch alle Teilnehmer der Demonstration folgen und sie verstehen.

Die Lernkontrolle

Im traditionellen Unterricht ähnelt die Lernkontrolle methodisch der Stillarbeit. Es werden Aufgaben gelöst, die das vorher Erarbeitete voraus setzen. Bei dieser Gelegenheit kann der Lehrende überprüfen, ob der Lehrstoff verstanden wurde.

Sechs typische Methoden-Bausteine eines eher offenen Unterrichts (mit mehr Schüleraktivität)

Der Lehrervortrag als „Informations-Input"

Der Lehrervortrag als Teil eines eher offenen Unterrichts wird von Fachleuten gern auch „Informations-Input" genannt, da er möglichst noch kürzer als im traditionellen Unterricht ausfallen soll. Ansonsten gelten dieselben Regeln: Er muss gut strukturiert und klar sein, prägnant und anschaulich.

Das Schülerexperiment

Schülerexperimente kommen der Experimentierfreude Jugendlicher entgegen und provozieren ein Stück selbst-gesteuertes Lernen. Dabei erwerben die Teilnehmer neben der Sachkompetenz wie nebenbei auch Methoden- und Sozialkompetenz. Voraussetzung ist, dass der Lehrer die Lernsituation strukturiert, die nötigen Materialien beschafft und Hinweise zu deren Benutzung gibt. Folgendes Ablaufschema bietet sich an:

1. Die Schüler entwickeln eine Hypothese
2. Schüler und Lehrer denken sich ein Experiment aus
3. Das Experiment wird durchgeführt
4. Die Ergebnisse werden interpretiert und festgehalten und die Konsequenzen diskutiert

Die gemeinsame Projektplanung

In einem Projekt einigen sich Lehrer und Schüler auf ein Handlungsprodukt im Zusammenhang mit ihrer Unterrichtsarbeit. Dabei kann es sich um Gegenstände z.B. des Werkunterrichts handeln oder aber auch um Dokumentationen von eher kognitiven Lernleistungen in Form von Plakaten, Heften oder auch Lehrvideos. Auch Streitgespräche können vorbereitet oder Exkursionen geplant und durchgeführt werden. Es reicht meist aus, wenn der Lehrer oder die Lehrerin einige Vorschläge macht, dann schließt sich oft wie von selbst eine „Anschluss-Kreativität" an. Der Lehrer oder die Lehrerin sollte hierbei die Moderation übernehmen, machbare Projekte herausfiltern und möglichst noch in der gleichen Unterrichtseinheit zur Abstimmung bringen. Danach empfiehlt es sich, sofort die Gruppeneinteilung vornehmen zu lassen, die

Namen der Gruppenteilnehmer zu notieren und die Gruppen zu beauftragen, einen vorläufigen Fertigstellungsplan zu erarbeiten. Beim nächsten Treffen wird dann der Plan konkretisiert, es werden in den Gruppen Einzelaufgaben verteilt und Zwischen- und Abgabetermine besprochen und festgelegt.

Mediengestützte Kleingruppenarbeit

Kleingruppenarbeit dient der zielgerichteten Erarbeitung eines Themas durch eine Gruppe von Schülern in einer bestimmten Zeiteinheit. Sie fördert neben der Fachkompetenz auch die Methoden- und vor allem die Sozialkompetenz: Die Gruppenmitglieder müssen sich in Bezug auf das Ergebnis ihrer Arbeit einigen. Ein guter Einstieg für Lehranfänger ist es, weiterführende Fragen, die sie sich für den traditionellen Unterricht ausgedacht haben, schriftlich zu formulieren und in die Gruppe(n) zu geben. Hierbei ist es möglich, allen Gruppen die gleichen oder aber unterschiedliche Fragen und Materialien vorzulegen. Die Entscheidung wird davon abhängen, ob sich alle Schüler und Schülerinnen mit einer besonders schwierigen Fragestellung beschäftigen oder ob sie eher kumulativ Wissen aus unterschiedlichen Bereichen zusammentragen sollen (= themengleiche oder themendifferenzierte Arbeitsgruppen). An den Anfang oder an den Schluss des kleinen Fragenkatalogs gehört die konkrete Aufgabenstellung und die Angabe der Zeit, die zur Verfügung steht, z. B.: „Beantworten Sie die folgenden Fragen zum vorliegenden Text und fertigen Sie dazu ein Schaubild an (Zeit: 30 Minuten)“. Während der Arbeit sollte der Lehrer oder die Lehrerin die Gruppen ein Stück weit allein lassen, aber die Bereitschaft signalisieren, bei auftauchenden Problemen zu helfen. Die von Schülern formulierten Ergebnisse sollten die Lehrer allerdings vor der Veröffentlichung auf Fehler hin prüfen, aber auch hier im Sinne von Hilfe und nicht im Sinne von Kontrolle oder gar voreiliger Bewertung. Die Einteilung in Gruppen kann bei einem kurzzeitigen Arbeitsauftrag übrigens ganz unspektakulär verlaufen, etwa nach der Art „Diejenigen, die hinten links sitzen, bearbeiten bitte ... und diejenigen vorne rechts bearbeiten ...“ etc.

Schüler-Arbeitsgruppenpräsentation

In unserer Gesellschaft soll jedermann, auch der sogenannte einfache Handwerker, lernen, für seine Handlungen und Meinungen einzustehen, sie vorzutragen und zu begründen, also zu „präsentieren“. Dazu wird Fachwissen benötigt, aber auch Selbstbewusstsein und rhetorisches Können. Es ist Aufgabe von uns Lehrern und Lehrerinnen, Schüler und Schülerinnen bei der Entwicklung von Präsentationskompetenz zu unterstützen. Wir sollten deshalb vor der Präsentation die wichtigsten dafür notwendigen Regeln darlegen und üben lassen, also aufrechtes Stehen und lautes, deutliches und möglichst freies Sprechen anhand von Gliederungspunkten. Die Klasse als Gesamtes lernt, in der Zeit der Präsentation still zu sein und zuzuhören und gegebenenfalls Sachfragen zu stellen. Unterschiedliche Meinungen werden zunächst stehen gelassen und auf die Plenums-Diskussion verschoben.

Die Plenums-Diskussion und die Auswertung
Die Plenums-Diskussion wurde oben schon angerissen. Im offenen Unterricht werden jedoch gegebenenfalls auch Schüler die Diskussion leiten oder es wird eine Podiumsdiskussion oder eine andere, offene Diskussionsform gewählt (s. Methodik-Handbücher).

Wichtig ist für den offenen Unterricht die Auswertungsphase. Lehrer und Schüler üben gemeinsam Manöverkritik, sei es schriftlich (Was hat Ihnen gefallen; was hat Ihnen weniger gut gefallen) oder mündlich, z.B. als sogenanntes Blitzlicht. Im Blitzlicht berichtet jeder kurz und ohne Kommentierung durch die anderen seine persönliche Meinung. Die ganze Gruppe erhält dadurch ein Stimmungsbild, das Anlass sein kann, beim nächsten Mal das eine oder andere zu ändern.

Zwei Unterrichtsformen, die den Einstieg in einen eher offenen Unterricht erleichtern

Der Lernzirkel (oder das Stationen-Lernen)
Für den Lernzirkel unterteilt der Lehrer oder die Lehrerin den Inhalt in Teilinhalte, zu denen er oder sie kurze Texte, Graphiken oder auch Material für kleine Experimente an verschiedenen Stellen im Raum auflegt oder aufbaut. Die Schüler und Schülerinnen bekommen Laufzettel mit Aufgaben zu jedem Teilinhalt in die Hand, gehen von Station zu Station, informieren sich und machen sich an bereit stehenden Extra-Tischen an die Lösung der Aufgaben (gern werden Rätselaufgaben gelöst). Gut ist es, wenn eine gewisse Beliebigkeit der Reihenfolge der Stationen möglich ist, damit kein Gedränge entsteht. Wie viel Zeit dann jeder an einer Station braucht, bleibt ihm selbst überlassen. Außerdem steht ihm meist frei, Lernpartner zu wählen, mit denen er zusammen arbeiten kann. Die richtigen Lösungen liegen ebenfalls aus, so dass die Schüler und Schülerinnen ihren Lernzuwachs selbst kontrollieren können. Oft wird der Lernzirkel noch in ein Fundamentum und ein Additum – also Grundlegendes und Zusätzliches – unterteilt, um dem unterschiedlichen Lernvermögen der Schüler und Schülerinnen entgegen zu kommen.

Lernzirkel sind bei Schülern meist sehr beliebt. Und Lernzirkel geben dem Lehrer die Möglichkeit, auch sogenanntes trockenes Wissen zu vermitteln und abzufragen, ohne dass sich Schüler gelangweilt fühlen; sie werden durch die indirekte Steuerung und die freie Zeiteinteilung selbst für ihr Lernen verantwortlich gemacht.

Das Gruppenpuzzle
Für das Gruppenpuzzle wird die Schülerschaft einer Klasse zunächst in Stammgruppen von Freunden und/oder Gleichgesinnten aufgeteilt. Die Stammgruppen erhalten Aufgaben, die sie ohne Vorwissen nicht bewältigen können. Deswegen müssen sie jeden Teilnehmer in eine von drei oder vier Experten-Gruppen schicken; das sind ad hoc gebildete Teams, die anhand von ausliegendem Material gemeinsam einen Wissensstoff erarbeiten. Jeder Teilnehmer bringt einen vorgefertigten Zettel mit Leitfragen mit, die sich eng am zu bearbeitenden Text orientieren und kaum Irrtümer zulassen. Die Leitfragen werden von der Expertengruppe gemeinsam beantwortet.

(Natürlich steht die Lehrkraft bereit, um auftauchende Fragen zu beantworten.) Nach einer festgesetzten Zeit kehren die Teilnehmer in ihre Stammgruppen zurück und geben ihr Wissen an ihre Freunde weiter. Sie orientieren sich dabei am Leitzettel. Gemeinsam macht sich dann die Stammgruppe an die Lösung der ihnen gestellten umfassenderen Aufgaben.

Auch hierbei lenkt der Lehrer relativ stark, wenn auch indirekt. Die Lenkung hängt von der Güte und Präzision der Leitfragen ab. Die Schüler ihrerseits haben die Gewähr, dass ihnen der Lehrstoff kurz und knapp vermittelt wird. Ihre Kreativität können sie dann bei der Umsetzung des Lehrstoffs in der Stammgruppe entfalten.

Neben die Entscheidung für bestimmte Methoden tritt die Entscheidung für bestimmte **Medien**.

Medien sind für Unterricht unverzichtbar, wenn man unter Medien ganz allgemein Hilfsmittel versteht, wozu auch Tafel und Kreide gehören. Im industrialisierten Teil der Welt ist eine Expansion der Hilfsmittel zu beobachten, die das Lernen enorm erleichtern, aber auch erschweren kann. So ermöglichen elektronische Medien z. B. raum- und zeit-unabhängiges individuelles Lernen. Auf der anderen Seite ist wieder Medienerziehung nötig, um die entsprechenden Fähigkeiten zum Umgang mit den Medien bereitzustellen. Umgang mit Medien wird dann zeitweise zum Inhalt des Unterrichts.

Wenn Medien Hilfsmittel sein sollen, müssen sie zur Klarheit und Vereinfachung des Sachverhalts beitragen und ihn anschaulich machen können. Insbesondere muss ihre Funktion im Unterricht eindeutig sein; sie dürfen also nicht etwa wegen ihres Beiwerks vom Gegenstand ablenken (vgl. Peterßen, 1983, S. 114ff.). Geeignet sind Modelle, Bilder (Folien von Bildern), interessante Texte, aber auch Filme oder Computersimulationen. Der Lehrer oder die Lehrerin wird die Medien wählen, zu denen er oder sie einen besonderen Zugang hat und mit denen er oder sie sicher umgehen kann. Natürlich sollten Lehrerinnen und Lehrer sich auch mit neuen Medien beschäftigen und hier, ebenso wie auf dem Gebiet der Methoden, auf dem Laufenden bleiben.

3.3.5 Exkurs: Computerunterstütztes Lernen (CUL)

Eine immer größere Rolle spielt in unserer Gesellschaft das Medium Computer. Der Computer ist inzwischen in der gesamten modernen Arbeitswelt als Hilfsmittel präsent und gehört daher gerade auch an beruflichen Schulen zur obligaten Standardausrüstung. Computer sind aber nicht nur Hilfsmittel, sondern Computer können auch neue Wege des Lernens eröffnen und Unterricht sogar ersetzen, wenn sie intelligent programmiert sind und pädagogisch sinnvoll eingesetzt werden. Die Möglichkeiten reichen von sog. tutoriellen Systemen (Übungs- und Trainingsprogramme), die den

Lerner auf einem bestimmten Weg durch den Lernstoff leiten und den Lernerfolg ständig zurückmelden, über simulationsbasierte Systeme, bei denen der Lernende aktiv Einfluss nehmen und die Auswirkungen seines Tuns sehen kann, bis hin zu kooperativen Formen wie E-Learning.

Bei E-Learning kommuniziert der Lehrende über E-Mail mit den Lernern, gibt Ratschläge zu den gestellten Aufgaben, verbessert die übermittelten Arbeiten und gibt Lesehinweise. Aber er trifft sich auch in Abständen mit den Teilnehmern, um sich persönlich auszutauschen und das Erarbeitete zu vertiefen. Das heißt, dass bei E-Learning auch die soziale Komponente des Lernens in Gruppen nicht außer Acht gelassen wird.

CUL (computerunterstütztes Lernen) hat den Vorteil, dass Zeitpunkt, Zeitdauer und Lerntempo frei gewählt werden können und dass ein individuelles Feedback möglich ist. Voraussetzung für den Erfolg ist jedoch, dass pädagogische und lernpsychologische Aspekte berücksichtigt werden und die Einordnung der Arbeit mit dem Medium Computer in den Gesamtzusammenhang gelingt.

Lehrer machen sich heutzutage ebenfalls Gedanken über die **Sozialformen** und planen das beabsichtigte Beziehungsgefüge im Voraus. Für einen Lehrervortrag oder ein Schüler-Referat wählen sie z. B. Frontal-Unterricht, für die Erledigung von Übungsaufgaben Stillarbeit oder aber, falls die Schüler und Schülerinnen Gelegenheit haben sollen, sich gegenseitig zu helfen, Partnerarbeit. Für alle Aufgaben, bei denen es sinnvoll erscheint, dass die Schüler und Schülerinnen erst diskutieren und sich dann auf ein Ergebnis einigen, ist Gruppenunterricht geeignet. Gruppenunterricht verlangt in der Regel die schriftliche Formulierung der Aufgabe, mit der Aufforderung, das Ergebnis nach einer bestimmten Zeit dem Plenum vorzutragen. Die Sozialform bestimmt auf indirekte Weise die Kommunikationsstruktur innerhalb der Großgruppe. So kann face-to-face-Kommunikation kaum in einer Klasse gelingen, in der die Schüler hintereinander in Reihen sitzen. Das heißt umgekehrt, dass unterschiedliche Sozialformen auch eine unterschiedliche Anordnung des Mobiliars im Raum erfordern.

Den Abschluss der didaktischen Analyse bilden Überlegungen zur **Lernkontrolle**. Hier werden alle vorangegangenen Überlegungen noch einmal angeschaut, und es wird entschieden, mit welchen Mitteln geprüft werden kann, ob der Unterricht inhaltlich bei den Schülern „angekommen" ist. Zu diesem Zweck werden oft Aufgaben gestellt, die den im Unterricht behandelten Aufgaben ähneln, oder es wird, je nach Lernziel, eine Übertragung auf einen anderen Aufgabentyp versucht.

Der schriftlichen Analyse schließt sich die **Verlaufsplanung** des Unterrichts an. Für ihre Erstellung wird heute nur noch selten eine feste Form vorgeschrieben (vgl. Kapitel 5; es gibt unterschiedliche Raster für unterschiedliche didaktische Modelle). Es bietet sich aber an, die in der didaktischen Analyse verwendeten **Strukturmomente** Inhalt / Ziele / Methoden / Medien und Sozialformen aufzuführen, um den Zusammenhang auch optisch zu dokumentieren und sich selbst noch einmal zu überprüfen. Der Zeitplan mit den Unterrichtsphasen folgt in der Vertikalen. Sollte dabei eine Phase aus mehreren Arbeitsgängen bestehen, so ist eine weitere Unterteilung in **Unterrichtsschritte** möglich. Unterrichtsschritte sind nicht mit Methoden zu verwechseln, sondern sie kennzeichnen nur die Abfolge im Detail. Inhalt und Ziele der Unterrichtseinheit, die vorgegeben sind, werden voran gestellt. Der Plan wird, zusammen mit Arbeitsblättern und/oder dem ausgeteilten Material, dem schriftlichen Entwurf als Anhang beigefügt.

Mögliches Verlaufsraster mit Beispiel

Inhalt:
Ziele:

Zeit	**Unterrichtsphasen u.**	**Methoden**	**Sozialform**	**Medien**
	Unterrichtsschritte			
08:00	**Einstieg**	Präsentation von wider-	Frontalunterricht	2 Folien
		sprüchl. Abbildungen		
08:05	Hypothesenbildung			
08:10	**Erarbeitung**			
	Recherche	Textarbeit	Gruppenunterricht	4 Texte
		etc.		

3.3.6 Überblicksdarstellung von Planungsrastern und Methodenbausteinen

Vergleich der Planungen von Unterricht

Traditioneller Unterricht	**Eher offener / handlungsorientierter Unterricht**
Thema der Stunde	Thema der Stunde(n)
1. *Einordnung der Stunde* in die U.-Einheit	1. *Einordnung der Stunde(n)* in die U.-Einheit
2. Bedingungsanalyse	*2. Bedingungsanalyse*
2.1 Lernvoraussetzungen der Schüler	2.1 Lernvoraussetzungen der Schüler
2.2 Fachwissenschaftliche Vorgaben	2.2 Fachwissenschaftliche Vorgaben
2.3 Handlungsspielräume des Lehrers	2.3 Handlungsspielräume des Lehrers und der Schüler

3. Didaktische Strukturierung

3.1 Lehrziele

3.2 Begründungszusammenhang von Zielen / Inhalt / Methoden / Medien / Sozialformen

3.3 Überlegungen zur Erfolgskontrolle

4. Geplanter Verlauf

Anhang: Arbeitsblätter, Literatur

3. Didaktische Strukturierung

3.1 Lehrziele / Handlungsziele / Projektvorschläge

3.2 Begründungszusammenhang von Zielen / Inhalt / Methoden / Medien / Sozialformen

3.3 Überlegungen betr. Veröffentlichung / Produkt / Auswertung

4. Geplanter Verlauf

Anhang: Arbeitsblätter, Literatur

Sechs typische Methoden-Bausteine eines traditionellen Unterrichts

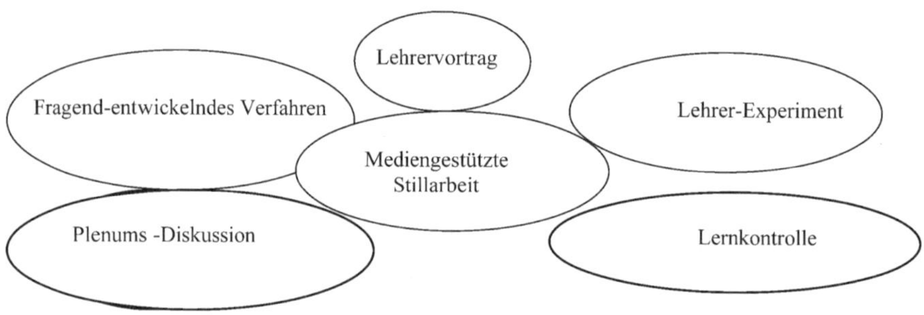

Sechs typische Methoden-Bausteine eines eher offenen Unterrichts

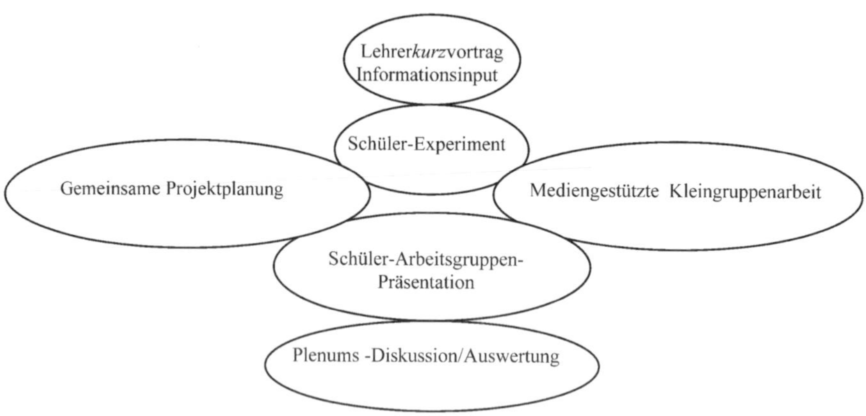

3.4 Konsequenzen für die Praxis

Unterricht ist mehr als eine Begegnung mit anderen Menschen, bei der ein Thema besprochen und vielleicht auch etwas gelernt wird. Unterricht ist gezielte Unterweisung. Deshalb ist neben dem Fachwissen Wissen über die Klientel und deren Umfeld nötig, über das Was und Wie der Vermittlung sowie die Kenntnis wichtiger Organisations- und Kommunikationsregeln. Unterricht ist ein komplexes Interaktionsgebilde, bei dem vielerlei ins Auge gefasst und bedacht werden muss. Mit anderen Worten: Unterricht muss geplant werden, wenn eine stetige und umfassende Wirkung von ihm ausgehen soll.

Für die Planung und die Verständigung darüber sind aber Fachtermini nötig, wie in jeder von Theorie geleiteten Praxis. Diese Fachtermini wurden hier vorgestellt.

Die Verlaufs- und Strukturraster mit ihren Strukturmomenten sind jedoch nur Hilfsmittel, nicht mehr und nicht weniger. Auch die Methodenbausteine sind als Angebot zu sehen. Es sind im wahrsten Sinn des Wortes Bausteine, mit denen mit zunehmender Erfahrung ein Unterricht gestaltet werden kann, der den Intentionen des Referendars und der Referendarin, aber auch den Lern- und Arbeitsbedürfnissen der Schüler und Schülerinnen in dieser oder jener Klasse am besten entspricht. Hier darf und soll experimentiert werden. Nur eines sollte nicht geschehen: Unterricht darf nicht in festgefahrenen Strukturen veröden.

An beruflichen Schulen ist es vielleicht noch bedeutender als an anderen Schulen, die Begegnung mit Bildungsstoffen bewusst zu gestalten. Die Klientel kommt nicht mit fertigen Studienplänen, sondern sucht oft recht mühsam ihren Weg; etliche Schüler und Schülerinnen sind schon von einer gewissen Schulmüdigkeit erfasst. Wenn es dann gelingt, Interesse zu wecken und womöglich Eigeninitiative auszulösen, ist ein großer Schritt in die richtige Richtung getan. Die Richtung heißt Teilnahme am Bildungsgeschehen schmackhaft machen und Weiterbildungsbedürfnisse wecken.

Manche Referendarinnen und Referendare, insbesondere die, die naturwissenschaftliche Fächer studiert haben, beschweren sich darüber, dass die pädagogischen Begriffe nicht eindeutig und klar abgegrenzt seien und von unterschiedlichen Autoren unterschiedlich verwendet würden. Das mag sein und wirkt zunächst wie ein Nachteil. Pädagogische Begriffe sind ihrer Herkunft nach aber nun einmal keine Eigenschaftsbegriffe wie die meisten naturwissenschaftlichen Begriffe (vgl. Kapitel 4: Begriffsbildung), sondern es handelt sich bei ihnen um Erklärungsbegriffe. Das heißt, dass sie von Vertretern unterschiedlicher Positionen geprägt wurden, immer mit dem Versuch, Phänomene möglichst präzise zu erfassen. Hierin ist auf den zweiten Blick ein Vorteil zu sehen: Die pädagogische Theorie und die pädagogische Praxis muss sich ständig weiterentwickeln, weil auch die Gesellschaft und mit ihr der Blick auf die Welt sich ständig weiterentwickelt.

Jede Generation braucht wegen neuer Herausforderungen neue Konzepte (manchmal können es auch uralte, zwischenzeitlich vergessene sein) und muss versuchen, andere Leute von deren positiver Wirkung zu überzeugen. Pädagogische Praxis ist kommunikative Praxis. Die in der Praxis Tätigen müssen sich über ihr Handlungsfeld verständigen, aber nicht von Willkür geleitet, sondern unter Verwendung gemeinsamer Sprachregelungen. Der pädagogische Beruf lebt vom Gespräch, nicht nur mit Schülern, sondern mit allen Beteiligten, mit Eltern, Kollegen und Kolleginnen, mit Ausbildern und Politikern. Es ist ein lebendiger, weltoffener Beruf.

Literatur

Becker, Georg: Unterricht planen. Weinheim, Basel, Berlin 2004

Bovet / Huwendiek (Hrsg.): Leitfaden Schulpraxis. Berlin 1998

Döbber, K.-O.: Aktivierende Methoden in der beruflichen Weiterbildung, in: Lebendiges Lehren. Bd. 6, Stuttgart 1998

Meyer, Hilbert: UnterrichtsMethoden. 2 Bde, Frankfurt am Main 2003

Meyer, Hilbert: Was sind Unterrichtsmethoden? In: PÄDAGOGIK 1, 2004

Gudjons, Herbert: Unterrichtsmethoden im Wandel, in: PÄDAGOGIK 1, 2004

Ott, Bernd: Grundlagen des beruflichen Lernens und Lehrens. Berlin 1997

Peterssen, W. H.: Handbuch Unterrichtsplanung. München 1998

Peterssen, W. H.: Kleines Methodenlexikon. München 2001

Weitz, B. O.: Handlungsorientierte Methoden und ihre Umsetzung. Bad Homburg 1998

4. Lerntheorien und der Lernprozess

4. Lerntheorien und der Lernprozess

4.1 Lerntheorien: Fragestellung

Die populärwissenschaftliche Literatur hat das letzte Jahrzehnt, eine Zeit intensiver Hirnforschung mit zum Teil spektakulären Ergebnissen, zum Jahrzehnt des Gehirns ausgerufen. Das hat sein Gutes, denn endlich rücken Variablen des Lernprozesses wieder ins Bewusstsein der Öffentlichkeit und damit die Frage, wie Kindern und Jugendlichen beim Lernen geholfen werden kann. Das hat aber auch seine Nachteile. Es wird fast nur noch Neurowissenschaftlern Kompetenz auf diesem Gebiet zugesprochen. Pädagogen dagegen zeigen sich verunsichert: ist nicht alles, was sie auf diesem Gebiet gelernt haben, längst überholt? Wie können sie Schülern und Eltern Lerntipps geben, wenn sie nicht neurobiologisch bewandert sind?

Bei diesen Überlegungen wird vergessen, dass es zweierlei Lernforschung gibt. Die eine beschäftigt sich mit den im Gehirn ablaufenden elektro-chemischen Prozessen und den Regionen, in denen diese sich abspielen. Die andere aber beschäftigt sich mit den beobachtbaren Verhaltensweisen von Lernern und den messbaren Veränderungen, die bestimmte äußere Einflüsse für jedermann sichtbar verursachen. Dieser zweite Forschungszweig hat eine Tradition von mindestens hundertzwanzig Jahren und weist Ergebnisse vor, die seither ununterbrochen rezipiert und auch von den Neurowissenschaftlern nicht in Zweifel gezogen wurden. Als Beispiel sei die sogenannte „Vergessenskurve“ von Ebbinghaus aufgeführt. Diese Kurve zeigt, wie gelerntes Material im Laufe der Zeit schwindet, wenn nicht regelmäßig Wiederholungen stattfinden. Sie wurde erstmalig 1885 veröffentlicht, taucht aber unverändert in jedem modernen Buch über Lerntipps auf (oft übrigens ohne Angabe des Erscheinungsjahrs!). Es ist also nicht so, dass alles, was nach vielen seriösen Untersuchungen zum Lernen gesagt wurde, nun überholt ist.

Ähnlich verhält es sich auch mit den umfangreichen Lerntheorien, die Verhaltens- und Denkforscher im vorigen Jahrhundert erarbeiteten. Die Neurowissenschaftler haben zwar enorme Fortschritte in Bezug auf die Erforschung des Nervennetzwerks und der bei seinem Aufbau beteiligten Proteine und Botenstoffe gemacht, aber eine neue kohärente Theorie ist angesichts der Komplexität des dynamischen Systems „Gehirn“ noch nicht in Sicht. Vielmehr sieht es so aus, als gebe es sehr verschiedene Typen des Lernens, die z. B. assoziatives Lernen einerseits und „höhere Formen“ andererseits einschließen, womit ältere Theorien bestätigt oder teilbestätigt würden. Deshalb macht es Sinn, sich mit diesen älteren Theorien zu beschäftigen, die schon das eine oder das andere, aber eben einseitig, als Motor des Lernens propagiert und in Alltagssituationen verifiziert hatten. Wahrscheinlich hatten sie alle in Teilen Recht und es ist erst das Zusammenspiel, das das vielschichtige Geschehen möglich macht.

Lehrer und Lehrerinnen sollten sich deshalb nicht irritieren lassen und ihr ureigenes Gebiet für sich zurückerobern und den Blick dabei auf schulische Zusammenhänge richten.

Natürlich ist es wichtig, auch neurobiologisch auf dem Laufenden zu bleiben. Es ist zum Beispiel eine große Argumentationshilfe zu erfahren, dass Druck und Stress nun biochemisch nachweisbar schlechte Lernberater sind. Auch sollten die Lehrenden sich als Bürger in Grundsatz-Debatten um „Pillen gegen das Vergessen“ (Spiegel Special 4, 2003) und ähnliche künstliche Eingriffe einmischen. In ihrem Beruf geht es aber eher um normale, gerade eben nicht medikamentöse Lernhilfen beim Einüben erwünschter Verhaltensweisen oder beim Lösen von Problemen. Hierum soll es in diesem Kapitel gehen. Nach einem kurzen Überblick über neuronale Grundlagen des Lernens sollen die wichtigsten lerntheoretischen Schulen und ihre Relevanz für die Praxis vorgestellt werden, und in einem zweiten Teil sollen Lernprozesse auf dem Weg vom Kurz- ins Langzeitgedächtnis zur Sprache kommen, wieder verbunden mit praktischen Ratschlägen.

4.2 Neuronale Grundlagen des Lernens

Die Arbeit unseres wichtigsten Organs, des Gehirns, beruht auf der Informationsverarbeitung von Millionen von Nervenzellen (insgesamt gibt es etwa 100 Milliarden), die über elektrische und biochemische Prozesse miteinander in Verbindung treten. Sie bilden verzweigte Netzwerke, die ihrerseits sowohl das über die Sinnesorgane Wahrgenommene, als auch dessen Interpretation und dessen emotionale Einfärbung durch das wahrnehmende Individuum repräsentieren.

Beim Neugeborenen sind die Nervenzellen wie ein gleichmäßiges, dichtes Netz verbunden. Aufgrund der unterschiedlichen Eindrücke, die das Kleinkind hat, und aufgrund verschiedener positiver oder negativer Erfahrungen, die es macht, werden dann aber bestimmte Nervenbahnen besonders aktiviert und an schon vorhandene Verbindungen angeschlossen. Wird die entsprechende Erfahrung öfters gemacht, so verfestigt sich die Verbindung bei diesem Individuum, d. h. sie erhält ein sog. größeres Gewicht; weniger genutzte Verbindungen verkümmern. Letztlich ist also der Prozess des Lernens die Häufung von Impulsen in bestimmten Bahnen. Es entsteht dadurch bei jedem Menschen ein einmaliges Netzwerk an Neuronen, das sein sehr individuelles Wissen aufgrund der sehr individuell gemachten Erfahrungen beherbergt.

Es ist ersichtlich, dass allein diese Erkenntnis Folgen für unser Verständnis von Lernen, speziell aber von Lehren haben muss: Lernen ist ein subjektiver Vorgang, und beim Lehren kann es sich nur darum handeln, einem Individuum Lernanreize zu geben und das Herstellen von Verknüpfungen zu erleichtern.

Eine weitere Erkenntnis (worüber es schon lange Vermutungen gab) ist die, dass die Sinneseindrücke von verschiedenen Teilen des Gehirns verarbeitet werden, wobei die Struktur der Nervenzellen in den verschiedenen Regionen damit anscheinend nichts zu tun hat. Es hat lediglich im Gehirn eine Spezialisierung stattgefunden, die man inzwischen nachweisen kann. Ein bekanntes Phänomen in diesem Zusammenhang ist die Arbeitsteilung zwischen den sogenannten zwei Hemisphären, wobei die linke Hemisphäre eher symbolische, z. B. also sprachliche, die rechte dagegen analoge, z. B. bildliche Informationen verarbeitet. Des weiteren gibt es das Sprachzentrum, das motorische Zentrum usw. Außerdem zeichnet sich ab, dass diese Zentren nicht nur für die Wahrnehmung der je unterschiedlichen Eindrücke zuständig sind, sondern auch für die langfristige Speicherung des Wahrgenommenen. Das bedeutet, dass wir nicht ein Gedächtnis haben, sondern viele „Gedächtnisse", ein motorisches, ein semantisches usw. Alle „Gedächtnisse" – auch das ist inzwischen Fakt – arbeiten zusammen. Die pädagogische Bedeutung dieser Erkenntnis ist klar: sie unterstützt die alte Forderung nach einem Lernen mit allen Sinnen und auf vielen Kanälen.

Außerordentlich bedeutsam ist darüber hinaus, dass es bei allen Lern- und Gedächtnisprozessen ein implizit beteiligtes Emotionsgedächtnis gibt. (Goschke, S. 402). Ja, es ist sogar wahrscheinlich, dass dieses Emotionsgedächtnis auch schon bei der Wahrnehmung beteiligt ist, das heißt, dass Emotionen schon darüber mitentscheiden, ob ein Reiz überhaupt zugelassen und verarbeitet wird. Es ist keine Frage, dass solches Wissen unseren Blick schärfen sollte für Dinge wie ein gutes Schulklima, eine angenehme Lernatmosphäre und Ähnliches. Im Grunde gibt es keine Trennung zwischen kognitivem, affektivem und pragmatischem Lernen, wie etliche Didaktiken unterstellen.

Um noch einmal das Wichtigste zusammenzufassen: Leistungen des Gehirns laufen über neuronale Verbindungen, und zwar mehrere, die gleichzeitig und nacheinander aktiv sind. Es handelt sich um eine „parallel verteilte Informationsverarbeitung" (Scheunpflug, 2000, S. 47).

Die Frage, welche Sinnesreize wahrgenommen und verarbeitet werden, wird durch die Gehirnaktivitäten des Individuums gesteuert, und nicht von außen. Ausschlaggebend sind die vom Individuum gemachten Erfahrungen. „In der Kindheit gemachte Erfahrungen dienen quasi als Ordnungsparameter für nachfolgende Erfahrungen" (Scheunpflug, a. a. O. S. 48). Es entstehen also sehr unterschiedliche Denkmuster!

Das Gedächtnis ist „kein lokalisierbares Feld im Kopf" (Scheinpflug, S. 49). Inhalte werden in verschiedenen Regionen gespeichert und – je nach Vorerfahrungen – mit unterschiedlichen anderen Inhalten verknüpft.

Erinnern bedeutet, dass bestandene Verbindungen wieder aktiviert, z. B. durch Assoziationen wachgerufen werden.

Und die letzte wichtige Erkenntnis: Denken und Lernen sind immer von Gefühlen begleitet.

4.3 Die klassischen Lerntheorien

4.3.1 Der Zusammenhang der neueren Hirnforschung mit den klassischen Lerntheorien

Die neuere Gehirnforschung zeigt, dass Lernen ein sehr komplexer Vorgang ist, der viele Gehirnteile und viele Gehirnschichten tangiert. Er umfasst verschiedene Lernformen, wie **deklaratives** und **prozedurales** Lernen, womit zum einen inhaltliche und zum anderen die auf einen Vollzug gerichtete Wissensaneignung gemeint ist.

Wenn man davon ausgeht, dass die klassischen Lerntheorien nur einen Ausschnitt aus dem Gesamtgeschehen bearbeitet haben, und wenn man diesen Ausschnitt vernünftig in den Gesamtzusammenhang einordnet, dann kann man sehen, dass sie auf ihrem jeweiligen Gebiet gute Erklärungsarbeit geleistet haben und unser Wissen –gerade auch, was die Anwendbarkeit betrifft –, bereichern können.

Bevor ich auf die einzelnen Lerntheorien eingehe, möchte ich eine Definition voranstellen, die für alle dargestellten Theorien gilt und die auch nach den neuesten Forschungen auf dem Gebiet der Hirnforschung ihre Gültigkeit nicht verloren hat: **Lernen ist Veränderung des Verhaltens aufgrund von Erfahrungen** (vgl. Steiner, 2001, S. 140 und ebenda, S. 163).

4.3.2 Die Reiz-Reaktionstheorien (Behaviorismus)

Nach Auffassung der Reiz- Reaktionstheoretiker ist Psychologie (die Lehre von der Seele) im Grunde nichts anderes als eine Physiologie der Konditionierung, das heißt eine Lehre von der Herstellung von Bedingungen, unter denen sich Menschen gesetzmäßig so verhalten, wie sie sich verhalten. Ein freier Wille wird den Menschen abgesprochen. Allerdings unternimmt man auch gar nicht den Versuch, den zu dieser Zeit noch unerforschten Gehirnwindungen nachzugehen. Der Denkapparat wird als eine **Black Box** gesehen; betrachtet wird nur, welcher Reiz gesetzmäßig welche Reaktion auslöst:

S(Stimulus) ⟶ Black Box ⟶ **R** (Response)

1. Pawlow ((1849–1936) und die klassische Konditionierung

Pawlow formulierte die Gesetze der **klassischen Konditionierung**. Er arbeitete mit Hunden, denen er beibrachte, auf einen künstlichen Reiz ebenso zu reagieren wie auf einen natürlichen, nachdem er vorher beide miteinander kombiniert hatte. So hat er z. B. bei der Futterabgabe, bei der den Hunden der Speichel im Maul zusammenlief, einen Glockenschlag ertönen lassen. Die Hunde reagierten nach einer Weile auch auf den Glockenschlag allein mit Speichelabsonderung, weil sie ihn mit der Futterabgabe in Verbindung brachten. Dieses **assoziative** Lernen ist auch beim Menschen zu beobachten. So reagieren Schüler beispielsweise auf das Läuten der Schulglocke mit Unruhe. Sie haben gelernt, dass der Glockenton eine Bedeutung für sie hat.

Das Wissen um das assoziative Lernen kann man in der Schule positiv (Merkverse, Eselsbrücken, Gefühlsassoziationen etc) wie auch negativ (Drill, verbunden mit Strafen) einsetzen.

Das Reiz-Reaktionslernen (assoziatives Lernen)

natürlicher Reiz / **S**timulus (Futter)	⟶	natürliche **R**eaktion (Reflex)
Sn	⟶	Rn
Sn+Sb	⟶	R
Sb	⟶	Rb
bedingter Reiz	⟶	bedingte Reaktion

Erläuterung: Nach dem Gesetz der klassischen Konditionierung löst ein natürlicher Reiz eine natürliche Reaktion aus. Verbindet man nun diesen Reiz mit einem künstlichen, sogenannten bedingten Reiz, so erfolgt die gleiche Reaktion. Nach einiger Zeit löst schon der bedingte Reiz allein die erwartete, hier bedingt genannte Reaktion aus. Die bedingte Reaktion lässt nach, wenn die Verknüpfung des bedingten mit dem natürlichen Reiz gänzlich aufhört.

Der amerikanische Psychologe **Watson** (1878–1958) hat die Assoziations-Lerntheorien an einem Kind von 11 Monaten (Albert) getestet. Er hat das Kind mit einem kleinen weißen Pelztier spielen lassen, was dem Kind Freude bereitete. Nach einiger Zeit ließ er dazu ohrenbetäubenden Lärm ertönen. Das Kind bekam entsetzliche Angst, die es bald auf das Pelztier übertrug, später sogar auf weißen Pelz überhaupt. Watson hielt diese Lernprozesse für umkehrbar, und zwar durch **Desensibilisierung.** Viele unserer Ängste sind in der Tat ebenfalls „gelernt"; wir verbinden z. B. gewisse Geräusche oder Gerüche, oder etwa tiefes Wasser, oft lebenslang mit schlechten Erfahrungen und meiden sie panisch. Die **Verhaltenstherapie** macht sich das Wissen der Lerntheorien zunutze, um solche Ängste, die oft mit der Realität nichts mehr zu tun haben, abbauen zu helfen.

2. Thorndike (1874–1949) und das Lernen durch Versuch und Irrtum

Thorndike experimentierte mit Katzen. Er wendete sein Augenmerk dabei mehr auf die Reaktion als auf den auslösenden Stimulus. So fand Thorndike, dass Katzen in Käfigen scheinbar ziellos herum experimentierten, bis sie durch

trial and error herausbekamen, dass ein bestimmter Hebel Futter spenden oder sie in die Freiheit bringen konnte. Daraufhin lernten sie, diesen Hebel gezielt zu nutzen. Thorndike nannte dies **instrumentelles Lernen** oder **Lernen am Erfolg**. Es setzt allerdings eine gewisse Verhaltensbereitschaft oder Motivation voraus. Ihm zufolge ist Lernen eine Funktion der Bekräftigung (durch Erfolg) und der Übung.

Instrumentelles Lernen spielt im Leben der Kinder und Jugendlichen eine große Rolle. Unbefangene Kinder zeigen in der Regel große Neugierde und strahlen vor Glück, wenn sie bei kniffligen Aufgaben durch Versuch und Irrtum zum Erfolg gelangt sind. Oft schließt sich dann stundenlanges freiwilliges Üben an, z. B. beim Skaten. Auch die Schule sollte das Lernen am Erfolg ermöglichen und Versuch und Irrtum zulassen.

3. Skinner (1904–1989) und das Operante Konditionieren

Den größten Einfluss auf die Pädagogik hatte der Lerntheoretiker Skinner. Er hat die Ergebnisse seiner Versuche (mit Tauben) selbst auf das menschliche Lernen übertragen und eine totale Manipulierbarkeit des Verhaltens in Aussicht gestellt.

Skinner unterscheidet Lernen vom Typ S (ausgelöstes Verhalten) und Lernen vom Typ R (wirkendes oder **operantes** Verhalten). Dabei interessierte ihn vor allem das Lernen vom Typ R. Tiere und Menschen lernen ihm zufolge besonders das, was für sie in der Folge eine angenehme Wirkung hat, d. h., was sich für das Individuum lohnt. Was als lohnend gewertet wird, ist jedoch von Individuum zu Individuum höchst unterschiedlich und hängt mit dessen früherer Lerngeschichte zusammen. Deshalb wird statt Belohnung der Fachbegriff **Verstärker** verwendet. Als Verstärker können materielle Dinge wirken, aber auch Lob, oder einfach Zuwendung. Sogar Strafen können im Einzelfall als Verstärker fungieren. Das ist bei manchen jugendlichen Provokateuren zu beobachten, denen es oft nur darum geht, überhaupt Aufmerksamkeit zu erlangen, die sie in ihrem Umfeld sonst nicht bekommen. (Ein Verstärker wird definiert als ein Reiz, der die Wahrscheinlichkeit des Auftretens einer bestimmten Reaktion erhöht). Mit dem systematischen Einsatz von den richtigen Verstärkern kann über eine **sukzessive Approximation,** d. h. eine allmähliche Annäherung, eine Verhaltensformung gelingen. Die Verhaltenstherapie, aber auch schulische Verhaltensformung fußt auf Skinners Gesetzen:

S ———	O ———	R ———	K ———	C+	
Stimulus	Organismus	Reaktion	Kontingenz°	Konsequenz	
S ———	O ———	R ———	K ———	C+	Verhalten nimmt zu
S ———	O ———	R ———	K ———	C-	Verhalten nimmt ab
S ———	O ———	R ———	K ———	O	Verhalten nimmt ab

°mit Kontingenz sind die Begleitumstände gemeint

Erläuterung: Wenn ein Reiz bei einem Organismus unter bestimmten Begleitumständen eine positive Konsequenz (C+) nach sich zieht, wird dieser Reiz unter diesen Umständen wieder gesucht. Ein Beispiel ist das Herumkaspern eines Schülers, das die Aufmerksamkeit des Lehrers und das Lachen der Mitschüler zur Folge hat. Für den betreffenden Schüler ist eine solche Konsequenz positiv und er wird mit seinen Kaspereien fortfahren. Ist die Konsequenz negativ (C-), lässt das in Frage kommende Verhalten nach. In diesem Fall lässt es vermutlich nach, wenn die Folge eine Strafarbeit ist und der Schüler Strafarbeiten zu vermeiden sucht. Das Verhalten lässt auch nach, wenn keinerlei voraussehbare Konsequenz erfolgt (O), wenn die Mitschüler also nicht lachen und auch die Aufmerksamkeit des Lehrers ausbleibt. Es kann auf diese Weise gelöscht werden. Das Wissen hierum kann sich der Lehrer zu Nutze machen. Im genannten Beispiel sollte der Lehrer das Kaspern ignorieren, aber positive Verhaltensweisen regelmäßig verstärken, z. B. loben. So kann er eine Verhaltensänderung im Sinne der sukzessiven Approximation in die Wege leiten. Ganz wichtig ist in diesem Zusammenhang eine strikt eingehaltene Konsequenz.

4.3.3 Die kognitiven oder auch Einsichtstheorien

Die Theoretiker der kognitiven Schulen betonen die freie Denk- und Kombinationsfähigkeit des Menschen. Sie lehnen es ab, Lernen als reines Reagieren zu begreifen.

Behavioristen (vorwiegend in den USA) und Kognitivisten (vorwiegend in Europa) standen sich lange unversöhnlich gegenüber. Der Streit ist heute weniger virulent, da man davon ausgeht, dass beide Schulen nur Teilbereiche menschlichen Lernens erklären. Gerade als Praktiker kann man die Erkenntnisse sehr gut kombinieren und nach dem Studium des Einzelfalles die eine oder andere Erklärungsmöglichkeit heranziehen.

1. Tolman und das Lernen von Zeichen

Tolman (von Hause aus Behaviorist) hat bei seinen Versuchen mit Ratten beobachten können, dass schon Tiere ganz offensichtlich nicht nur Bewegungsabfolgen, sondern **Orientierungen** lernen. Seine Ratten mussten nach oben offene Labyrinthe durchlaufen, um an Futter zu kommen. Eine Gruppe A fand das Futter immer rechts von den wechselnden Eingängen (sie lernte Bewegungsabfolgen), Gruppe B fand das Futter an einem festen Platz. Er konnte feststellen, dass die Tiere der Gruppe B im Zweifelsfall schneller waren; sie hatten das Versuchsgehäuse **kennen** gelernt. Außerdem schafften diese Tiere den Weg auch schwimmend, oder sie kürzten durch Aussteigen ab, wenn sie dazu die Möglichkeit hatten.

Am erstaunlichsten war es, dass auch Tiere, die gar kein Futter fanden, das Labyrinth kennen lernten (**latentes Lernen**). Als eines Tages Futter in einer Kammer lag, fanden sie den Weg sehr viel schneller als die Tiere einer Kontrollgruppe.

Im Einzelnen beobachtete Tolman folgendes:

1. Es gibt einen Unterschied zwischen Lernen und Leistung
2. Das Lernen ist vom Vollzugsakt zeitlich abtrennbar (**latentes Lernen**)
3. Gelernt wird eine Art Landkarte (**cognitive map**)
4. Das Zeichen erhält vom Ziel her seine Bedeutung
5. Die Tiere zeigen ein verinnerlichtes trial-and-error-Verhalten (Abbremsen, Kopfwenden)

Die Orientierungsfähigkeit von Ratten kann inzwischen nachgewiesen und sichtbar gemacht werden; das bestätigt Tolmans Hypothesen. (vgl. Spitzer, 2002, S. 25ff.)

2. Die Gestaltpsychologie und das Lernen durch Einsicht

Max Wertheimer (1880–1943) untersuchte Wahrnehmungsphänomene wie z. B. optische Täuschungen u. a. Er erkannte, dass eine Gestalt mehr ist als die Addition ihrer Teile. Das erkennende Subjekt ergänzt vielmehr Fehlendes, je nach Vorkenntnis, Erfahrung, Wunsch etc. Dabei besteht eine Prägnanztendenz, das ist eine Tendenz zur einfachen, schlichten und „guten" Gestalt. Die frühen Gestaltpsychologen hielten die Gestaltstrukturen für dem Menschen innewohnend. Heute wird Gestaltsehen auf Seherfahrung zurückgeführt.

Das Lernen, insbesondere das Problemlösen, wird von Gestaltpsychologen auf die Komplettierung von Gestalten zurückgeführt. So lässt sich die Plötzlichkeit einer Einsicht erklären, d. h. einzelne Elemente werden plötzlich als Teile eines Ganzen erkannt.

Gestalt-Sehen (Geschlossenheit)
Der Betrachter neigt dazu, unvollständige Figuren als vollständig wahrzunehmen (linkes Bild).

Gestalt-Sehen (Kipp-Figur)
Der Betrachter sieht entweder einen weißen Becher vor schwarzem Grund oder zwei Gesichter vor weißem Grund (rechts).

Köhler, ein Kollege Wertheimers, experimentierte mit Schimpansen. Er konnte feststellen, dass die Menschenaffen in der Lage waren, bestimmte Instrumente für ihre Zwecke einzusetzen, wenn sie diese sehen und in ihrer Vorstellung eine

Verbindungslinie zwischen dem Hilfsinstrument und dem erwünschtem Gegenstand ziehen konnten. So waren sie fähig, im Raum stehende Kisten zu benutzen, um an eine hoch hängende Banane zu gelangen: Sie waren also fähig – um mit dem Vokabular der Gestaltpsychologen zu sprechen – aus der unvollkommenen eine „gute Gestalt“ zu machen.

3. Piaget und die kognitive Struktur

Piaget, der wohl bekannteste Denkpsychologe Europas, beobachtete minutiös die Entwicklung des Denkens im Kindes- und Jugendalter. Er beschrieb das Denken (und Lernen) als einen Vorgang, der vom einfachen **Schema** (kleinste Einheit) über den Erwerb neuer, ständig erweiteter Schemata zum Aufbau einer komplexen **Denkstruktur** beim Erwachsenen führt.

Das Denken entwickelt sich nach Piaget wie folgt:

1. Stufe der sensomotorischen Intelligenz (0–2 Jahre): Das Denken kann nicht von der Handlung getrennt werden.
   Babies „begreifen“ (im Wortsinn) die Umwelt mit ihren Sinnen und entwickeln erste Schemata (Die Kognitionspsychologie spricht von „Kognitionen“). Sie führen z. B. einen Trinkbecher zum Mund und trinken daraus. Sie zeigen damit, dass sie schon ein Schema, also eine Vorstellung, von Trinken haben.
2. Stufe des vorbegrifflichen, symbolischen Denkens (2–4): Das Kind kann ein Schema symbolisch darstellen oder schon ausdrücken.
   Kleinkinder spielen in diesem Alter z. B. gern mit Puppentassen und zeigen damit ein Wissen um komplexe Folgen wie beispielsweise das Kaffeetrinken mit Milch und Zucker. Sie können auch schon etliche Dinge benennen, z. B. „meine Tasse“, „Papas Tasse“ etc.. Tassen, die so ähnlich aussehen wie „Papas Tasse“ sind aber auch „Papas Tasse“, wenn sie im Geschäft auf dem Regal stehen; hier fehlt noch die Abstraktion hin zum allgemeinen Begriff.
3. Stufe des anschaulichen Denkens (4–7): Das Kind hat nun ein neues Abstraktionsniveau erreicht. Es kann Merkmale einer Handlung unabhängig vom Gegenstand wahrnehmen, beispielsweise mehr oder weniger in eine Tasse eingießen. Das Kind ist jedoch noch in der eigenen Wahrnehmung gefangen und glaubt nicht, dass Saft in einem hohen Glas genauso viel sein kann wie in einem breiten, auch wenn man es ihm durch Umschütten zeigt (Invarianz-Versuch).
4. Stufe der konkreten Operationen (7–12): Das Kind begreift nun den Umschüttversuch. Es kann also jetzt „Operationen“ (= verinnerlichte Handlungen) vornehmen; Kinder dieser Altersstufe sind aber noch stark an die Anschauung gebunden.
5. Stufe der formalen Operationen (ab 12 Jahren): Der Jugendliche kann nun die Fähigkeit erreichen, mit Operationen zu operieren, d. h. rein formal Schlüsse aufgrund hypothetischer Annahmen zu ziehen. Viele Menschen erreichen diese Stufe jedoch nicht mehr.

Piagets Stufenlehre wurde oft dahingehend kritisiert, dass man zu genaue Altersangaben nicht machen könne. Das ist sicherlich richtig; Kinder entwickeln sich sehr unterschiedlich. Was aber ungeachtet dessen bemerkenswert bleibt, ist die feste Abfolge der Entwicklungsstufen. Weiterhin wurde angemerkt, dass die Entwicklung bei ein und demselben Menschen auf unterschiedlichen Gebieten unterschiedlich schnell verlaufe. Auch das ist richtig, denn Entwicklungen sind stark erfahrungsabhängig (vgl. Spitzer, 2002, S. 210). Hiermit wird aber der Geltungsbereich der Forschungen nicht in Frage gestellt, sondern im Gegenteil noch erweitert: Auch erwachsene Lerner brauchen u. U. die handlungsmäßige und anschauliche Auseinandersetzung mit dem Gegenstand, bevor sie zur formalen Operation fähig sind.

Piagets Stufenlehre

der Entwicklung des Denkens

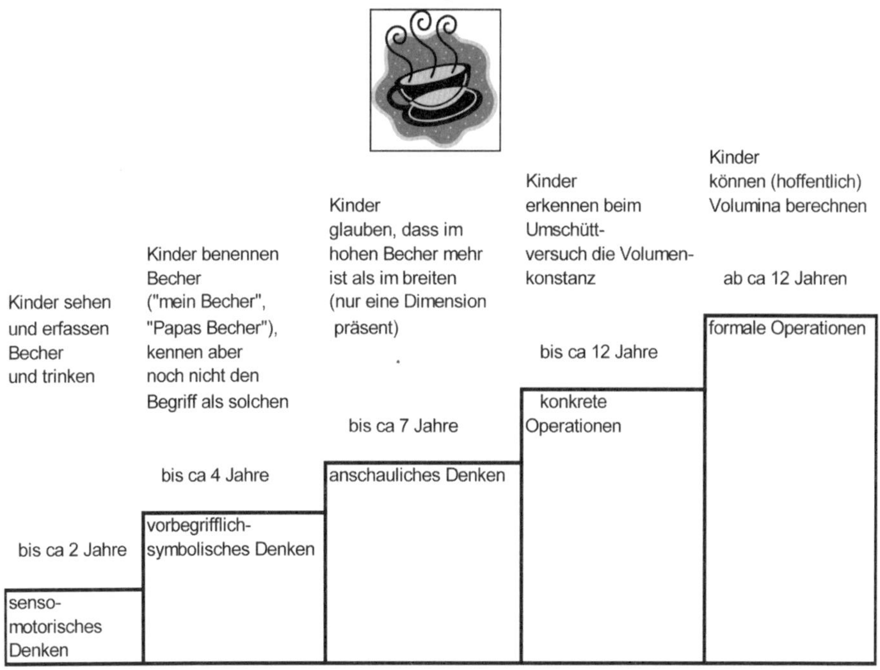

Piagets Forschungen sind für Pädagogen von großer Bedeutung. Sie verweisen darauf, dass es bestimmte Zeitfenster für bestimmte Entwicklungen des Denkens gibt; diese „kritischen Phasen“, wie man heute auch sagt, sollten genutzt werden. Auf der anderen Seite sollte man nicht annehmen, Stufen der Entwicklung zu größerer Abstraktionsfähigkeit überspringen zu können. Man muss vielmehr da anknüpfen, wo das Kind (oder der Jugendliche) sich in seiner Denkentwicklung befindet. So ist es immer von Vorteil, formalen Operationen konkrete

Operationen vorausgehen zu lassen, um die Denkstruktur der Lerner kennen zu lernen, die vorhandenen Schemata zu festigen (oder, falls nötig, zu korrigieren) und die Jugendlichen auf ihrem Weg zu größerer Abstraktionsfähigkeit zu begleiten.

Ganz allgemein dient das Denken dem Menschen nach Piaget der optimalen Anpassung an die Umwelt. Ständig wird der Versuch unternommen, ein Gleichgewicht (**Aeqilibration**) zwischen innen und außen herzustellen, das erst dann erreicht ist, wenn Unverständliches, das ja auch eine mögliche Gefahr bedeuten könnte, geklärt ist. Dazu müssen die neuen Informationen entweder in die vorhandene Denk-Struktur eingepasst werden (**Assimilation**) oder die Denk-Struktur muss verändert werden (**Akkommodation**). Hiermit liegt Piaget vollkommen auf der Linie zeitgenössischer Neurobiologen, die Mensch und Tier ein gleichermaßen biologisch begründetes Orientierungslernen attestieren, das zur Stärkung schon bestehender oder zur Ausbildung neuer Verknüpfungen von Neuronen und damit zur potentiellen Veränderung des neuronalen Netzes führt. (Spitzer, 2002, 98 ff; ein ausdrücklicher Rückgriff auf Piaget in Spitzer, 1996, S. 211)

4.3.4 Die Handlungstheorien

1. Das Imitations- und Beobachtungslernen / Lernen am Modell (Bandura)

Kinder lernen auch durch **Imitation**, wobei sie vorwiegend Menschen imitieren, mit denen sie sich identifizieren; das sind zunächst vor allem die Eltern und den Kindern nahestehende Personen. Lernen kann aber auch durch Beobachtung anderer, z. B. der Geschwister erfolgen, insbesondere, wenn das beobachtete Verhalten belohnt wird (**Beobachtungslernen** über stellvertretende Bekräftigung).

Bandura und andere erklären mit Hilfe des Modelllernens auch aggressives Verhalten. Das aggressive Verhalten wird Modellen abgeschaut, wenn es Erfolg verspricht.

Blitzschnell werden folgende Stufen durchlaufen:

- Wahrnehmung
- Abrufen des Verhaltensprogramms
- Erfolgsabschätzung
- Kosten-Nutzen-Überlegungen

Aggressive Kinder nehmen – wahrscheinlich wegen schlechter persönlicher Erfahrungen – nachweislich mehr Feindschaft wahr als nötig und haben oft nur aggressive Verhaltensmuster als Mittel zum Erfolg gelernt. Durch intensives Training auf allen Stufen können diese Kinder jedoch umerzogen werden.

Die negative Wirkung des Beobachtungslernens in Bezug auf aggressives Verhalten wurde in einer berühmten Studie (Bandura und Walters) mit Kindergartenkindern gezeigt.

Drei Kindergruppen wurde je ein Film gezeigt, in dem ein Junge namens Rocky sich einer Puppe gegenüber aggressiv zeigte, wobei der Film jeweils unterschiedlich endete. Im ersten Film wurde Rocky für sein Verhalten belohnt, im zweiten bestraft und im dritten zeigte sein Verhalten keine Konsequenz. Anschließend konnten die Kinder mit den Requisiten des Films spielen; die Forscher beobachteten sie dabei durch einen Einwegspiegel. Es zeigte sich, dass die Kinder, denen man Rocky als positiven Helden präsentiert hatte, vermehrt aggressives Verhalten gegenüber der Puppe an den Tag legten als die anderen Kinder aus den Kontrollgruppen. Jungen, die sich mit dem „Vorbild“ identifizieren konnten, taten das dabei häufiger als Mädchen. Der Nachahmungseffekt war dann jedoch noch um ein Vielfaches höher, wenn die anwesende Erzieherin die Kinder für ihre Nachahmung belohnte. Besonders fiel nun der hohe Anteil nachahmender Mädchen auf.

2. Handlungstheorien (Miller / Gallanter / Pribram)

Handlungstheorien sind im weitesten Sinn auch kognitive Theorien. Sie sehen den Menschen als reflexives Subjekt, das aufgrund von subjektiven Theorien der Umwelt gegenüber aktiv wird und für sein Tun verantwortlich ist. Die subjektiven Theorien, auch handlungsleitende Kognitionen genannt, die in Handlungskonzepten (oder Handlungsplänen) aktualisiert werden, erwirbt der Mensch zunächst von Modell-Personen (das Modell-Lernen kann als Vorläufer der Handlungstheorien aufgefasst werden). Die Handlungsfolgen werden dann ständig zurückgemeldet und geprüft, es gibt u. U. neue Informationen und so kommt es in einem Regelkreisgeschehen zum Aufbau neuer handlungsleitender Kognitionen.

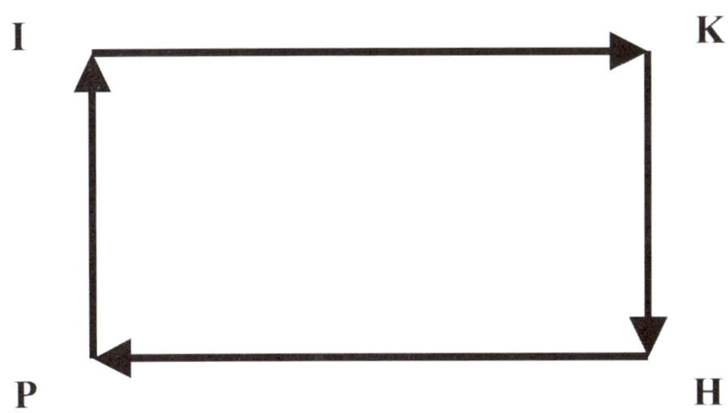

Erläuterung: Informationen (I) führen zu Kognitionen (K) und nachfolgend Handlungsplänen (H). Sie werden geprüft (P) und u. U. aufgrund neuer Informationen (I) geändert (Regelkreismodell).

Wenn die Struktur einer Handlung über die Zeit gleich bleibt (z. B. Plätzchen backen), dann spricht man von einem Handlungsschema. Handlungsschemata werden gelernt, und es ist Aufgabe der Lehrer und Lehrerinnen, Handlungskompetenzen aufbauen zu helfen, insbesondere auch dadurch, dass Freiräume für selbständiges Handeln eingeräumt werden.

Der Regelkreis der Handlung soll an einem einfachen Beispiel verdeutlicht werden:

Eine berufstätige Frau hat aus ihrer Kindheit die handlungsleitende Kognition übernommen, dass es zum Weihnachtsfest gehört, Plätzchen selbst zu backen. Also erstellt sie einen entsprechenden Handlungsplan und backt. Nachdem die Plätzchen fertig sind, muss sie sich eingestehen, dass sie ihr nicht so gut geglückt sind wie ihrer Mutter, weil ihr einfach das Handlungsschema nicht, oder nicht mehr, geläufig ist. Außerdem hat sie, so stellt sie bei ihrer Prüfung fest, viel zu viel ihrer knappen Zeit darauf verwendet. Sie erhält dann von Kollegen die Information, dass es in der Nähe einen sehr guten Bäcker gebe, der enorm leckere Plätzchen preiswert anbiete. So ändert sie ihre subjektive Theorie (handlungsleitende Kognition) über Plätzchen zu Weihnachten und plant, sie das nächste Mal ohne schlechtes Gewissen bei diesem sehr guten Bäkker zu kaufen und nicht mehr selbst zu backen. (Natürlich kann sie auch anders entscheiden und im Handlungskreislauf bleiben. So könnte sie z. B. einen vorgefertigten Teig verwenden und dadurch Zeit sparen oder sich das Handlungsschema wieder aneignen oder anderes mehr.)

4.4 Konsequenzen für die Praxis

Alle hier dargestellten Theorien enthalten Hinweise auf förderliche oder hinderliche Lernbedingungen. Der gemeinsame Nenner ist es, Lernanreize zu schaffen, die dem jeweiligen Individuum lohnend erscheinen. Das kann die gekonnt eingesetzte Bekräftigung sein, das Lernen am Erfolg oder das Aha-Erlebnis, wenn knifflige Denkaufgaben durch Umstrukturierung gelöst wurden. In anderen Fällen kann es die erlebte Autonomie im Handlungsvollzug und schließlich ein insgesamt gutes Schulklima sein, das positive Assoziationen weckt.

Darüber hinaus kann uns die Kenntnis der unterschiedlichen Lerntheorien helfen, den Blick für die unterschiedlichsten Lern- und Verhaltensprobleme zu schärfen und uns Ideen für deren Diagnose und Behandlung an die Hand geben.

An den nachfolgenden Beispielen möchte ich zeigen, wie Lehrkräfte ihr theoretisches Wissen um Lerntheorien nutzen können, um sich das Verhalten bestimmter Schülerinnen und Schüler zu erklären und mögliche Veränderungen in die Wege zu leiten. Auch die Inanspruchnahme außerschulischer pädagogischer Institutionen kann so vorbereitet werden. Dabei sollen alle drei Theorieschulen zum Zuge kommen, der Behaviorismus, das Einsichtslernen und die Handlungstheorien.

A. Ein Lernproblem (und Verhaltensproblem)

Heike ist schwach in Mathematik; in den übrigen Fächern ist sie mit Interesse dabei. Besonders fällt ihre Fähigkeit auf, komplexe Probleme, die aus dem Alltag gegriffen sind, von vielen Seiten zu betrachten und Lösungsvorschläge differenziert abzuwägen.

Zu ihrer Mathe-Schwäche macht sie folgende Äußerungen:

„Ich bin halt nicht begabt für Mathe; das ist erblich bedingt. Mein Vater ist wegen Mathe sogar mal sitzen geblieben, und mein Opa auch: Trotzdem sind sie was geworden. Ich weiß ehrlich gesagt auch gar nicht, was die Rechenspielchen sollen; da schiebst Du Zahlen hin und her, von rechts nach links und so und weißt nicht, wofür. Und dann vertust du dich ... und schwups, schon wieder ein Misserfolgserlebnis. Dauernd diese Misserfolge – das zieht einen echt runter, weißt du, das macht dich fertig. Und unser Lehrer nervt und meckert ständig. Da mach ich zu. Ne, da konzentrier ich mich doch lieber auf was anderes ...“

Heikes Problem ist ein Lernproblem bei guter Intelligenz. Die Behavioristen würden auf ihre Intelligenz setzen, den ungeliebten Stoff ihren Fähigkeiten entsprechend aufbereiten und jeden Lösungsschritt bekräftigen, das heißt also, Erfolgserlebnisse schaffen. Sie würden außerdem dem Lehrer raten, nicht ständig zu „meckern“, sondern vermehrt positive Signale zu senden, um Heikes Abschalten zu verhindern.

Die Einsichtstheoretiker würden von Heikes Fähigkeit, komplexe Probleme zu lösen, begeistert sein. Sie würden ihr, eventuell fachübergreifend, Alltagsprobleme vorlegen, die rechnerische Zwischenschritte enthalten und sie nach Ablauf der Arbeit darauf aufmerksam machen, dass sie soeben einen Sinn für „Mathe“ gezeigt habe. Auch ihre Vorurteile gegenüber dem Fach könnten zur Sprache kommen und als falsche Denkschemata entlarvt werden. Dem Lehrer muss geraten werden, unbedingt eine ganzheitliche Sicht einzunehmen und Beziehungen zum Alltag herzustellen.

Handlungstheoretiker sehen zum einen, dass Heike in ihrem Vater und Großvater schlechte Modelle vor Augen hat und zum anderen, dass sie Mathematik für Rechenspielchen ohne Sinn hält, das heißt, dass ihr die handlungsrelevante Komponente des Fachs nicht klar ist. Sie würden ihr deshalb vorschlagen, an einem Projekt teilzunehmen, das von einer authentischen Situation ausgeht und mehrere konkrete Handlungsschritte, darunter auch Berechnungen, erfordert und ständig an der Wirklichkeit überprüft werden muss. Hierbei würde Heike ganz nebenbei Mathematik lernen. Die Einteilung in Fächer wäre Handlungstheoretikern sowieso nicht wichtig. Für Heike wäre es aber ideal, wenn der Leiter des Projekts wenigstens Naturwissenschaftler und für Heike neben Vater und Großvater eine neue Modellperson wäre.

Es ist hoffentlich zu sehen, dass keine Erklärung und kein Ratschlag ganz falsch ist, sondern dass im Gegenteil alle brauchbar sind, weil sie in sich stimmig sind. Es hängt letztlich von den handelnden Personen und ihrer wechselseitigen Beeinflussung sowie von der Situation ab, ob der eine oder andere Weg vorgeschlagen wird. Auch ein Maßnahmenbündel ist denkbar: So könnte eine geeignete Modellperson zunächst ganzheitlich und situationsbezogen vorgehen, die einzelnen Lösungsschritte danach mit Heike analysieren, während des Prozesses aber auch auf positive Verstärker und konsequentes Vorgehen achten. Es scheint mir jedoch wichtig hervorzuheben, dass solche Ratschläge im Team erarbeitet und gemeinsam getragen und ausgewertet werden sollten, um nicht der Beliebigkeit anheim zu fallen.

B. Ein Verhaltensproblem (und Lernproblem)

Mike (18) ist mehrfach wegen seiner Gewalttätigkeit aufgefallen. Zuletzt schlug er einen Gymnasiasten (15) nieder und muss sich deshalb vor Gericht verantworten.

Aus seiner Biografie ist Folgendes bekannt:
Mike wurde als Kind viel geschlagen; oft sah er auch hilflos mit an, dass seine Mutter und seine jüngeren Geschwister geschlagen wurden, wenn sein Vater betrunken war. Mike schaffte knapp den Hauptschul-Abschluss; eine Lehre hat er abgebrochen; zur Zeit ist Mike arbeitslos.

Zu seiner Tat sagt Mike Folgendes:

„So eine kleine Abwaschung, Mensch, das schadet doch überhaupt nicht, Mann! Da hat mein Vater ganz anders zugeschlagen! Außerdem, der hat mich doch voll provoziert! Wie der schon aussieht! Ich hab 'ne irre Wut gehabt, Mann, wie der da so hergeschlappt kommt, der feine Pinkel. Geschieht ihm doch recht; was hat der überhaupt da zu suchen, in unserem Viertel. Ist doch selbst schuld, Mann, wenn der hier rumschleicht."

Beim Anblick der Verletzungsfotos wird Mike jedoch nachdenklich. Der Richter bietet ihm an, die Strafe zur Bewährung auszusetzen, wenn er sich verpflichtet, 1 Jahr lang einmal pro Woche an einem Sozialtraining teilzunehmen. Mike ist einverstanden.

Mikes Fall ist im Wesentlichen dem Dokumentarfilm „Cool bleiben" (SWR, 1998) entnommen, der die Arbeit mit straffällig gewordenen Jugendlichen im Mannheimer Verein „Kehrtwende e.V." zeigt, der mit der Jugendgerichtshilfe zusammenarbeitet. Hier wird ein Anti-Gewalt-Training (AGT) praktiziert, das vom Hamburger Kriminologen Jens Weidner entwickelt wurde und im Frankfurter Institut für Sozialarbeit und Sozialtraining gelehrt wird. Das Trainings-Konzept geht davon aus, dass gewalttätiges Handeln als Mittel zur Konfliktlösung gelernt wurde (von schlechten Vorbildern) und dass alternatives Verhalten deshalb auch gelernt und eingeübt werden kann. Grundlage sind die oben erwähnten Studien von Bandura, die ihrerseits die Ergebnisse der operanten Konditionierung nutzen; aber auch Ergebnisse der Erforschung gruppendynamischer Prozesse oder der kognitiven Verhaltenstherapie (aus der klinischen Psychologie) wurden integriert. Ich möchte nun beispielhaft diejenigen Ansatzpunkte hervorheben, die den hier dargestellten Lerntheorien zufolge ein Training möglich machen und strukturieren helfen.

Behavioristen wird als erstes der einzige Ansatzpunkt für positives Verhalten auffallen, der in dem Kurzbericht zu finden ist: Das ist Mikes Nachdenklichkeit beim Anblick der Verletzungsfotos. Dieses Verhaltensmuster muss im Sinne der operanten Konditionierung systematisch verstärkt und ausgebaut werden. Den ersten Schritt dazu unternimmt übrigens schon der Richter mit dem Angebot an Mike, sich zu einem Sozialtraining verpflichten zu können; er vermittelt Mike damit ein Stück Vertrauen in dessen Fähigkeit, neues Verhalten zu lernen. In Gruppengesprächen, Rollenspielen und auf dem sogenannten „Heißen Stuhl" lernt Mike dann zusammen mit den anderen Teilnehmern, differenzierter wahrzunehmen, sich in andere hinein zu versetzen und sich mit Details der eigenen schändlichen Tat konfrontieren zu lassen. Das führt letztlich zu einer Erweiterung der Denkstruktur im Sinne der Kognitivisten und zu einer neuen Bewertung des eingefahrenen Verhaltens. Schließlich werden im Sinne der Handlungstheoretiker neue handlungsleitende Kognitionen erarbeitet, Ziele gesetzt und neue, sozialverträgliche Handlungsmuster eingeübt und an der Realität erprobt.

Mike hat das Training übrigens mit Erfolg absolviert. Er wurde sogar zum Co-Trainer bestimmt und damit zum Modell für andere ehemals gewaltbereite Jugendliche.

4.5 Der Lernprozess: Fragestellung

Im zweiten Teil des Kapitels, das sich mit Lernen befasst, geht es theorieübergreifend um den Lernprozess, der Wahrnehmungsprozesse, Speicherprozesse und Abrufprozesse umfasst. Zur Veranschaulichung wird dieser Prozess in Form eines Flussdiagramms dargestellt, das aber nicht als Abbildung entsprechender Schaltstellen im Gehirn missverstanden werden darf. Es geht vielmehr nur darum, komplexe Vorgänge, bei denen verschiedene Areale des Gehirns gleichzeitig und nacheinander aktiviert werden, schematisch zu vereinfachen, um wichtige Zwischenschritte der Verarbeitung von Informationen zwischen Input und Output in den Blick zu nehmen.

Flussdiagramm des Lernprozesses

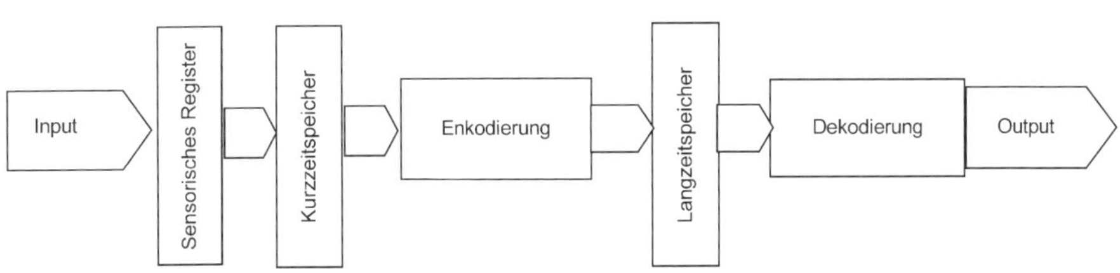

(nach Joerger, 1980, S. 73)

4.6 Die Aufnahme der Information: Input

4.6.1 Die Wahrnehmung (im sog. sensorischen Register)

Lernen ein aktiver, sehr subjektiver Vorgang, der zum Aufbau einer subjektiven Weltsicht führt. Im heutigen kognitionspsychologischen Sprachgebrauch spricht man in diesem Zusammenhang davon, dass „mentale Repräsentationen" der Umwelt erworben werden. Auch die Wahrnehmung ist schon subjektiv. Sie ist äußerst selektiv und richtet sich nach Vorerfahrungen, nach Wünschen und Bedürfnissen und der Erwartung des Individuums. Die Wahrnehmung stellt also einerseits den Anfang eines Lernprozesses dar, ist aber umgekehrt selbst schon das Ergebnis von Lernprozessen. Das Wissen über eine Sache schärft bekanntlich die Sinne in diesem Sachbereich, und es macht die Wahrnehmung umso differenzierter, je differenzierter das Vorwissen ist. Ein Kenner der Backsteingotik beispielsweise interessiert sich für Blendwerke und Simse aus abgefasten, gekehlten oder zugespitzten Formsteinen an einer entsprechenden Kirche, während ein Laie beim Anblick derselben Kirche nur „schöne Ornamente" sieht. Will man also Laien, in unserem Fall Schülern, etwas Neues nahe bringen, so ist es notwendig darauf hinzuweisen, worauf sie achten sollen.

Ähnlich ist es mit den Einflüssen von Bedürfnissen und Motivationen. Jemand, der eine Sportart lernen möchte, wird die Bewegungen seiner Vorbilder anders studieren, als jemand, den Sport sowieso kalt lässt oder der nur auf die Ergebnistabelle der Heimmannschaft Acht gibt. Hier müssen also zusätzlich zu den Hinweisreizen auch Motivationsanreize geschaffen werden.

Ein besonderer Fall ist schließlich der Einfluss der Erwartung. Er verleitet manchmal zu den uns bekannten Flüchtigkeitsfehlern, weil wir aufgrund unserer Erfahrungen in eine Routine verfallen und voreilige Schlüsse ziehen. Das zeigte sich beispielhaft in einer Laboruntersuchung zur Größeneinschätzung (Piaget und Lambercier, berichtet in: Joerger, 1980). Verschiedenen Versuchspersonen wurden mehrmals hintereinander Paare verschieden großer Kreise gezeigt, bis am Ende der Folge zwei gleich große Kreise zu sehen waren; prompt wurde einer der beiden in seiner Größe unterschätzt. Hier zeigten Erwachsene gegenüber Kindern sogar eine größere Fehlerquote, weil sie aufgrund ihres größeren Erfahrungsschatzes zur schnelleren Schlussfolgerung neigen. Vielleicht sind Erwachsene auch aus diesem Grund manchmal schwierigere Seminarteilnehmer als Heranwachsende: Sie hegen bestimmte Erwartungen und verweigern schon nach kurzer Zeit die Aufmerksamkeit, wenn ihre Erwartungen nicht erfüllt werden.

Nach dem Gesagten wird klar, dass es Aufgabe des Lehrers oder der Lehrerin sein muss, Vorerfahrungen, Bedürfnisse und Erwartungen zu erkunden und die Aufmerksamkeit der Lerner ausdrücklich auf das zu lenken, was beobachtet werden soll.

4.6.2 Das unmittelbare Behalten (im sog. Kurzzeitspeicher)

Ist die Aufmerksamkeit geweckt, so werden neue Informationen so lange im sogenannten Kurzzeitspeicher als „umlaufendes Echo“ bewahrt, bis eine Kodierung stattgefunden hat. Dem Vergessen kann in dieser Zeit durch absichtliche Wiederholungen entgegengewirkt werden. Allerdings ist eine Verteilung der Aufmerksamkeit in der Zeit des umlaufenden Echos nicht möglich. Sollte der Leser sich z. B. eine Telefonnummer merken wollen, so ist es sinnvoll, sie bis zur Anwendung mehrmals vor sich hinzusprechen. Sollte ihm in dieser Zeit aber jemand etwas anderes mitteilen, so ist entweder die Telefonnummer vergessen oder die andere Mitteilung wird nicht wahrgenommen. Es ist also lernpsychologisch bedeutsam, beim Übermitteln von neuen Informationen die ungeteilte Aufmerksamkeit aller zu verlangen.

Weiterhin ist der Kurzzeitspeicher nicht fähig, mehr als etwa sieben neue Informations-Einheiten in der Präsenzzeit von einigen Sekunden aufzunehmen. Werden die neuen Informationen aber zu sog. „chunks“ (Klötze), also neuen Einheiten, zusammengefasst, so verringert sich die Zahl und es kann eine größere Menge bearbeitet werden. Es wird einer Versuchsperson zum Beispiel schwer fallen, die folgenden Silben nach einmaligem Hören wiederzugeben, obwohl es sich scheinbar nur um 7 Einheiten handelt : RED – NAM – NEZ – IGT – SAW – ERK – NAN. Werden dagegen die Buchstaben umgestellt und es wird der Satz DER MANN ZEIGT WAS ER KANN übermittelt, ist das Behalten leicht. Nun handelt es sich wirklich um wenige, nämlich sechs Sinneinheiten, während es sich vorher in Wahrheit um 21 neue Informationen handelte.

4.6.3 Förderliche Bedingungen

Für Lehrer folgt daraus, dass sie unbedingt auf die Menge der neuen Informationen achten müssen, die sie in der Präsenzzeit vermitteln wollen. Je nach Alter und Intelligenz der Schüler sind nur zwischen 3 und 6 neue Einheiten angebracht. Durch Bildung von „chunks“ können die Lehrer aber helfen, die Behaltensleistung zu erhöhen. So können beispielsweise aus den neun neuen Informationen der Rechtschreibregel „Nach l, m, r, das merke ja, steht nie tz und nie ck“ durch Erläuterungen vier gemacht werden: „Nach – l, m, r (= Konsonanten) – nie – tz, ck (=Schärfung).“ Die Schüler hätten dann das Neue durch Abstraktion, also eine Einsichtsleistung, verdichtet. Aber auch Rhythmus und Reim fördern in diesem Fall das Behalten. In jeder Verszeile gibt es 4 Hebungen, und die Zeilen reimen sich auf „a“.

Andere bekannte Merkverse sind:

Gewaltig ist des Schlossers Kraft,
wenn er mit dem Hebel schafft

oder:

333 – bei Issos Keilerei.

Die letztgenannte Information macht natürlich nur Sinn, wenn der Lerner an ihr weiteres Wissen andocken kann; aber er hat dann wenigstens einen bleibenden Anhaltspunkt. Man nennt solche willkürlichen Strukturierungen auch **Pseudokodierungen** (Joerger, 1980, S. 90). Im Grunde sind alle uns bekannten Mnemotechniken (Gedächtnistechniken) wie Eselsbrücken, Merkverse oder willkürliche innere Bilder Pseudokodierungen. Sie beruhen auf dem im letzten Kapitel dargestellten assoziativen Lernen, also auf der Herstellung von künstlichen Verbindungen zwischen sonst Unverbundenem.

Ein weiterer nicht zu unterschätzender Faktor im Zusammenhang mit dem Einprägen von Informationen ist schließlich die Wiederholung. Schon Ebbinghaus hat im Jahr 1885 die Abhängigkeit der Lernleistung von der Zeit untersucht und dargestellt.

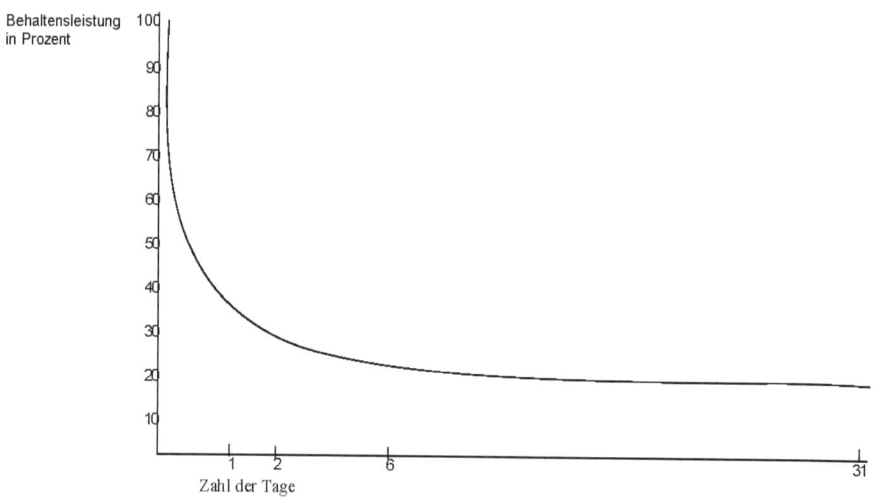

Vergessenskurve von Ebbinghaus (1885)
(nach Edelmann, 2000. S. 166)

Interessanterweise werden die hier dargestellten Zusammenhänge aber oft nicht mehr ernst genommen, da man meint, dass solcherart Lernen, nämlich das Lernen von sinnlosem Material, wie es Ebbinghaus untersuchte, heute keine Rolle mehr spiele. Das halte ich jedoch für einen gravierenden Irrtum. Es wird zum

Beispiel niemand, keine Krankenschwester, aber auch kein zukünftiger Arzt oder Neurologe, die Namen aller menschlichen Knochen oder aller Hirnareale durch Einsicht lernen können, ebenso wenig wie man sich die meisten Vokabeln einer Fremdsprache irgendwie „erklären“ kann; sie müssen schlicht memoriert werden. So sind auch Behauptungen von Eltern unsinnig, die angeben, dem Sohn oder der Tochter lägen Sprachen einfach nicht, denn er oder sie könne trotz Nachhilfe in der Fremdsprache immer noch keine Vokabeln. Sie übersehen – leider unterstützt von der öffentlichen Meinung, – dass zum Lernen auch „Sitzfleisch“ gehört und dass Sohn oder Tochter sich die Vokabeln wirklich selber einprägen und ständig rekapitulieren müssen. Das Wiederauffrischen von Lernstoff sollte also immer wieder vorgenommen werden, und zwar zunächst häufiger und dann in immer größeren Abständen.

4.6.4 Hinderliche Bedingungen

Bisher war von förderlichen Bedingungen für das Einprägen neuer Informationen die Rede. Natürlich gibt es auch hinderliche. Am wichtigsten sind die sogenannten **Interferenz-Störungen** oder Hemmungen (retroaktiv oder proaktiv, je nach Richtung). Das sind Störungen, bei denen ein Lernprozess den anderen beeinträchtigt, vor allem, wenn er aus demselben Lernbereich stammt. Ein Schüler, der nach dem Englischunterricht direkt Französisch hat und darin geprüft wird, wird in der Regel schlechter abschneiden als einer, der dazwischen eine Pause einlegen konnte. Ähnlich einschneidend sind Schockhemmungen, das sind Störungen der Leistung durch Schrecksituationen. Es ist oft nicht möglich, nach einem Schock an die frühere Behaltensleistung anzuknüpfen. Die hier dargestellten Phänomene überraschen eigentlich nicht, werden aber im Schulalltag oft missachtet. So ist ein Stundenplan, in dem alle 45 Minuten ein neuer Stoff behandelt werden soll, schon allein aus lernpsychologischer Sicht eigentlich unsinnig, ebenso die Wiederaufnahme einer Klassenarbeit nach einer schockierenden Nachricht, etwa vom Unfall eines Mitschülers.

4.7 Die Verarbeitung der Information – Enkodierung

4.7.1 Die Enkodierung

Wenn die Information für wichtig genug erachtet wurde, um behalten zu werden, erfolgt die sogenannte Enkodierung. Unter Enkodierung versteht man die Speicherung unter einem Code oder einer Chiffre. Wie man heute annimmt, wird Wissen bedeutungs- und wahrnehmungsbezogen kodiert, es wird also wie ein inneres Sprechen und eine innere Vorstellung erlebt. Man spricht in der neueren Kognitionsforschung von verschiedenen Formen mentaler Repräsentation, der aussagenartigen, der analogen und der handlungsmäßigen.

Formen mentaler Repräsentation

aussagenartig Begriffe | analog Vorstellungen | handlungsmäßig Tätigkeiten

Die handlungsmäßige Repräsentation ist die in der Entwicklung älteste Form, wie Piaget zeigen konnte, dann folgt die anschauliche (analoge) und dann erst die abstrakte, auch symbolisch genannte Form der Kodierung. Aber auch für schon Erwachsene ist diese Reihenfolge noch bedeutsam, wenn es nämlich um das Lernen neuer Begriffe geht und darum, Tiefenwirkung und Nachhaltigkeit in der Wissensstruktur zu erzeugen.

aussagenartig	analog	handlungsmäßig
eine Teetasse mit Löffel		in der Teetasse rühren
eine leuchtende Glühbirne		Licht machen

Beide Kodierungssysteme, das bedeutungs- und das wahrnehmungsbezogene, korrespondieren und bilden Verknüpfungen des Netzwerkes bis hin zu übergeordneten mentalen Modellen (**Konzepten**) und subjektiven Theorien. Für den Menschen ist wohl die Kodierung mit Hilfe von Begriffen die wichtigste Kodierungsart, jedenfalls die, die letztlich zum Bewusstsein seiner selbst führt und ihn von den Tieren unterscheidet.

4.7.2 Die Begriffsbildung

Begriffe sind „Raster für Erfahrungsspeicherung“ (Joerger, 1980, S. 104). Sie sind immer abstrakt, obwohl sie natürlich meist einen konkreten Erfahrungshintergrund haben. Schon der Begriff „wau-wau“, den das kleine Kind gelernt hat, abstrahiert vom konkreten Hund der Nachbarin, und erst recht der Begriff „Hund“, der dann schon dazu dient, bestimmte Vierbeiner von anderen, wie z. B. Pferden, zu unterscheiden.

Begriffe sind weiterhin stets hierarchisch geordnet. Das heißt, dass sie in einem Verhältnis der Über- und Unterordnung stehen und eine Reihe von Basisbegriffen zur Voraussetzung haben. Diese Hierarchisierung dient der Speicherökonomie (Edelmann, 2000, S. 150). Wenn man beispielsweise erfährt, dass der Zaunkönig ein Vogel ist, braucht das Merkmal fliegen nicht noch extra abgespeichert zu werden. Es ist in „Vogel" als übergeordnetem Begriff mitenthalten.

Die zwei klassischen Hauptkategorien von Begriffen sind **Eigenschaftsbegriffe** und **Erklärungsbegriffe**. Das Merkmal der Eigenschaftsbegriffe sind die „kritischen Attribute", sozusagen der kleinste gemeinsame Nenner der Begriffe. Sitzmöbel sind z. B. Möbel mit Sitzfläche, wobei die Sitzfläche das kritische Attribut ist. Bei Erklärungsbegriffen muss dem Begriff zur Definition eine Erklärung hinzugefügt werden sowie möglichst auch noch die Herkunft der Erklärung. So wird z. B. Aggression folgendermaßen definiert: „Aggression (zu lateinisch aggredi = angreifen) bedeutet ursprünglich Angriff. Aggression ist nach dem Verhaltensforscher Lorenz ein dem Menschen und dem Tier innewohnender Trieb".

Das Wissen um diesen Sachverhalt hilft dem Leser vielleicht, Missverständnissen und Vorurteilen vorzubeugen, die in Schulen gern zwischen Vertretern der Geistes- und Naturwissenschaften entstehen. Geisteswissenschaftlern wird häufig vorgeworfen, sie hätten schwammige Begriffe. Dabei liegt es in der Natur der Sache und nicht etwa in der Natur der Denker, wenn einige Begriffe durch kritische Attribute nicht hinreichend definiert sind, da sie auf menschlicher Übereinkunft und nicht auf Fakten beruhen.

Längst nicht alle Begriffe, die wir benutzen, genügen jedoch dem Kriterium der formal-logischen Struktur. Objekte werden oft nach der persönlichen Bedeutung kategorisiert. So kann z.B. „Mondschein" als Symbol für romantische Stimmung gelten. In diesem Fall spricht man von dem Begriff als Prototyp. Prototypen können neben Eigenschafts- und Erklärungsbegriffen bestehen, je nach dem Kontext, um den es geht. Im Falle des Mondscheins ist neben der romantischen Assoziation auch eine wissenschaftliche Herleitung möglich.

4.7.3 Aufbau eines Begriffsnetzes

In der Schule steht das Lernen von Eigenschafts- und Erklärungsbegriffen im Vordergrund, da sie wiederum den Grundstock für ganze Wissenssysteme bilden. Der Lerner muss dafür sein Vorwissen aktivieren und an dieses anknüpfend die neuen Informationen verarbeiten. Jedes Mal wird damit das Begriffsnetzwerk (und neueren Forschungen zufolge auch das neuronale Netz) erweitert.

Die Lehrerinnen und Lehrer müssen also zunächst die bereit liegenden Denkschemata der Schülerinnen und Schüler kennen lernen. Dann folgt die Vororganisation (advance organizing), in der relevante Grundbegriffe des neuen Inhalts in einem bekannten Kontext gebraucht werden. Sie bieten Aufhänger für das

Neue. Und nach der Vermittlung der neuen Begriffe schließlich müssen diese gefestigt werden. Dazu dient ein ausführliches Üben, aber nicht im Sinne einer mechanischen Wiederholung wie beim assoziativen Lernen, sondern eine extensive Verankerung in einem veränderten Kontext (= operatorisches Üben (Aebli)).

Joerger (1980, S. 113) gibt folgende Ratschläge an die Hand (hier verkürzt dargestellt):

1. Eine wichtige Vorarbeit bei der Begriffsbildung ist das Ordnen, Zuordnen und Klassifizieren, möglichst unter mehreren Gesichtspunkten.
2. Der „Code“ (das Etikett oder das Symbol) sollte erst dann genannt werden, wenn der Begriff schon eine gewisse Prägnanz erreicht hat.
3. Die Art und Weise der Präsentation ist äußerst wichtig, da Anschauung nicht nur unterstützend, sondern auch ablenkend und störend sein kann!
4. Grundsätzlich sollte vom Handeln ausgegangen werden. Allmählich sind dann die Bezüge zum konkreten Handeln zu reduzieren.
5. Bei fortgeschrittenen Lernern dürfen auch Negationen für die Erklärung eines Begriffs angeboten werden (z. B. „Dies ist nicht mit jenem zu verwechseln“ = Unterscheidungslernen)

4.7.4 Wissensveränderung oder „Conceptual Change“

Die neuere Hirnforschung stützt die Auffassung des Konstruktivismus, dass jeder Lerner der Konstrukteur seines Wissens ist, auch und gerade, wenn er nach dem Motto der Ruhrpott-Figur Tegtmeier handelt: „Und was man nicht verstanden hat, das muss man sich erklären“.

Die ersten Wissenskonzepte, die aus Alltagserfahrungen abstrahiert sind, sind so genannte „naive“ Konzepte oder Alltagskonzepte. Manche von ihnen sind Fehlkonzepte, die später einer Reorganisation bedürfen. Hier kann die Schule durch Instruktion (= Unterweisung) helfen. Allerdings hat sich gezeigt, dass Alltagskonzepte sehr zählebig sind und manchmal unverbunden neben dem Schulwissen bestehen bleiben. Ein gutes Beispiel finden wir in unserem Konzept der auf- und untergehenden Sonne, das kontextbezogen weiterbesteht, obwohl wir doch alle gelernt haben und „wissen“, dass nicht die Sonne sich bewegt, sondern vielmehr die Erde. Dies erklären neuere kognitionswissenschaftliche Ansätze mit der „multiplen Repräsentation“ des Wissens, also der Existenz verschiedener kognitiver Schemata aus verschiedenen Realitätsbereichen. Instruktion allein ist also wahrscheinlich nicht ausreichend, um ein übergeordnetes mentales Modell zu etablieren. Ein neues Konzept entsteht erst, wenn es sich kontextbezogen als Instrument in einem Handlungsvollzug bewährt hat, wenn es also für den Lerner bedeutsam ist. Ansonsten ist neues Wissen nur „träges“, das heißt im Grunde unbrauchbares Wissen. Der „Konstruktivismus“ fordert daher „situierte Lernumgebungen“ (**situated-cognition-Bewegung**), in denen die erworbenen

Erkenntnisse flexibel angewendet und mit anderen Lernern gemeinsam fortentwickelt werden können, da Wissen immer „geteiltes Wissen“ ist. (Reinmann-Rothmeier und Mandl, S. 626)

Die gemäßigte konstruktivistische Auffassung von Lernen versucht die Prinzipien von Instruktion und Konstruktion miteinander zu verbinden. Mit der Formel „problemorientiert unterrichten und problemorientiert lernen“ versucht man eine entsprechende Balance herzustellen. Reinmann-Rothmeier und Mandl (S. 626) postulieren fünf Leitlinien:

1. Situiert und anhand authentischer Probleme lernen
2. In multiplen Kontexten lernen
3. Unter multiplen Perspektiven lernen
4. In einem sozialen Kontext lernen
5. Mit instruktionaler Unterstützung lernen

In diesem Zusammenhang wird auch das Lernen in Lernzyklen vorgeschlagen.

4.8 Das Leistungsverhalten – Dekodierung und Output

4.8.1 Der Abruf

Wie bei der Aufnahme von Informationen spielt auch beim Abruf die **subjektive Organisationstendenz** eine entscheidende Rolle. Ob das Gelernte zur Verfügung steht, hängt davon ab, ob und wie es kodiert wurde, hängt von Erwartungen, Wünschen und Motiven ab, aber auch von Verdrängungen oder Blockaden. Eine Blockade kann am besten durch eine angenehme Atmosphäre gelöst und das Dekodieren durch Verweis auf Begleitreize erleichtert werden. So kann sich fast jeder von uns noch an das Mittagsgericht des vorigen Donnerstag erinnern, wenn er überlegt, was für ein Programm an jenem Tag anstand und mit wem er wo zusammen war. Prüfer könnten das Wissen um diese Zusammenhänge nutzen und entsprechende Hinweisreize geben. Prüfer sollten außerdem darauf achten, dass sie in denselben Kategorien fragen, in denen enkodiert wurde. Es ist z.B. schlecht, einen jungen Schüler nach der Art der „Barke“ zu fragen, in der ein Gut transportiert wurde, wenn vorher im Unterricht immer nur von „Kahn“ die Rede war. Und wo Transfer geleistet werden soll, da sollte auch das Transferieren vorher geübt worden sein.

4.8.2 Der Transfer (die Übertragung)

Im Grunde dient Lernen immer dazu, Wissen und Erfahrungen zu übertragen, um neue Situationen besser bewältigen zu können. Insofern kann die Frage gestellt werden, ob es einen speziellen Transfer überhaupt gibt. Auf der anderen Seite gelingt einigen Lernern der Wissensgebrauch schneller und besser als anderen, so dass auch hier nach der Unterstützung für transferierende Prozesse gefragt werden muss. Die wichtigste Voraussetzung ist, dass das Gelernte verstanden und nicht nur gelernt wurde, das heißt, dass „abstrahiertes“ und nicht „abstraktes“ Wissen zur Verfügung steht (vgl. Steiner, S. 199). Abstraktes Wissen wird „träge“ genannt; es ist im Wortsinne unbrauchbar. Das eigenständige Abstrahieren aber hängt von der Qualität früherer Lernprozesse ab: Es ist wichtig, dass das Wissen konsolidiert (durchgearbeitet) wurde, dass es flexibel gehandhabt, z. B. in einer gewissen Aufgabenvielfalt geübt wurde, dass es auch bildlich und handlungsmäßig präsentiert (für die spätere **multiple Repräsentation**) und schließlich vom Kontext befreit wurde. Auch die Reflexion von Verknüpfungsprozessen ist in diesem Zusammenhang von Bedeutung, sowie die Betrachtung von Ähnlichkeiten in der Struktur zwischen Basis- und Zielaufgabe. Auf diese Weise ist es für einen Lerner eher möglich, früher Gelerntes zu übertragen.

Anhänger der „situierten Kognition“ (situated-cognition-Bewegung, s. o.) meinen deshalb, dass es sogar besser sei, bei jeder Aufgabe neu zu beginnen und nicht vorschnell nach alten Mustern zu suchen. Vielmehr sollten Lerner aus der Situation heraus ein mentales Modell der Sachlage konstruieren, das einen deutlichen Realitätsbezug hat. Dieses Situationsmodell könnte dann in seiner Struktur Ähnlichkeiten mit früheren Modellen aufweisen. Die Richtung ist also hier eine andere: Man überträgt nicht auf Neues, sondern greift aus der Jetzt-Situation heraus auf früher Gelerntes zurück (vgl. Steiner, S. 198). Ob es nun eher um ein Vorgreifen oder ein Zurückgreifen geht – es steht jedenfalls fest, dass auch nicht-kognitive Aspekte bei Transferleistungen eine Rolle spielen. Als wichtigste sollen hier Zielorientierung und Selbstwirksamkeitserfahrungen genannt werden. Sie tragen ganz erheblich dazu bei, einmal gemachte Netzverknüpfungen zu reaktivieren.

4.8.3 Die Problemlösung

Probleme lösen lernen heißt solche Aufgaben lösen lernen, für die die zur Zeit verfügbaren Mittel eines Individuums nicht ausreichen. Hier geht es also um die Methoden, wie man unter bestimmten Bedingungen neues Wissen erwerben und zu neuen Einsichten gelangen kann.

In der neueren Fachliteratur werden fünf Formen problemlösenden Denkens unterschieden:

1. Problemlösen durch Versuch und Irrtum
2. Problemlösen durch Umstrukturieren
3. Problemlösen durch Anwenden von Strategien
4. Problemlösen durch Kreativität
5. Problemlösen durch Systemdenken

Problemlösen durch **Versuch und Irrtum** (trial and error) ist ein jedermann bekanntes Unterfangen, das aber öfter belächelt wird. Es ist jedoch nicht ohne Bedeutung, denn dabei werden oft erste Hypothesen aufgestellt. Es ist also durchaus sinnvoll, Schüler Dinge erst einmal auszuprobieren zu lassen. Das Ausprobieren kann ein erster Schritt hin zu einem effektiveren Lösungsverfahren sein.

Für Versuch und Irrtums-Phasen (trial and error) muss der Lehrer oder die Lehrerin den Schülern und Schülerinnen Zeit einräumen!

Die Vorstellung, Probleme durch **Umstrukturieren** lösen zu können, geht auf die Gestaltpsychologie zurück. Eine „schlechte Gestalt" soll in eine „gute Gestalt" überführt werden. Es müssen also für unvollständige Sachverhalte passende Ergänzungen gefunden werden (vgl. Abschnitt Gestaltpsychologie), oder aber es wird der Versuch unternommen, wie in einer Kipp-Figur Figur und Grund zu vertauschen: was vorher das Gemeinte war, wird jetzt zum Hintergrund und umgekehrt. Es ist gewissermaßen nötig, die alte Wahrnehmungs-Einstellung zu zerschlagen. Ein einfaches Alltagsbeispiel möge das Gesagte verdeutlichen: Auf dem Sperrmüll entdeckt eine junge Mutter eine phantastische Spielzeugbox, die ihr für das Einsortieren von Legosteinen geeignet erscheint. Sie wundert sich über die Achtlosigkeit der ehemaligen Besitzer, die das Stück einfach wegwerfen. Zuhause realisiert sie, dass es sich um ein ehemaliges Medizinschränkchen ohne Türen handelt. „Umstrukturiert" bewährt es sich nun noch viele Jahre für andere Zwecke.

Unkonventionelle Lösungsversuche sollten immer Anerkennung finden: Sie ermöglichen am ehesten die Einnahme eines neuen Blickwinkels.

Die Umstrukturierung und plötzliche Einsicht durchläuft drei Phasen:

1. Versuch- und Irrtum-Phase
2. Plötzliche Reorganisation (neue Sichtweise)
3. Schrittweise Analyse der vorangegangenen Versuche

Gerade die schrittweise Analyse kann helfen, zukünftige Probleme effizient anzugehen und aus der vorangegangenen Situation zu lernen. Der Lehrende kann mit Hinweisreizen helfen!

Die Anwendung von **Strategien**, nämlich die Art des Herangehens an Probleme, beruht auf Erfahrungen, die für ein Individuum in früheren, ähnlichen Situationen zum Erfolg führten. So kann jemand defensiv oder offensiv an eine Sache herangehen, intuitiv oder eher systematisch. Individuell bevorzugte Strategien können den Lernern bewusst gemacht werden und sie können dazu animiert werden, einmal etwas anderes auszuprobieren.

Kreativität hängt stark mit der bisher herausgebildeten Persönlichkeitsstruktur des Lerners zusammen. Eine kreative Persönlichkeit zeichnet sich durch die Fähigkeit aus, spielerisch an ein Problem heranzugehen, eine Fülle von Ideen zu produzieren und eine reiche Wissensbasis flexibel zu nutzen. Auch Kreativität kann in der Schule gefördert werden, etwa durch die Methode des **Brainstorming**. Das ist das schnelle Sammeln auch der verrücktesten Ideen. Keine Idee darf dabei von vorneherein aussortiert oder tabuisiert werden.

Systematisches Herangehen an ein Problem bedeutet schließlich das bewusste Eingrenzen des Problems und das Herausfiltern von Teilproblemen. Es kann und muss durch ständiges Analysieren von Problemlösungsvorgängen, die zunächst vielleicht sogar auf dem trial-and-error Prinzip beruhten, geübt werden. Eine typische Lehrerfrage in diesem Zusammenhang wäre: „Wie sind Sie vorgegangen?"

Insgesamt können Lehrer und Lehrerinnen helfen, indem sie die Schüler und Schülerinnen für Probleme sensibilisieren (Stimmt das überhaupt?), indem sie andere Sichtweisen einführen (Man könnte das auch anders sehen!), starres Regeldenken abbauen (Wer hat eine andere Lösung?) und scheinbar Unzusammengehöriges in Beziehung bringen. Auf keinen Fall sollten Vermutungen von Schülern blockiert werden und es muss ihnen, wie oben schon gesagt, Zeit zum Probieren gelassen werden(vgl. Joerger, 1980, S. 140ff.).

4.9 Konsequenzen für die Praxis

Ich hoffe, dass die Ausführungen in diesem Kapitel dazu beitragen konnten, dem Leser die Bedeutung einer besonderen Lehrkompetenz vor Augen zu führen. Lehrerinnen und Lehrer müssen alle möglichen Aktivitäten managen, der Lehrerfolg im engeren Sinn aber hat vor allem damit zu tun, ob sie gut erklären und die Schülerinnen und Schüler bei deren Denkprozessen fördernd begleiten können, angefangen von der Wissensaufnahme bis hin zum Problemlösungsversuch.

Viel hängt schon davon ab, ob Störungen ausgeräumt werden können und die Aufmerksamkeit für eine Sache geweckt werden kann (Vgl. Kapitel 2). Sodann gilt es, die neuen Informationen zu bündeln und bei der Vorkodierung zu helfen, sei es durch prägnante Veranschaulichung, durch Merkverse, Rhythmisierungen, Analogien oder anderes. In diesen Zusammenhang gehört auch der Vorschlag, möglichst vom Handeln auszugehen und über die bildhafte zur symbolischen Kodierung fortzuschreiten. Neue Begriffe werden sauber im Vorwissen verankert und mit anderen Begriffen zu einem Begriffsnetzwerk verknüpft, wobei sie sowohl im Hinblick auf die Sachstruktur als auch im Hinblick auf die Wissensstruktur der Schüler adäquat sein müssen. Dann wird die Anwendung geübt und auf strukturell ähnliche Sachverhalte übertragen. Und schließlich sollen Schülerinnen und Schüler lernen, völlig neue Probleme aus ihrem Kontext heraus zu lösen, deren Struktur herauszufiltern, um dann vorhandenes Wissen zu reaktivieren und Lösungsansätze zu erarbeiten. Bei all dem wird von Lehrerinnen und Lehrern erwartet, dass sie geduldig sind, Suchleistungen würdigen und Hinweisreize geben, um kognitive Leistungen anzuregen. Das Überstülpen des eigenen Wissens hilft nichts; es würde höchstens als unbrauchbares, „träges" Wissen rezipiert werden, wenn es denn überhaupt angenommen wird.

Ich möchte an einem Beispiel aus der Praxis verdeutlichen, wie ein theoretischer Sachverhalt spielerisch (handlungsmäßige Präsentation) eingeführt, wie die dazu gehörigen Begriffe erläutert und gefestigt und mit anderen zu einem Begriffsnetzwerk verknüpft werden können. Der Sachverhalt soll schließlich dazu dienen, Alltagsbeobachtungen einordnen und Schlussfolgerungen ziehen zu können. Das Beispiel stammt aus meinem Deutsch-Unterricht an einem einjährigen Berufskolleg zum Erwerb der Fachhochschulreife. Die Schüler und Schülerinnen, die alle bereits einen gewerblichen Beruf erlernt haben, sind an dieser Schulart in der Regel zwischen 20 und 25 Jahre alt. Mein Thema lautete „Das Phänomen Sprache / Die Sprache als Code".

Ich begann mit einem Wettspiel. Für dieses Spiel werden zwei Mannschaften à 5 Teilnehmer gebildet; dazu werden zwei Unparteiische ernannt. Die Mannschaftsteilnehmer stellen sich hintereinander auf, vier von ihnen mit Blick nach vorn auf den Unparteiischen A. Der fünfte Teilnehmer steht mit dem Rücken zu den anderen in seiner Reihe, mit Blick auf den Unparteiischen B. B hat die Aufgabe, auf ein Signal hin eine von drei Karteikarten hoch zu heben, nämlich eine rote, eine blaue oder eine grüne. Die Aufgabe ist es, die Information, um welche Karte es sich handelt, so schnell wie möglich durch die Reihe nach vorn zu geben, jedoch ohne zu sprechen und ohne sich umzuwenden. Das heißt, dass eine Teilaufgabe darin besteht, einen brauchbaren Code zu vereinbaren. Die nächste Aufgabe ist es, diesen Code schnell zu entschlüsseln und vom einen zum anderen weiter zu geben. Der Unparteiische A, der sowohl die Reihen wie auch B im Blick hat, notiert den jeweiligen Sieger aus mehreren Durchgängen.

Im Anschluss an das Spiel wurden die vereinbarten Codes, z. B. verschiedene Klopfzeichen, besprochen und es wurde die Frage erörtert, ob wohl auch Tiere dieses Spiel spielen könnten. Als Ergebnis wurde festgehalten, dass es eine spezifisch menschliche Leistung ist, einen Code zur Verständigung erfinden zu können. Der flexibelste menschliche Code, so wurde herausgearbeitet, ist die Sprache. Sprache ermöglicht eine nuancenreiche Kommunikation in der Gegenwart, Sprache ermöglicht aber dank ihrer Grammatik (Vergangenheitsform!) auch die Weitergabe von Informationen aus früheren Zeiten und sie ermöglicht die Erstellung von Handlungsplänen für die Zukunft.

Nach der Vororganisation dieses Wissens wurde das folgende Modell der Sprache als Code eingeführt (bildliche Präsentation), wobei selbstverständlich alle Symbole und Begriffe erklärt wurden:

Sprache als Code

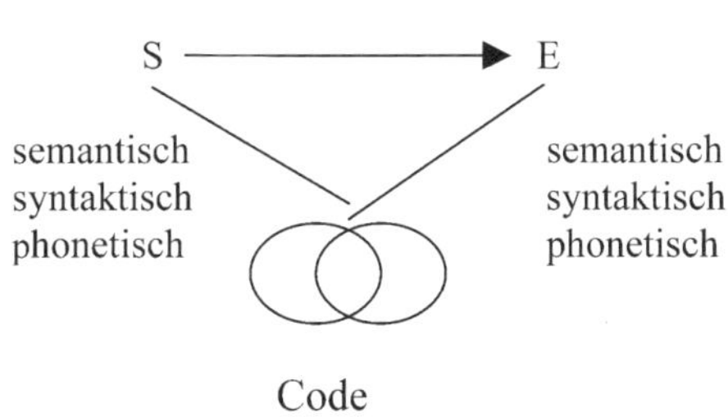

S (Sender) und E (Empfänger) besitzen einen teilgleichen Code. Sie benutzen ihn in semantischen (inhaltlichen), syntaktischen (grammatikalischen) und phonetischen (die Lautform betreffenden) Variationen. Im Vergleich mit den primitiven Codes des Wettspiels wurde die Leistungsfähigkeit der menschlichen Sprache sichtbar; es wurde ihre Flexibilität erörtert, aber auch ihre Anfälligkeit für Störungen.

Im weiteren Verlauf des Unterrichts wurden die Schülerinnen und Schüler gebeten, verschiedenen Sätzen durch Änderung von Semantik, Syntax oder Phonetik eine andere Bedeutung zu geben. So kann beispielsweise aus dem Satz „Junge, Junge; der Jäger trifft den Fasan vortrefflich“ durch syntaktische Manipulationen „Der junge Jäger trifft den jungen Fasan vortrefflich“ oder „Der vortreffliche junge Jäger trifft den jungen Fasan“ oder „Trifft der junge Fasan den jungen, vortrefflichen Jäger?“ oder anderes entstehen. Diese Spielereien (= operatorisches Üben) dienen der Vertiefung, in diesem Fall dem besseren Verständnis für sprachliche Möglichkeiten.

Die theoretischen Vorkenntnisse führten zur Analyse von Missverständnissen zwischen Sender und Empfänger, die teils auf Grund subjektiver Faktoren (z. B. unterschiedliche Erwartungen), teils auf Grund objektiver Faktoren (unterschiedliche Sprachkompetenzen oder unterschiedliche Herkunftscodes) entstehen können. Zum Schluss wurde die Bedeutung des Sprachenlernens zum einen und der sprachlichen Frühförderung zum anderen hervorgehoben.

Die genannten Maßnahmen, insbesondere die „multiple Präsentation“ (handlungsmäßig, bildlich und symbolisch) und das Durcharbeiten in vielfältigen Aufgaben, haben alle zum Ziel, dem Lerner zu helfen, adäquate mentale Modelle zu entwickeln.

Literatur

Aebli, Hans: Grundformen des Lehrens. Stuttgart 1978

Edelmann, W.: Lernpsychologie. Weinheim 2000

Joerger, K.: Einführung in die Lernpsychologie. Freiburg 1980

Krapp, A. / Weidenmann, B. (Hrsg.): Pädagogische Psychologie. Weinheim 2001

Michaelis-Jähnke, K.: Die neuere Lern- und Gedächtnisforschung und die bekannten Lerntheorien, in: BAK, SEMINAR, 3, (2002), S. 109–114

Reinmann-Rothmeier, G. / Mandl, H.: Unterrichten und Lernumgebungen gestalten, in : Krapp, A. / Weidenmann, B. (Hrsg.): Pädagogische Psychologie. Weinheim 2001, S. 601–644

Roth, G. / Prinz, W. (Hrsg.): Kopf-Arbeit. Heidelberg; Berlin; Oxford 1996

Scheunpflug, A.: Lernen (2), in: PÄDAGOGIK, 2, 2000, S. 46–51

Scheunpflug, A.: Lernen (3), in: PÄDAGOGIK, 3, 2000, S. 44–49

Spitzer, M.: Geist im Netz. Heidelberg; Berlin; Oxford 2000

Spitzer, M.: Lernen, Gehirnforschung und die Schule des Lebens. Heidelberg; Berlin 2002

Steiner, G.: Lernen und Wissenserwerb in: Krapp, A. / Weidenmann, B. (Hrsg.), Pädagogische Psychologie. Weinheim 2001, S. 137–203

5. Didaktische Modelle und Unterrichtskonzepte

5. Didaktische Modelle und Unterrichtskonzepte

5.1 Fragestellung

Die Behandlung der klassischen didaktischen Modelle (Lehrmodelle), die zwischen den sechziger und achtziger Jahren des vorigen Jahrhunderts die schulpädagogische Diskussion beherrschten, stößt bei heutigen Referendaren sehr oft auf Ablehnung und Unverständnis. Die Texte kommen ihnen alt vor, das Fachvokabular unverständlich und sie sehen wenig Sinn darin, sich angesichts des Praxisdrucks und der die Jetzt-Zeit beherrschenden Schlagworte wie HOT (Handlungsorientierter Unterricht) und SOL (Selbstorganisiertes Lernen) mit ihnen zu beschäftigen.

Dabei wurden die „klassischen" Didaktiker von Fragen getrieben, die auch heute, oder – nach dem PISA-Schock – gerade heute wieder aktuell sind. Sehr vereinfacht ausgedrückt handelt es sich um drei Fragen, die jeweils Auslöser für ein theoretisches Modell waren:

1. Was sollen Jugendliche lernen? (Welche Inhalte sind für sie und ihr Leben von Bedeutung?)

2. Wie lässt sich Lehren und Lernen im Unterricht planen? (Gibt es invariante Strukturelemente, die jeden Unterricht kennzeichnen?)

3. Wie kann man Unterricht effektiver gestalten?

Die Ergebnisse der theoretischen Überlegungen, aber auch die nachfolgenden intensiven Diskussionen unter den Verfechtern der verschiedenen Modelle müssen angesichts unserer heutigen Probleme als zumindest anregend empfunden werden.

Allerdings schließt sich die Frage an, ob es in der gegenwärtigen zersplitterten Bildungslandschaft überhaupt eindeutige und einheitliche Antworten geben kann, oder ob man nicht vielmehr das Nebeneinander vieler verschiedener Unterrichts-Konzepte dulden oder begrüßen muss.

Unter diesem Aspekt möchte ich das Thema „Didaktische Modelle und Unterrichts-Konzepte" behandeln. Exemplarisch wähle ich drei möglichst unterschiedliche „klassische" Modelle aus und wende mich dann solchen Unterrichts-Konzepten zu, die derzeit im Gespräch sind. Ich wähle dabei bewusst eine eher skizzenhafte Darstellung, um den Blick für gesellschaftspolitische Zusammenhänge zu schärfen. Für eine gründlichere Einführung empfehle ich die angegebene Literatur.

5.2 Klassische didaktische Modelle

5.2.1 Die Bildungstheoretische Didaktik (Klafki, 1964)

Klafki, der Begründer der Bildungstheoretischen Didaktik, begann seine Arbeit an einer umfassenden didaktischen Theorie in einer Zeit, in der in Deutschlands pädagogischen Seminaren heftig darüber gestritten wurde, ob nicht Griechisch oder Latein, oder am besten beide, unabdingbar zum Bildungskanon an deutschen Gymnasien gehörten. Man wurde sich zwar zunehmend der Bedeutung lebender Sprachen (und auch der Naturwissenschaften) bewusst, wollte aber am idealistischen Bildungsideal der Vorkriegszeit anknüpfen und rechtfertigte die Hingabe an „tote" Sprachen mit deren formalem Bildungspotenzial. Damit war gemeint, dass Griechisch und Latein nicht nur wichtiges abendländisches Bildungsgut transportieren, sondern auch unabhängig vom Inhalt logisches Denken fördern würden. Ersteres wurde „materiale", letzteres „formale" Bildung genannt.

Klafki setzt hier an und behauptet, dass es nicht nur einerseits materiale und andererseits formale Bildung gebe, sondern dass Bildung Begegnung mit der Wirklichkeit sei. Bildung müsse die doppelseitige Erschließung der Wirklichkeit für den Menschen und des Menschen für die Wirklichkeit ermöglichen. Er nennt dies „**kategoriale**" Bildung. Sie umfasst beides, materiale und formale Bildung, orientiert sich dabei aber an Inhalten, die über sich selbst hinausweisen und ein Allgemeines repräsentieren, nämlich bestimmte Gesetzmäßigkeiten oder übergreifende Zusammenhänge. So kann zum Beispiel im Chemieunterricht die Grundeinsicht gewonnen werden, dass fast alle natürlichen und künstlichen Stoffe „Verbindungen" oder „Gemische" von Elementen darstellen, dass sie also zerlegbar sind und neu kombiniert werden können. Die Beispiele sind im Prinzip austauschbar und jedes ist ein „bloßer Fall" eines allgemeinen Gesetzes. Ein solches Wissen ist „aufschließendes Wissen" (Klafki, 1985, S. 101)[1], das es den Schülern ermöglicht, sich aktiv und eigenständig weiter in das entsprechende Gebiet einzuarbeiten. Im historisch-politischen Unterricht geht es darum, dass bestimmte Einzelereignisse wie zum Beispiel die französische Revolution geschichtliche Zusammenhänge repräsentieren können, die auch für die Gegenwart oder die voraussehbare Zukunft zentral sind (vgl. Klafki, 1985, S. 105 ff.)[1]. Solche Inhalte, die verallgemeinerbare Einsichten vermitteln, nennt Klafki „**exemplarische**" Inhalte.

Für Klafki ist aufgrund seiner Studien der Kern einer Unterrichtsvorbereitung die Analyse des Inhalts im Hinblick auf seine exemplarische didaktische Bedeutung. Er nennt das die „**Didaktische Analyse**". Sie umfasst fünf wichtige Fragen:

[1] 5. Auflage 1996

1. Welches ist die exemplarische Bedeutung des Gegenstandes?
2. Welche Gegenwartsbedeutung hat er für die Schüler?
3. Welche Zukunftsbedeutung wird ihm zugemessen?
4. Welche Struktur weist der Inhalt auf?
5. Wie sieht die unterrichtliche Zugänglichkeit für die jeweiligen Schüler aus?[1]

Klafki nimmt damit Abschied von der überkommenen, meist aus dem 19. Jahrhundert stammenden so genannten „echten" Bildung und verweist auf die Notwendigkeit, die Bildungsfrage mit Blick auf die jeweilige junge Generation und deren Zukunftsperspektiven ständig neu zu stellen. Ihn störte leeres Bildungsgerede und eine allzu große Stofffülle im Namen einer falsch verstandenen „Wissenschaftsorientierung" der Lehrpläne (ebenda, S. 95). Der Preis seiner bahnbrechenden Theorie war jedoch die vergleichsweise geringe Beschäftigung mit den Methoden des Unterrichtens.

5.2.2 Die Lerntheoretische Didaktik (Heimann / Otto / Schulz)

Heimann, der Begründer der so genannten Berliner Schule, störte sich seinerseits an der in Deutschland üblichen Bildungsdebatte überhaupt. Sie war für ihn und seine Mitarbeiter ideologisch befrachtet. Stattdessen stellen sie den Lernbegriff in den Mittelpunkt ihrer Didaktik und konzipieren ein dem Anspruch nach realistisches Modell unterrichtlicher Entscheidungen, das als **Berliner Modell** bekannt wurde (vgl. Kapitel 3). Es sieht von inhaltlichen Vorgaben gänzlich ab und bemüht sich um eine wertfreie Analyse des Geschehens Unterricht. Unterricht baut nach dieser Auffassung auf soziokulturellen und anthropologischen Voraussetzungen auf und verlangt danach Überlegungen und Festlegungen im Hinblick auf Intention, Inhalte, Methoden und Medien (die Strukturplanung) und Überlegungen im Hinblick auf den Unterrichtsverlauf (Prozessplanung).

Es ist ein Hauptanliegen der Autoren des Berliner Modells, eine größere Rationalität der Unterrichtsplanung zu erreichen, geleitet vom Prinzip der **Interdependenz** der Elemente, der Variabilität (mit Planungsalternativen) und der Kontrollierbarkeit. Die Theoriebildung bezüglich der Intentionen und Inhalte von Unterricht wollen sie den Unterrichtenden selbst überlassen.

Das Berliner Modell ist noch heute gern genutztes Planungsmodell (vgl. 3. Kapitel). Doch müssen sich die Autoren den Vorwurf gefallen lassen, die Frage nach Normen und nach Richtzielen vernachlässigt zu haben und die Schüler lediglich als Objekte einer beliebigen Beeinflussung zu sehen. Das eröffnet Möglichkeiten des Missbrauchs.

[1] Klafki erweitert in seiner kritisch-konstruktiven Didaktik von 1985 den Fragenkomplex auf 7 Fragen

5.2.3 Die Lernzielorientierte Didaktik (Möller)

Die Anhänger der **Lernzielorientierten** Didaktik, die auch **Curriculare Bewegung** (von Curriculum = Lehrplan) genannt wurde, störten sich ihrerseits daran, dass an deutschen Schulen zwar viel von Inhalten und Methoden geredet wurde, dass aber überhaupt nicht klar sei, welche konkreten Fähigkeiten und Fertigkeiten die Schüler nach der Beschäftigung mit einem Gegenstand erworben haben sollen. Ebenso wenig werde darüber nachgedacht, welche einzelnen Schritte geeignet wären, sie dahin zu führen und welche Maßnahmen ergriffen werden müssten, um den Lernerfolg zielgenau zu kontrollieren. Die Curriculare Bewegung, eine durch und durch pragmatische Richtung, die in den USA entstand, propagierte daraufhin den „lernzielorientierten" Unterricht. „Das Lernziel wird zum Fixpunkt aller das Unterrichtsgeschehen planenden und vorbereitenden Überlegungen" (Peterssen, 1988, S. 114). Ein Lernziel bezeichnet ein erwünschtes und in der Vorstellung vorweggenommenes, möglichst eindeutig beschriebenes Verhalten (vgl. 3. Kapitel). Im Einzelnen bedeutet das für Lehrende, dass sie die Lernziele bestimmen, elementarisieren, nach Richt-, Grob- und Feinzielen ordnen und schließlich „operationalisieren" müssen. Mit „**Operationalisierung**" ist die Übersetzung in beobachtbare und messbare Verhaltensweisen gemeint. (Vgl. 3. Kapitel).

Die Anhänger des lernzielorientierten Unterrichts haben die in Deutschland vernachlässigte Ergebnisorientierung ins Bewusstsein der Lehrenden gerückt. Der Vorwurf, der ihnen gemacht wird, bezieht sich auf das kleinschrittige Abarbeiten der Ziele, das kaum Kreativität und kaum alternative Lösungswege zulässt.

5.2.4 Die Weiterentwicklung der klassischen didaktischen Modelle

Zu Anfang hielt noch jede didaktische Schule das eigene Modell für die beste Planungs- und Reflexionsgrundlage und kämpfte um seine Akzeptanz. Das bedeutete auf der anderen Seite, dass Lehramtsanwärtern und Referendaren meist verordnet wurde, nach dem jeweils im Lande akzeptierten Modell Unterricht vorzubereiten.

Seit den achtziger Jahren verzichtete man bewusst auf die starke Abschottung der verschiedenen Modelle voneinander und ihre Konkurrenz untereinander nahm ab. Stattdessen ist eine Annäherung zu beobachten, die mit einem Paradigmenwechsel in der Pädagogik zu tun hat. Unter dem Einfluss der so genannten „Frankfurter Schule" und ihrer Kritischen Theorie setzte sich weitgehend die Auffassung durch, dass es keine Wissenschaft ohne ein Erkenntnisinteresse geben könne, also keine „wertfreie" Forschung, wie sie die Positivisten (und die Berliner Schule) angestrebt hatten. Das galt und gilt besonders für Forschungen im Zusammenhang mit gesellschaftlichen Belangen, wie dies bei Unterricht und Erziehung der Fall ist. Hier müssten praktische und emanzipatorische, und keinesfalls technische Erkenntnisinteressen, die die menschlichen Beziehungen instrumentalisieren würden, ihre Wirkung entfalten.

Sowohl Klafki als auch Schulz, einer der Autoren der Berliner Schule, schlossen sich diesen Überlegungen an und betonten beide fortan die „emanzipatorische Relevanz“ von Unterricht (Gudjons / Winkel, 1999, S. 39).[1]

Klafki entwickelte nun seine „Kritisch-konstruktive Didaktik“. Diese Didaktik orientiert sich am „Ziel der Befähigung … zu wachsender Selbstbestimmungs-, Mitbestimmungs- und Solidaritätsfähigkeit in allen Lebensdimensionen“ (Klafki, 1985, S. 38) und weist auf das durchgehende Veränderungsinteresse hin, das für diese Konzeption konstitutiv ist.

Schulz erweiterte das Berliner zum so genannten „Hamburger Modell“, das die Bedingungen gesellschaftlicher Art, „unter denen es brauchbar zu sein behauptet, angibt“ und zugleich den Standpunkt nennt, von dem es ausgeht (Schulz in: Gudjons / Winkel, 1999, S. 36). Der Standpunkt aber, der mit unserer gesellschaftlichen Grundordnung zusammenhängt, verlangt nach Schulz die Förderung von Autonomie und Solidarität. Das Hamburger Modell sieht deshalb anders als das Berliner Modell die Mitbestimmung aller am Schulleben Beteiligten vor.

Die Differenzen zur Lernzielorientierten Bewegung, als einer eher pragmatischen Bewegung, wurden nicht ausgeräumt. Allerdings ist auch hier eine Annäherung insofern erreicht worden, als nun von allen die Lernzielgenauigkeit und Lernzielkontrolle ernster genommen wird als es früher der Fall war. Und Christine Möller, die Protagonistin der Bewegung in Deutschland, betont ihrerseits in einer gemeinsam geführten Diskussion, dass auch sie nunmehr auf mehr Mitbestimmung achte. Zum Beispiel strebe sie mit Schülern ein gemeinsames Planen von Handlungszielen an, die dann aber nach bewährter Methode Schritt für Schritt abgearbeitet würden. (Möller, in: Gudjons / Winkel, 1999, S. 127).

Die Beilegung des Streits führte zu einer Art Konsens-Modell, „dass nämlich alle Aspekte des Unterrichtsprozesses und alle Momente der Unterrichtsplanung einer ‘allgemeinen Zielorientierung’ unterliegen“ (Jank / Meyer, 1991, S. 196).

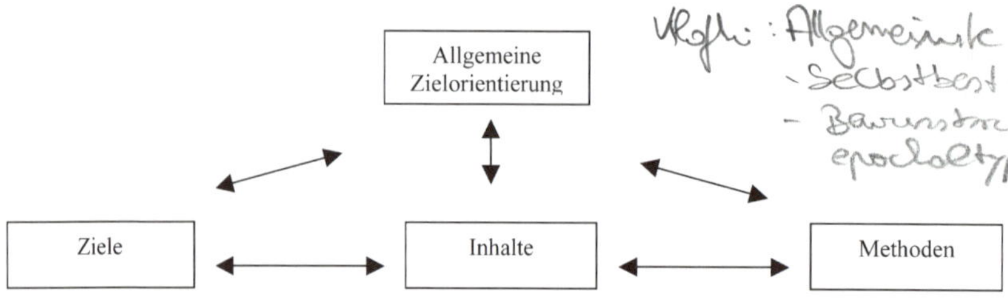

Nach: Jank / Meyer, 1991, S. 196

1 11. Auflage, 2002

Dieses Modell ist aber so allgemein gehalten, dass es kaum Brauchbares für den Praktiker bereit hält. Nach wie vor brauchen wir Antworten auf die oben gestellten Fragen :

- Was sollen Schüler lernen?
- Wie ist Unterricht strukturiert?
- Wie kann man Unterricht effektiv gestalten?

Wahrscheinlich ist Unterricht ein zu komplexes Gebiet, um von nur einer Theorie gänzlich erfasst werden zu können. Und wahrscheinlich ist es, wie Gudjons und Winkel in ihrem Sammelbändchen feststellen, sogar so, dass „mehrere konkurrierende Entwürfe der wissenschaftlichen Erkenntnis (das heißt der Wahrheitsfindung) dienlicher sind als eine offiziell verordnete oder sich dogmatisch gebärdende 'Theorie'" (Gudjons / Winkel in: Didaktische Theorien, 1980, 10. Aufl. 1999, S. 9). Kennzeichen heutiger Didaktik ist ihre Offenheit. Offenheit hat aber, wenn man sie philosophisch ernst nimmt, immer Geschlossenheit zur Voraussetzung; das heißt im vorliegenden Fall, dass man sich ohne Kenntnis fest umrissener didaktischer Modelle nicht an ihnen reiben und Verbesserungsvorschläge vorbringen kann.

5.3 Unterrichtskonzepte

Unterrichtskonzepte sind – anders als didaktische Modelle – keine geschlossenen Theoriegebäude. Sie basieren vielmehr auf bestimmten Unterrichtsprinzipien, die ihre Vertreter für so wichtig erachten, dass sie sie für das didaktische Handeln in den Vordergrund gestellt wissen wollen, beispielsweise das Prinzip der „Handlungsorientierung". Didaktische Theoriebildung tritt dagegen in den Hintergrund; Unterrichtskonzepte sind stets normativ (= wertend) und präskriptiv (= vorschreibend). „Sie beschreiben, wie sich ihre Erfinder guten Unterricht vorstellen." (Jank / Meyer, 1991, S. 290).

Etliche der heute diskutierten Unterrichtskonzepte entstammen der Praxis. Den Verfechtern der verschiedenen Entwürfe ist gemeinsam, dass sie aktuelle Probleme aufgreifen und dem vielfach festgefahrenen traditionellen Schulalltag etwas Neues entgegensetzen wollen. Damit nehmen sie ein Stück weit die Autonomie in Anspruch, die Schulen heute anstreben. Auf der anderen Seite unterliegen sie der Gefahr, Modeströmungen zu verfallen. Auf diese Gefahr macht der Erziehungswissenschaftler Gerd Heursen aufmerksam: Ohne gemeinsame Bezugspunkte „geraten ... die Diskussionen über unterschiedliche Unterrichtskonzepte leicht zu Übungen in Glaubensfestigkeit" (Heursen, 1997, S. 24).

Heursen schlägt deshalb vor, dass Verfechter von Unterrichtskonzepten Grundsätze geltend machen müssten, die zwar interpretationsfähig sind, aber dennoch einen übersituativen Anspruch haben. Beispielsweise könnte Handlungsorientierung an unterschiedlichen Schulen unterschiedlich ausgelegt und praktiziert werden. Zur Begründung und Legitimierung des Prinzips müssten aber Erkenntnisse namhafter Forscher herangezogen werden. Solche Grundsätze könnten „didaktische Prinzipien“ genannt werden. Sie wären als solche mitteilbar und könnten für alle am Schulleben Beteiligten Orientierungshilfe und Leitlinie sein. Auf ihrer Grundlage könnte zum Beispiel ein reflektiertes und begründetes Schulkonzept entstehen, das den örtlichen Gegebenheiten Rechnung trägt und das gleichzeitig die Lücke zwischen Theorie und Praxis schließen hilft (vgl. Heursen, 1997, S. 29).

Unterrichtskonzepte kann man dem didaktischen Dreieck entsprechend (s. 3. Kapitel) der Lehrerseite, der Schülerseite oder der Sachseite (bzw. Inhaltsseite) zuordnen. Wenn man auf der Sachseite zusätzlich nach Herkunft der Inhalte aus dem Bereich der Wissenschaften oder aber aus dem Lebens- und Erfahrungsbereich der Schüler unterscheidet, so erhält man nach Heursen vier Orientierungen von Unterrichtskonzepten:

- eher lehrerorientierte didaktische Ansätze
- eher schülerorientierte didaktische Ansätze
- eher wissenschaftsorientierte didaktische Ansätze
- eher lebensweltorientierte didaktische Ansätze

5.3.1 Ein lehrerorientierter Ansatz

Die **Lehrkunstdidaktik** stellt die Arbeit an der Persönlichkeit des Lehrenden in den Vordergrund. Lehrer sollen wieder Meister werden, die sich klassische didaktische Lehrstücke, etwa von Wagenschein (1968) oder von H. v. Hentig (1957/1985) zum Vorbild nehmen und an ihnen lernen, Bildung im Sinne von „Menschheitsthemen“ – und nicht bloß Inhalte – zu vermitteln.

5.3.2 Ein schülerorientierter Ansatz

Zu den schülerorientierten Ansätzen zählt Heursen die **Subjektive Didaktik** von Edmund Kösel. Der radikale Konstruktivismus, die humanistische Psychologie und Individualisierungstendenzen der Postmoderne sind Voraussetzungen der Subjektiven Didaktik. Sie hält die Menschen für prinzipiell autonom und für den Konstrukteur seiner eigenen Realität. Aufgrund dieser Sichtweise lässt sich Unterricht nicht fest planen, sondern es können lediglich Lernangebote gemacht werden, die zwischen dem ICH, dem WIR und der SACHE (vgl. TZI im 2. Kapitel) eine Balance herzustellen versuchen. Persönlichkeitsentwicklung und Gruppenprozesse haben hier den gleichen Stellenwert wie die Sachvermittlung. Der schülerorientierte Ansatz nimmt deshalb auch Bezug auf Theorien der Wahrnehmung, integrierte Persönlichkeitstheorien, Theorien der Kommunikation und andere, bei denen es um die Verständigung der am Lernprozess Beteiligten geht.

5.3.3 Neue wissenschaftsorientierte Ansätze

Ein erneuerter wissenschaftsorientierter Unterricht will Fehlentwicklungen der Verwissenschaftlichung an unseren Schulen entgegenwirken. Er will den Bildungssinn der Fächer wieder erfahrbar machen und den Verwendungszusammenhang von Wissen aufzeigen und diskutieren (vgl. Heursen, 1997, S. 59ff).

Ein Ansatz ist die **Bildungsgangsdidaktik**, die in einem nordrhein-westfälischen Schulversuch erarbeitet wurde. Die Fächer nehmen hier Bezug auf ein zentrales Fach, das vom Schüler schwerpunktmäßig gewählt wird. Zusammen ergeben sie einen **Bildungsgang**, der zu einem bestimmten schulischen oder auch beruflichen Abschluss führt. Ziel eines solchen Bildungsganges ist auch der Erwerb einer beruflichen Identität in fachlicher, sozialer und humaner Hinsicht.

Für das Regelschulsystem bietet sich an, eine bestimmte Bildungsidee oder ein spezielles Schulprofil in den Vordergrund zu rücken, um die herum sich die Fächer – durchaus in ihrer jeweiligen Eigenstruktur – gruppieren. Die Schüler und Schülerinnen haben dann die Möglichkeit, die für ihren eigenen Bildungsgang bedeutenden Erkenntnisse herauszufiltern und miteinander in Beziehung zu setzen.

Beim **Selbstorganisierten Lernen (SOL)** (mit der reformpädagogischen **Freiarbeit** verwandt) kann der Lerngegenstand durchaus vorgegeben sein. Es kann sich um Übungen handeln, um das Aufarbeiten individueller Defizite, aber auch um ganze Jahres- oder Semesterarbeiten zu einem bestimmten Thema. Umfang der Aufgaben, Zeitaufwand, Lernumgebung und gegebenenfalls Methoden der Aneignung werden jedoch vom Lerner selbst bestimmt. Von schulischer Seite werden dafür zentrale Vorgaben zurückgenommen, Freiarbeits-Materialien bereitgestellt, Zeit- und Raum-Strukturen flexibilisiert und demokratische Entscheidungsfindung sowie einvernehmliche Konfliktlösungen angestrebt. Auf Schülerseite muss allmählich die Konsumhaltung abgebaut und die Einsicht in die eigene Verantwortung für das Lernen aufgebaut werden. SOL entspricht den gewandelten Ansprüchen beruflicher und gesellschaftlicher Praxis (vgl. Heursen, 1997, S. 87ff.). Im engeren Sinn kann SOL als methodische Großform neben anderen verstanden werden, im weiteren Sinn aber auch als Zeichen einer neuen Lernkultur, die Selbstverantwortung für bedeutsam hält.

5.3.4 Lebensweltorientierte und erfahrungsbetonte Ansätze

Lebensweltorientierte und **erfahrungsbetonte Unterrichtkonzepte** haben Konjunktur. Das hängt zum einen mit der Überfrachtung unserer Schulen mit rezeptiv gelerntem Wissen zusammen, zum anderen mit Erkenntnissen der neueren Kognitionsforschung, die auf die Körpergebundenheit allen Lernens verweist. Erleben, Wahrnehmen und Gestalten sind sämtlich ganzheitlich zu verstehende Aktivitäten des Individuums, die durch das Hinzutreten von Reflexion zu handlungsleitenden Erfahrungen werden. Es gilt also, Erfahrungen mit Wissenserwerb zu verknüpfen.

Ein zur Zeit viel diskutiertes Konzept ist das so genannte **situierte Lernen (= Lernen aus konstruktivistischer Perspektive)**. Das situierte Lernen will durch Formulierung von möglichst authentischen Situationen aus der Umgebung der Schüler (bei Berufsschülern aus dem Berufsfeld) die Lernenden dazu bringen, Wissen zielgerichtet zu erwerben und zur Lösung der in der Situation geschilderten Probleme einzusetzen. Situiertes Lernen dient der Entwicklung individueller Handlungskompetenz. Für Lehrer und Lehrerinnen bedeutet das, dass sie neben den authentischen Situationen „reiche" Lernumgebungen anbieten müssen, das heißt die Mittel bereitstellen, die das selbstständige Erarbeiten von Lösungen ermöglichen. Jegliche Instruktion wird möglichst vermieden; aber selbstverständlich bieten die Lehrenden ihre Hilfe an, die hier **scaffolding** genannt wird. Damit ist ein stufenweises, auf die Bedürfnisse des jeweiligen Lerners abgestimmtes Helfen gemeint.

Ein weiteres viel diskutiertes Konzept ist die **Lernfeldorientierung**, die in Berufsschulen etlicher Bundesländer bereits Eingang gefunden hat. Lernfeldorientierter Unterricht will das Eigenleben des fächerbezogenen Unterrichts aufbrechen. Stattdessen geht man von authentischen Fällen und Problemen in einem bestimmten Lernfeld aus und vermittelt das Wissen fächerübergreifend und anwendungsorientiert. Von den Lehrenden wird hier erwartet, dass sie ihren Fachhorizont erweitern und möglichst mit anderen Lehrern und Lehrerinnen und den Berufspraktikern kooperieren.

Der **handlungsorientierte Unterricht (HOT)** ist seit der Aufklärung Wunschtraum vieler Pädagogen. Schon Pestalozzi sprach vom Lernen mit „Kopf, Herz und Hand" als einem erstrebenswerten Ziel. Und zu Beginn des 20. Jahrhunderts entwickelten und erprobten viele Reformpädagogen diesbezügliche Konzepte. Sie alle wünschten sich ganzheitliches und schüleraktives Lernen, meist unter ausdrücklicher Befürwortung der sozialen Komponente der Selbst- und Mitbestimmung. Die Diskussion um den handlungsorientierten Unterricht erhält zur Zeit neue Nahrung durch den Konstruktivismus und die nun vorliegenden Ergebnisse der Kognitionsforschung, die keinen Zweifel mehr an der Ganzheitlichkeit von Lernprozessen lassen (vgl. 4. Kapitel). Handlungsorientiert kann man einen Unterricht nennen, „in dem die zwischen dem Lehrer / der Lehrerin und den SchülerInnen vereinbarten Handlungsprodukte die Gestaltung des Unterrichtsprozesses leiten" (Jank / Meyer, 1991, S. 354). Die Handlungsprodukte müssen jedoch nicht ausschließlich handwerklicher Art sein; es kann sich auch um geistige Ergebnisse der Unterrichtsarbeit handeln, die in unterschiedlichen Symbolisierungsformen veröffentlicht werden können (Plakate, Ausstellungen, Sketches etc.). Schüler sollen an der Planung, Durchführung und Auswertung des Unterrichts beteiligt werden. Insgesamt ist die zunehmende fachliche, soziale und ethisch-reflexive Handlungskompetenz das Ziel von HOT.

5.3.5 Ein Strukturmerkmal neuerer didaktischer Konzepte: Offenheit

Viele der genannten Ansätze kann man unter dem Begriff **„Offener Unterricht"** subsumieren, ohne dass dieser Begriff selbst eine fassbare Größe wäre. Offenheit setzt – wie gesagt – Geschlossenheit voraus; es muss demnach etwas geben, von dem man sich absetzen will. Im Grunde werden also in den modernen didaktischen Unterrichts-Konzepten Grenzüberschreitungen propagiert (Hallitzky und Seibert, in: Apel / Sacher, 2002, S. 173), die Flexibilität, Dynamik, Durchlässigkeit und Transparenz der Planung für wünschenswert erachten. Gleichzeitig muss ein Rahmen da sein, ohne den Öffnung nicht möglich wäre. Dieser Rahmen schützt vor Beliebigkeit.

Offener Unterricht steht also mehr für eine veränderte Haltung und Unterrichtskultur als für ein bestimmtes Konzept. Sie äußert sich im Wunsch nach Selbstbestimmung, Selbsttätigkeit und Selbstverantwortung sowie Kooperation aller Beteiligten. In einem so verstandenen offenen Unterricht haben alle, auch traditionelle Unterrichtsformen ihren Stellenwert. Traditioneller Fachunterricht, selbstorganisierter Unterricht, Projektarbeit, Lektionen, Workshops und andere methodische Großformen können in einer Form wechseln, die die „lernende" Einzelschule sich in Absprache mit ihren Trägern und Partnern gegeben hat. Es zeichnet sich eine neue Bildungskonzeption ab, zu der „Komponenten der Ich-Stärke, des autonomen Handelns, der Solidarität und Verantwortung" gehören (Heursen, 1997, S. 93).

5.4 Konsequenzen für die Praxis

Die drei hier skizzierten klassischen Didaktischen Modelle geben umfassende Antworten auf sehr unterschiedliche Fragen, die im Zusammenhang mit Unterricht immer aktuell bleiben, wenn sich auch die Zeiten wandeln und das Vokabular sich ändert. Es sind die Fragen nach den Inhalten von Unterricht, nach den Strukturmerkmalen und nach der Effektivität.

Zur Zeit erleben wir einen gewaltigen Wandel in der Auffassung von den notwendigen Inhalten von Schule und Unterricht. Nach PISA sind Laien wie Experten davon überzeugt, dass deutsche Schüler das Falsche lernen. Nur – was wäre das Richtige? Diese Frage führt mitten hinein in die Bildungsdebatte, die schon Klafki führte, und es lohnt sich, mit ihm nach der Gegenwartsbedeutung, vor allem aber nach der Zukunftsbedeutung von Inhalten zu fragen. Und ebenfalls mit Klafki können wir sagen, dass es Exemplarisches sein muss, das Schülern und Schülerinnen hilft, sich die Wirklichkeit zu erschließen und das sie für diese Wirklichkeit empfänglich macht. Im englischen Sprachraum spricht man davon, dass sie „reading, mathematical and scientific literacy" erreichen sollen, also Leseverständnis, mathematisches und naturwissenschaftliches Verständnis.[1] Diese Art von „Literacy" ist in Anlehnung an angloamerikanische Vorstellungen die Grundbildung, die das PISA-Konsortium seinen Vergleichs-Studien zugrunde gelegt hat (PISA-Konsortium, 2001, S. 20ff). Für deutsche allgemeinbildende Schulen (und dazu gehören zunehmend auch die Vollzeitklassen der beruflichen Schulen) hieße das, sich wieder einmal von einem stetig wachsenden Wissenskanon zu verabschieden, den die meist an den entsprechenden Wissenschaften orientierten Fächer für sich beanspruchen. Nicht die Welt der Wissenschaften soll nach Auffassung der PISA- Forscher verstanden werden, sondern die Lebenswelt soll „wissenschaftlich" verstanden werden (vgl. Kattmann, 2003, S. 116).

Die Frage nach den Strukturmerkmalen von Unterricht wird ebenfalls immer aktuell bleiben, wenn auch die gesellschaftliche Entwicklung nahe legt, das Berliner Modell im Sinne von Schulz zu erweitern. Schüler dürfen nach heutiger Sicht nicht mehr nur als Objekte der Lehrerbeeinflussung gesehen werden, sondern müssen als Mitgestalter von Unterricht ernst genommen werden. Es müssen also kommunikative Fragen, z.B. die Frage nach den Sozialformen, bei der Planung mit aufgenommen werden. Und es muss gewährleistet sein, dass die gesamte Planung auch vor Ort in Abstimmung mit den Beteiligten umgeworfen werden darf.

Die lernzielorientierte Bewegung hat deutschen Schul-Verantwortlichen gezeigt, wie wichtig es ist, sich nicht nur die Inhalte anzuschauen und in Lehrplänen festzuschreiben, sondern ganz konkret Ziele zu formulieren, deren Umsetzung dann auch kontrolliert und geprüft wird. Im Grunde ist PISA eine solche Studie, die auf die Lernergebnisse schaut, also auf den OUTPUT und nicht auf den INPUT. Und hier hat sich gezeigt, dass sich in Deutschland eine Lücke zwischen den Zielen und ihrer Umsetzung auftut.

Insgesamt sind didaktische Modelle nicht als „Gebrauchsanweisungen für Unterricht" misszuverstehen. Sie sind vielmehr als Planungs- und Reflexionshilfen zu sehen und geben eine Folie ab, vor der sich Fachleiter und Referendare sowie die Kollegen an den Schulen über Unterricht verständigen können. Das erklärt auch, warum es an ein und demselben Seminar unter den Fachleitern unterschiedliche Präferenzen bei der Anwendung der Modelle geben kann. Gerade die älteren Kollegen haben unterschiedliche didaktische Schulen durchlaufen und haben entsprechend unterschiedliche Vorstellungen von der didaktischen Strukturierung einer Unterrichts-Einheit. Hinzu kommen die Präferenzen bestimmter Fächer-Gruppen für bestimmte Modelle.

Geisteswissenschaftler tendieren eher zur Bildungstheoretischen Didaktik, weil sie bei etlichen, vor allem „nicht nützlichen" Themen die Sinnfrage (Wozu ist das Ganze gut?) beschäftigt. Naturwissenschaftler dagegen, besonders aber Ver-

[1] frei übersetzt

treter angewandter Naturwissenschaften und berufsbezogener Fächer, bevorzugen oft das lernzielorientierte Vorgehen, weil es ihnen hilft, schwierige Sachverhalte systematisch in kleinen Schritten aufeinander aufbauend aufzubereiten. Das heißt nicht, dass sie die Sinnfrage nicht stellen; aber angesichts des vorherrschenden Stoffdrucks wird diese bisher wohl eher in Randstunden aufgegriffen werden. Allerdings kann ich mir vorstellen, dass sie bei einer solchen Gelegenheit und bei Diskussionen um gesamtgesellschaftliche Vorstellungen, wie sie zur Zeit geführt werden, gern wieder auf Klafkis fünf Fragen an eine didaktische Analyse zurückgreifen werden.

Das Berliner Modell wird von fast allen Fachleitern gern benutzt, um Anfänger im Lehramt anzuleiten, die Interdependenz der verschiedenen Elemente von Unterricht, nämlich Ziele, Inhalte, Methoden und Medien zu berücksichtigen. So kann, um ein extremes Beispiel zu nennen, die Funktion eines Motors schlecht erklärt werden, wenn zur Veranschaulichung Bilder von Karosserien herangezogen werden. Oder es kann auf Heranwachsende lächerlich wirken, wenn ein Referendar oder eine Referendarin einen Kochtopf und ein Ei mitbringt, weil beides als Vokabel in der neuen Spanisch-Lektion vorkommt. In beiden Fällen passen Zweck und Mittel nicht zusammen.

Unterrichtskonzepte, die – anders als Modelle – von vorneherein eine bestimmte Art von Unterricht für die bestmögliche halten, sind meist als Antwort auf offensichtliche Mängel des Systems zu verstehen. Sie spalten jedoch die Kollegien nicht selten in „Beharrende“ und „Reformer“. Aber nicht alle Reformer sind die besseren Lehrer. Viele vertreten ihren Standpunkt einseitig und missionarisch und sprechen abfällig über „traditionellen Unterricht“, ohne zu differenzieren. Die empirische Forschung hat aber zeigen können, dass nicht eine Neuerung allein – zum Beispiel vermehrte Handlungsorientierung – schon die Praxis verbessert. Es kommt vielmehr darauf an, wie die Neuerung didaktisch aufbereitet und genutzt wird. „Auch ‘neue’ Unterrichtsmethoden haben den gesamten Lernprozess zu berücksichtigen, angefangen von der Einführung neuer Inhalte bis hin zur festen Verankerung im Langzeitgedächtnis“ (Wellenreuther, 2004, S. 429).

Sowohl die Kenntnis wichtiger didaktischer Modelle als auch die Kenntnis von Unterrichtskonzepten kann Referendaren und Referendarinnen helfen, in der Bildungsfrage einen eigenen Standpunkt zu finden, gegenüber anderen zu erläutern und – um der Zukunft unserer Jugendlichen willen – an einem gut begründeten pädagogischen Konzept der eigenen Schule mitzuwirken.

Literatur

Apel, H.-J. / Sacher, W. (Hrsg.): Studienbuch Schulpädagogik. Bad Heilbrunn 2002

Gudjons, H.: Pädagogisches Grundwissen. Bad Heilbrunn 2003

Gudjons, H. / Winkel, R. (Hrsg.): Didaktische Theorien. Hamburg 2002

Heursen, G.: Ungewöhnliche Didaktiken. Hamburg 1997

Huwendiek, V.: Didaktisches Denken und Unterrichtsplanung. In: Bovet / Huwendiek (Hrsg.) Leitfaden Schulpraxis. Berlin 1998, S. 74–120

Jank, W. / Meyer, H.: Didaktische Modelle. Frankfurt 1991

Kattmann, U.: „Vom Blatt zum Planeten" – Scientific Literacy und kumulatives Lernen im Biologieunterricht und darüber hinaus. In: PISA 2000 als Herausforderung. Baltmannsweiler 2003, S. 115–37

Kiper, H.: Literacy versus Curriculum? In: PISA 2000 als Herausforderung. Baltmannsweiler 2003, S. 65–83

Klafki, W.: Neue Studien zur Bildungstheorie und Didaktik. Weinheim; Basel 1996

Moschner, B. / Kiper, H. / Kattmann, U. (Hrsg.): PISA 2000 als Herausforderung. Baltmannsweiler 2003

Peterssen, W. H.: Lehrbuch Allgemeine Didaktik. München 1983

Reinmann-Rothmeier, G. / Mandl, H.: Unterrichten und Lernumgebungen gestalten. In: Krapp / Weidenmann (Hrsg.) Pädagogische Psychologie. Weinheim 2001, S. 603–646

Wellenreuther, M.: Lehren und Lernen – aber wie? Baltmannsweiler 2004

Winkel, R.: Die kritisch-kommunikative Didaktik, in: Gudjons, H. / Winkel, R.: Didaktische Theorien. Hamburg 2002

6. Bedingungen des Lernens

6. Bedingungen des Lernens

6.1 Fragestellung

Die Frage nach den Bedingungen des Lernens taucht zwangsläufig dann auf, wenn trotz guter Unterrichtsplanung und großer Bemühungen auf der Lehrerseite der Lernerfolg bei einem Teil der Schüler und Schülerinnen ausbleibt. Die „Schuld“ kann dann nicht mehr nur dem Lehrer oder der Lehrerin angelastet werden: Es müssen auch Faktoren auf der Schülerseite eine Rolle spielen.

Diese Faktoren gibt es in der Tat. Es handelt sich um die kognitiven, emotionalen und motivationalen Voraussetzungen, die der einzelne Schüler mitbringt, sowie um Fragen der Herkunft und des Milieus, um die Tatbestände also, die das Berliner Modell (vgl. Kapitel 3) „anthropogene“ und „soziokulturelle“ Bedingungen genannt hat. Sie sollten schon bei der Planung berücksichtigt werden, entfalten ihre Wirkung jedoch oft erst im Prozess des Unterrichtens.

Das Wissen um Faktoren, die der Lehrer oder die Lehrerin nicht zu verantworten hat, wirkt zum einen entlastend. Eine solche Entlastung sei jedem Lehrer und jeder Lehrerin gegönnt. Auf der anderen Seite ist das Zusammenspiel der unterschiedlichen Einflussgrößen aber viel komplexer, als die meisten Lehrer glauben. Der einzelne Lehrer oder die Lehrerin kann für Schülerdefizite zwar nicht verantwortlich gemacht werden, aber er oder sie wird in die Verantwortung genommen; denn als Erzieher sind Lehrer Mitwirkende. Sie sind mitverantwortlich für die weitere Entwicklung der ihnen anvertrauten Schülerinnen und Schüler.

In deutschen Lehrerzimmern neigt man wegen der Vielgliedrigkeit unseres Schulsystems immer noch dazu, Problemfälle abzuschieben. Hier geht man nach wie vor von der Prämisse aus, dass es drei Hauptbegabungs-Typen gebe, nämlich den theoretisch begabten, den theoretisch-praktisch und den praktisch begabten jungen Menschen und dass dieser nur richtig platziert werden müsse. In Lehrer-Gesprächen wird bei uns deshalb schnell von mangelnder Begabung einzelner Betroffener gesprochen oder davon, dass der Schüler oder die Schülerin einfach nicht an die jeweilige Schule oder in die jeweilige Klasse „passe“. Genannt werden dann zumeist eine angeblich geringere Intelligenz, eine zu geringe Einsatzbereitschaft oder die fehlende Unterstützung durch das Elternhaus. Lehrer in weiterführenden Schulen fühlen sich dann vielfach nicht mehr zuständig, sondern empfehlen Sitzenbleiben oder gar einen Schulwechsel. Von den vielen Variablen, die Lernleistungen beeinflussen, wissen sie oft wenig.

Vielen Schülerinnen und Schülern wird damit aber Unrecht getan; Frust oder gar Hass auf die Schule sind daher hierzulande weit verbreitet. Die wichtigsten Bedingungen des Lernens sollen deshalb hier angesprochen und die Referendare zu einer weitergehenden Beschäftigung mit ihnen ermuntert werden. Schüler sind nicht nur begabt oder unbegabt, sie können auch – wie es der Entwicklungspsychologe Heinrich Roth schon in den sechziger Jahren ausdrückte – „begabt werden“ (Roth, H., 1968).

6.2 Kognitive Bedingungen

6.2.1 Intelligenz

Als wichtigste Bedingung für schulisches Lernen wird die **allgemeine Intelligenz** angesehen.

Unter Intelligenz wird die „zusammengesetzte Fähigkeit des Individuums“ verstanden, „zweckvoll zu handeln, vernünftig zu denken und sich mit seiner Umwelt wirkungsvoll auseinander zu setzen“ (Wild, Hofer & Pekrun, 2001, S. 242). Sie wird mit Hilfe standardisierter Intelligenztests ermittelt, die sich aus vielen Einzeltests (Testbatterien) zusammensetzen und die Unterschiede zwischen Individuen gleichen Alters messen.

Als Maßeinheit dient der **Intelligenzquotient (IQ)**, mit dessen Hilfe die Abweichung vom Durchschnitt (100) ausgedrückt wird. Als Extremwerte gelten 140 (Genialität) und 50 (Schwachsinn).

Unterschiede in der Intelligenz sind neueren Forschungen zufolge tatsächlich zu einem großen Teil genetisch bedingt (ca. 35–60 % der Varianz), zu einem nicht zu vernachlässigenden Teil aber auch umweltbedingt. Hier spielen insbesondere individuelle Einflüsse eine Rolle, wie z. B. die Interaktion in der Familie, die Geschwisterkonstellation oder die Wahrnehmungsbereitschaft des Individuums.

Im allgemeinen ist der IQ ein guter Prädiktor für die Lebensbewältigung. Aber mit der Schulleistung besteht kein direkter Zusammenhang. Hier kann es aus Gründen, die nichts mit der Intelligenz zu tun haben, zu großem Leistungsabfall bis hin zur Leistungsverweigerung kommen. Und ebenso können hier geringere IQ-Werte durch gutes Bereichswissen, durch positive Entwicklungsbedingungen und durch Förderung im Elternhaus, aber auch in den Bildungseinrichtungen, kompensiert werden.

Der IQ einer Person gilt als relativ unveränderliche Größe. Trotzdem können durch die Qualität und die Dauer der Beschulung positive IQ-Veränderungen erzielt werden, wie neuere Untersuchungen zeigen (Wild, Hofer & Pekrun, 2001, S. 247). Darüber hinaus haben sich Trainingsprogramme zur Förderung kognitiver Fähigkeiten bewährt, insbesondere dann, wenn sie mit einem Motivtraining kombiniert wurden (ebd. S. 253). Diese Programme zielen oft auf eine Verbesserung der Lernstrategien ab.

6.2.2 Begabung

Begabung wird im Unterschied zur Intelligenz als „die Summe aller Anlage- und Erfahrungsfaktoren“ definiert, „ welche die Leistungs- und Lernbereitschaft eines Menschen in einem bestimmten Verhaltensbereich bedingen“ (Aebli, in: Köck / Ott, 1994, S. 71). Begabung beinhaltet demnach schon eine gewisse Entfaltung des vorhandenen Potenzials durch Auseinandersetzung mit der Umwelt. Hier kann und muss Schule ansetzen, muss anregende Umgebungen schaffen und begabungsfördernde Maßnahmen in die Wege leiten. Im Grunde ist der Prozess der Begabungsentwicklung nie abgeschlossen und eine frühe Auslese nach einem festen Schema von daher problematisch. Sie kann zur Überforderung, aber auch zur Unterforderung einzelner Schüler und Schülerinnen führen und wiederum Frusterlebnisse mit sich bringen. Die unterschiedlichen Lernorte müssten vielmehr mit einander in Verbindung treten, nach unten und nach oben durchlässig werden und differenzierte sowie individualisierte Lernangebote machen. Eigentlich braucht jeder Jugendliche – wie in den USA üblich – einen Lernberater (Tutor), der ihm hilft, sein individuelles Lernprogramm zusammenzustellen.

6.3 Emotionale Bedingungen

6.3.1 Emotionen

Emotionen, landläufig Gefühle genannt, werden oft im Gegensatz zum Denken gesehen. Inzwischen gilt aber als gesichert, dass Gefühle bei der Informationsverarbeitung eine enorm große Rolle spielen (vgl. Kapitel 4). Oft entscheiden sie schon darüber, ob eine Information überhaupt wahrgenommen wird. Im weiteren Verlauf des Prozesses spielen Gefühle bei der Bewertung der Situation eine Rolle, bei der Speicherung des als wichtig Erachteten und bei der Auswahl der Lernstrategien. Diese sind umso flexibler, je positiver das Individuum gestimmt ist.

Kennzeichen von Gefühlen sind u. a. Selbstbetroffenheit, eine emotionale Beteiligung, die oft mit einer gewissen Erregung verbunden ist und eine Verwobenheit in zwischenmenschliche Beziehungen (vgl. Edelmann, 2000, S. 241). Gefühle sind stets ganzheitliche leib-seelische Zustände, die sich zumeist auch nonverbal zeigen. Sie können sowohl förderliche als auch hinderliche Auswirkungen auf Lernprozesse haben. Emotionale und kognitive Prozesse wirken bei Lernvorgängen letztlich zusammen. Im schulischen Bereich wird deshalb dem Klassenklima eine große Bedeutung zugeschrieben.

6.3.2 Soziale Kompetenz

Erst seit einigen Jahren werden in unserer Gesellschaft auch ausdrücklich Fähigkeiten gewürdigt, die nicht der Mehrung von Wissen, sondern vielmehr der positiven Gestaltung von Beziehungen dienen. Das Gesamt dieser Fähigkeiten wird „**soziale Kompetenz**“ genannt.

Die soziale Kompetenz setzt sich aus Teilfertigkeiten zusammen, die zum einen mehr kognitive Aspekte berühren, wie z. B. moralische Urteilsfähigkeit und die Fähigkeit zur Übernahme der Perspektive des jeweils anderen, zum anderen mehr emotionale Aspekte wie Empathie und Mitgefühl. Unerlässlich ist darüber hinaus eine gute kommunikative Kompetenz und die Fähigkeit, Handlungsimpulse zu kontrollieren.

Der Grundstock für die soziale Kompetenz wird in der Familie bereit gestellt. Aber außerfamiliäre Bedingungen können diesen Grundstock in seiner Wirkung ergänzen, verstärken oder aber auch neutralisieren. Jedenfalls sind interindividuelle Unterschiede im Sozialverhalten schon im Vorschulalter zu erkennen, sei es, dass es sich um **prosoziales** (helfendes) oder aber um **aggressives** Verhalten handelt. Diese Unterschiede bleiben – sofern nicht interveniert wird – bis ins Erwachsenenalter relativ stabil, so dass z. B. eine Aggressionsneigung schon in einem sehr frühen Stadium recht sicher vorher gesagt werden kann (vgl. Wild, Hofer & Pekrun, 2002, S. 262).

Für die Entwicklung des sozialen Verhaltens sind wahrscheinlich sowohl Intelligenz- als auch Temperamentsfaktoren maßgeblich, wie auch die Qualität der frühen Eltern-Kind-Beziehung. Als bedeutsam hat sich die so genannte Responsivität erwiesen, d. h. die Fähigkeit von Eltern, die Signale des Säuglings und Kleinkindes wahrzunehmen und zu beantworten. Insgesamt ist ein Klima von Wärme und sozialer Eingebundenheit für eine positive Entwicklung wichtig. Autoritäre und kontrollierende Erziehungspraktiken dagegen führen zu erhöhter Aggressionsbereitschaft.

Auch Lehrer tragen zur Entstehung oder Aufrechterhaltung unerwünschter Verhaltensweisen bei, und zwar auch durch autoritäres und kontrollierendes Verhalten, besonders aber durch oftmaliges Herausstellen Einzelner als Abweichler. Solche Etikettierungen führen ihrerseits zu einer steigenden Normdistanz bei den Betroffenen und zu weiteren Normverletzungen.

Auch gutmütige Lehrer begünstigen manchmal unbewusst abweichendes Sozialverhalten, sei es, dass sie Problemschülern bei unpassenden Gelegenheiten Zuwendung zukommen lassen (auch langanhaltendes Schimpfen kann als Zuwendung empfunden werden) oder dass sie Normübertretungen nicht konsequent ahnden. Insbesondere zeigen Lehrer aber eine fatale Einengung ihres Blickwinkels auf den Unterricht und ignorieren antisoziales Verhalten außerhalb ihres Aktionsradius’ (vgl. Wild, Hofer & Pekrun, 2001, S. 266). Sie verkennen damit ihre Erziehungsfunktion.

Soziale Kompetenzen bzw. deren Defizite haben einen enormen Einfluss auf das Lernverhalten. Insbesondere im Zusammenhang mit Aggressivität von Schülern gibt es viele einschlägige Studien. Sie zeigen, dass Schüler, die früh sozial auffällig wurden, zum einen von den Klassenkameraden abgelehnt werden, zum anderen aber in der Regel auch schlechtere Schulleistungen erbringen und sogar in ihrer schulischen und beruflichen Laufbahn gefährdet sind (ebd. S. 260). Der enge Zusammenhang zwischen mangelnden sozialen und kognitiven Fähigkeiten scheint auf ein gemeinsames Drittes zu verweisen, das eventuell in einer mangelnden Fähigkeit zur Selbstregulation und Impulskontrolle zu sehen ist. Intelligenz- und Temperamentsfaktoren, die wiederum hirnphysiologische Ursachen haben können (z. B. beim Aufmerksamkeits-Defizit-Syndrom), bedingen sich gegenseitig (ebd. S. 262.)

Auch zur Förderung der sozialen Kompetenz gibt es Trainingsprogramme. Programme, die direkt für auffällige Schüler und Schülerinnen konzipiert wurden, setzen zumeist verhaltenstherapeutische Techniken ein (vgl. Kapitel 4), außerdem Rollenspiele und Gespräche in der Gruppe, um die Schüler in die Lage zu versetzen, soziale Hinweisreize differenzierter wahrzunehmen. Darüber hinaus werden die Teilnehmer dazu angeleitet, sich erst einmal gedanklich mit Handlungsalternativen zu beschäftigen, bevor sie vorschnell Handlungsimpulsen folgen. Und schließlich sollen sie in geeigneten Übungen lernen, ihre eigenen Gefühle kennen zu lernen und sich besser zu kontrollieren.

Programme, die für die Fortbildung von Lehrern gedacht sind, konfrontieren diese mit ihren subjektiven Theorien und Vorurteilen und helfen ihnen, ihr Handlungsrepertoire zu erweitern. Und Programme auf der Schulsystemebene streben vor allem eine Neugestaltung des Schulklimas an. Es geht dabei auch immer darum, die Selbst- und Mitbestimmungsfähigkeit der Schüler und Schülerinnen zu unterstützen, Entscheidungsprozesse transparent zu machen und die Schüler daran zu beteiligen. Wichtig sind regelmäßige Treffen, die Erörterung aktueller Probleme und die gemeinsame Aufstellung von Regeln. Immer geht es bei der Stärkung sozialer Kompetenz um „gelebte" Sozialerziehung, nicht um moralische Wissensvermittlung.

6.4 Motivationale Bedingungen

6.4.1 Motivation

Motivation ist „die Bezeichnung für eine Gruppe von ... Faktoren, die Verhalten in Gang setzen, in seiner Richtung steuern und zu einem befriedigenden Abschluss führen" (Joerger, 1980, S. 144). Die Determinanten für das Motivationsgeschehen sind im wesentlichen ein **Motiv**, synonym auch Bedürfnis, die **Anreizsituation** und **kognitive Zwischenschritte** beim Individuum. Wie das Zusammenspiel zustande kommt, wird unterschiedlich erklärt. Es könnte sein, dass Bedürfnisse ähnlich wie Triebe eine Abfuhr brauchen (Triebtheorie), dass aber auch ein gewisser Grad an Erregung und Anregung gesucht wird (Explorations- und Neugier-Verhalten), dass die pure Kenntnis einer Sache Befriedigung verschafft (Interesse) und die Beschäftigung damit Glücksgefühle vermittelt (Flow).

In allen Fällen wird jedenfalls Handlungsenergie freigesetzt. Im weitesten Sinn geht es in allen Theorien um den Ausgleich von Diskrepanzen und die Wiederherstellung des physischen oder psychischen Gleichgewichts einer Person und um einen Austausch mit der Umwelt. Hier sei an die Entwicklungspsychologie von Piaget erinnert (vgl. Kapitel 4): Alle Lebewesen streben einen Gleichgewichtszustand zwischen Umwelt und Organismus an (Homöostase), der Mensch auch mit Hilfe des Denkens. Sogenannte **kognitive Konflikte** beunruhigen einen Menschen so lange, bis er sein Bedürfnis nach Widerspruchsfreiheit wieder herstellen und für sich eine befriedigende Lösung der Ungereimtheiten finden kann.

Inhaltlich wird meist zwischen physiologischen und psychischen Bedürfnissen unterschieden. Eine der bekanntesten Auflistungen ist die sogenannte Bedürfnis-Hierarchie von Maslow. Die aufsteigende Form wurde von Maslow bewusst gewählt, da ihm zufolge zunächst die Grundbedürfnisse befriedigt werden müssen, ehe sich andere Bedürfnisse, z. B. das Bedürfnis nach Zugehörigkeit oder gar nach Macht überhaupt einstellen. Die Motive auf den ersten vier Stufen werden auch Defizit-Motive genannt, das heißt, dass hier Mangel-Zustände behoben werden sollen. Selbstverwirklichung hingegen ist ein Wachstumsmotiv, das eine lustvolle Spannungssteigerung verspricht, die ihrerseits wieder motivierend wirkt.

Die Bedürfnis-Hierarchie (nach Maslow)

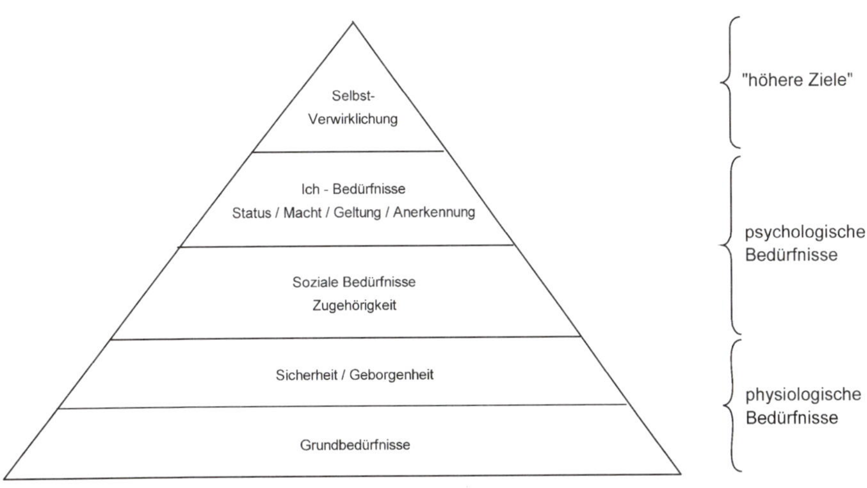

Deci / Ryan gehen – anders als Maslow – davon aus, dass es beim Menschen neben physiologischen und emotionalen Bedürfnissen immer auch drei angeborene psychologische Bedürfnisse gibt, nämlich nach Kompetenz, nach Autonomie und nach sozialer Eingebundenheit. Sie sprechen von der Selbstbestimmungs-Theorie der Motivation. Wenn das Grundbedürfnis nach Autonomie unterstützt wird, steigt – wie Untersuchungen zeigen konnten – wiederum die Motivation, sich mit der Umwelt weiter nachhaltig auseinander zu setzen (vgl. Deci / Ryan, 1993, S. 299).

Die Anreizsituation, in der Motive aktiviert werden, muss Aufforderungscharakter besitzen. Das Ziel, im schulischen Bereich das Lernziel, muss erreichbar und ein Erfolg möglich sein. Weiterhin muss die Aufgabe als bedeutend empfunden werden und einen gewissen Neuigkeitsgehalt beinhalten. Von zu schweren oder zu leichten Aufgaben geht kein Anreiz aus; die Aufgaben sollten für das betroffene Individuum idealer Weise also einen mittleren Schwierigkeitsgrad aufweisen. Darüber hinaus gehört zu einer Situation mit Aufforderungs-Charakter eine angenehme Atmosphäre und die Möglichkeit, gleichzeitig verschiedene andere persönliche Bedürfnisse zu befriedigen, z. B. das Bedürfnis nach Zustimmung, nach Anschluss, nach Geltung oder nach Mitbestimmung. Ganz wichtig ist, wie oben dargelegt, das Bedürfnis Selbstwirksamkeits-Erfahrungen machen zu können (vgl. Deci / Ryan, S. 234).

Der bekannte Motivationsforscher Heckhausen hat versucht, die vielen Faktoren, die für die Lernmotivation eine Rolle spielen, in eine Formel zu bringen:

Die Lernmotivations-Formel von Heckhausen

$$\text{Mot.L} = (\text{LM}^*\text{E}^*\text{Ae}) + \text{As} + \text{N} + \text{b}[\ \text{Id} + \text{Zust} + \text{Abh} + \text{Gelt} + \text{Strafv}\ ]$$

Nach Heckhausen, in: Joerger, 1980, S. 152

Mit den Abkürzungen sind folgende Merkmale gemeint:

Mot.L = Lernmotivation
LM = Leistungsmotivation
E = Erreichbarkeitsgrad
Ae = Anreiz des (möglichen) Erfolgs
As = Anreiz des Sachbereichs
N = Neuigkeitsgehalt
b = Bedürfnis, und zwar nach Identifikation (Id), nach Zustimmung (Zust), nach Abhängigkeit (Abh), nach Geltung (Gelt) und nach Strafvermeidung (Strafv)

Mit dieser Formel kann man nichts „ausrechnen“, was manche Naturwissenschaftler unter den Referendaren stört. Aber der Lehrende kann sich mit ihrer Hilfe vor Augen führen, mit welchen situativen oder auch persönlichkeitsbezogenen Faktoren er es in der Regel zu tun hat und er kann diese Faktoren in der Aufgabenauswahl und im Umgang mit dem Lerner entsprechend berücksichtigen.

Zwischen Motiv-Aktivierung, Anreiz der Situation und Ausführung der Handlung liegen nach Auffassung etlicher Forscher noch **kognitive Zwischenschritte**, die sich auf Fragen nach Erfolgs- oder Misserfolgs-Aussichten sowie auf Kosten / Nutzen-Überlegungen beziehen können. Im Folgenden sei der Prozess der Motivation, interpretiert nach dem TOTE-Modell (Test – Operate – Test – Exit –) Modell, dargestellt:

Motivation interpretiert nach dem TOTE-Modell

(Test - Operate - Test - Exit)

6.4.2 Intrinsische und extrinsische Motivation

Aufgrund einer unterschiedlichen Motivlage, die zum selben Ergebnis führen kann, wird zwischen **intrinsischer** und **extrinsischer Motivation** unterschieden. Die intrinsische Motivation ist die Bereitschaft, um der Sache selbst willen aktiv zu werden, die extrinsische kommt in Gang, um ein mit der Sache verbundenes Ziel erreichen oder einen Preis gewinnen zu können. Beide Motivationsarten unterscheiden sich nicht in der Ausdauer oder in dem Bemühen, sich einem Gegenstand zu widmen. So kann jemand Mathematik lernen, um zum Abitur und danach zum Studium zugelassen zu werden, während jemand anders es aus Interesse an den Inhalten tut. Beide sind für den Lehrer oder die Lehrerin nicht auf den ersten Blick zu unterscheiden. Unterschiedlich ist allerdings die Auswirkung auf das betroffene Individuum und diese wiederum ist ausschlaggebend für den Umgang mit den so unterschiedlich Lernenden. Für Personen, die sich um einer Sache willen mit dieser beschäftigen, ist schon die Tätigkeit selbst belohnend und jeder Erfolg steigert die Motivation erheblich, und zwar ohne jede Fremdbestätigung. Hier spricht man in der Umgangssprache, aber auch in der Forschung von **Interesse**, wenn sich nämlich für einen Bereich eine solch starke Gegenstands-Person-Beziehung herausbildet, dass sie für das Selbstkonzept des Individuums von Bedeutung ist. Lob und Tadel von außen „korrumpieren“ unter bestimmten Bedingungen sogar die intrinsische Motivation, und zwar wenn sie das Gefühl der Selbstbestimmung unterminieren (vgl. Krapp, 2001, S. 222). Extrinsisch Motivierte hingegen brauchen zum einen mehr Anleitung und zum anderen auch mehr Bestätigung und Bekräftigung von außen. Beide Motivationsarten unterscheiden sich auch beim Lernvorgang. Neuere Forschungen haben zeigen können, dass eine hohe intrinsische Lernmotivation mit dem Einsatz tiefer gehender Lernstrategien einher geht, während die extrinsische Lernmotivation eher mit oberflächenorientierten, z. B. wiederholenden Vorgehensweisen korreliert (vgl. ebd. S. 225).

Während früher jedoch intrinsische und extrinsische Motivation als Gegensätze angesehen wurden, wird zunehmend deutlich, dass extrinsisch motivierte Verhaltensweisen sehr wohl in selbstbestimmte überführt werden können, und zwar durch eine allmählich zunehmende Verinnerlichung (Internalisation) und Integration der in Frage stehenden Werte.

6.4.3 Die Leistungsmotivation

In unserer Gesellschaft spielt bekanntlich das **Leistungsmotiv** eine herausragende Rolle. Es wird in der frühen Kindheit durch elterliche Einflüsse im Zusammenhang mit der Erziehung zur Selbstständigkeit ausgebildet. Die **Leistungsmotivation** ist die Aktualisierung des zugrunde liegenden Leistungsmotivs. Sie kann je nach den früher gemachten Erfahrungen stark oder schwach ausgeprägt sein und sie kann entweder darauf gerichtet sein, Erfolg zu haben oder Misserfolg zu vermeiden. Die Leistungsmotivation ist zunächst unabhängig von konkreten Inhalten zu denken, aber natürlich zeigt sie sich nur im Zusammenhang mit Inhalten, und zwar solchen, die für ein Individuum bedeutsam sind. Heckhausen definiert die Leistungsmotivation wie folgt:

„Leistungsmotivation ist das Bestreben, die persönliche Tüchtigkeit in all jenen Tätigkeiten zu steigern und möglichst hoch zu halten, in denen man einen Gütemaßstab für verbindlich hält" (Heckhausen, in: Joerger, 1980, S. 154)

Der **Gütemaßstab** kann von Personengruppe zu Personengruppe stark variieren und er verändert sich im Laufe der Entwicklung vom Kind zum Jugendlichen. Zunächst ist er sehr stark von den Normen der Primärgruppe, also der Familie, geprägt. Später sind Normen der Sekundärgruppen bestimmend, in erster Linie der Gleichaltrigen-Gruppen. Das heißt also, dass ein gut ausgeprägtes Leistungsmotiv sich bei Schülern keinesfalls immer auf schulische Leistung beziehen muss. Im Gegenteil: Gerade Jugendliche versuchen ihre Tüchtigkeit oft auf Gebieten zu beweisen, die außerhalb des Einflussbereichs der Lehrer und anderer Erwachsener liegen. Diese Tendenz nimmt zu, wenn das Schulsystem (wie es in Deutschland leider noch weitgehend der Fall ist), wenige Angebote macht, die den Interessen und Neigungen der Schüler und Schülerinnen entgegen kommen und Erlebnisse der Selbsterprobung und die Gewissheit des Könnens ermöglichen.

6.4.4 Die Ursachenzuschreibung (Kausalattribuierung)

Ein besonderes Phänomen im Zusammenhang mit dem Motivationsgeschehen ist die Art der **Ursachenzuschreibung (Kausalattribuierung)** für Erfolg oder Misserfolg. Wieder sind es frühkindliche Erfahrungen, die generell ermutigend oder entmutigend wirken können und eine Person oft für ihr ganzes Leben prägen. Im Prinzip gibt es vier Möglichkeiten der Ursachenzuschreibung : Entweder man schiebt eigene Leistungen oder eigenes Versagen auf stabile Ursachen wie die eigene Begabung (internal) oder den Schwierigkeitsgrad der Aufgabe (external), oder aber man schiebt es auf variable Gegebenheiten wie die Anstrengung (internal) oder den Zufall (external). Menschen, die im Lauf ihrer Entwicklung vorwiegend ermutigt wurden, sehen die Gründe für ihren Erfolg zumeist bei sich selbst, nämlich in ihrer Begabung oder ihrer Anstrengung, die Gründe für einen Misserfolg hingegen außen (external), nämlich bei der besonderen Schwierigkeit der Aufgabe oder dem Pech, das sie hatten. Es fällt ihnen deshalb nicht schwer, sich erneut zu motivieren und eben mehr anzustrengen. Menschen, die jedoch vorwiegend entmutigt wurden und beispielsweise Sätze wie „Das schaffst du ja doch nicht“ zu hören bekamen, reagieren in der Regel umgekehrt. Im Falle eines Erfolges machen sie ihr Glück verantwortlich (external) und im Falle eines Misserfolgs suchen sie die Ursachen bei sich selbst, zum Beispiel bei mangelnder Begabung. Im Folgenden scheuen sie eher davor zurück, sich ähnlichen Aufgaben erneut zuzuwenden; sie werden vielmehr erfolgsängstlich, ein Merkmal, das sie leider oft ein Leben lang begleitet. Mit ihrer eigentlichen Leistungsfähigkeit oder ihrer Intelligenz hat diese Misserfolgs-Orientierung dabei nichts zu tun; ihre Fähigkeiten werden vielmehr mehr oder weniger verkannt. Bedauerlicher Weise tragen Lehrer und Lehrerinnen oft dazu bei, die negative Selbstbewertung von Schülern und Schülerinnen zu verstärken, wenn sie ihnen nämlich vorschnell mangelnde Begabung unterstellen und nicht aufzeigen, wie sie durch eigene Anstrengung ihre Leistungen verbessern können (vgl. Perrez / Huber & Geißler, 2001, S. 311).

6.5 Bedingungen der Lernumwelt

6.5.1 Herkunft und Milieu

Nach den unbefriedigenden Ergebnissen der internationalen Studien der letzten Jahre ist die Frage nach dem Einfluss des Herkunftsmilieus, die schon in den siebziger Jahren leidenschaftlich diskutiert wurde, erneut auf der bildungspolitischen Tagesordnung .Es hat sich nämlich gezeigt, dass in keinem der untersuchten Länder der Bildungserfolg der 15-Jährigen so stark an die **soziale Herkunft** gebunden ist wie in Deutschland. Zwar besuchen heute aufgrund der Bildungsexpansion der 70iger Jahre absolut gesehen mehr Jugendliche weiterführende Schulen, aber die Asymmetrie bei der Verteilung auf die unterschiedlichen Schularten ist erhalten geblieben. Nach wie vor haben Kinder aus sog. bildungsfernen Schichten, und hier insbesondere Schüler und Schülerinnen mit Migrations- Hintergrund, deutlich geringere Chancen, einen guten Schulabschluss zu erreichen. Es befindet sich vor allem „eine deutliche soziale Grenze beim Besuch des Gymnasiums anstelle einer Realschule“ (Loeber / Scholz, 2003, S. 254). Da in vergleichbaren Industrieländern der Zusammenhang zwischen Schulerfolg und Herkunft inzwischen eine geringere Rolle spielt, kann das Phänomen einer solch deutlichen Sozialauslese nicht mehr mit Begabungsunterschieden erklärt werden, allenfalls mit einer „Vererbung“ des „kulturellen Kapitals“ (Köhler, zit. in: Loeber / Scholz, 2003, S. 251). Schon in den siebziger Jahren konnte gezeigt werden, dass bestimmte Bevölkerungsgruppen aufgrund ihrer „schichtspezifischen“ Merkmale, die ein schulisches Weiterkommen beeinträchtigen, benachteiligt waren. Dazu zählen mangelnde finanzielle Ressourcen, um die Durststrecke einer langen Ausbildung durchzustehen und mangelnde kulturelle Ressourcen, die den Zugang zur Bildung in der Regel erheblich erleichtern. Die größte Hürde ist aber, wie etliche Forscher schon damals zeigen konnten, eine mangelhafte Ausprägung der Sprachfähigkeit in der Hochsprache des Landes.

Natürlich ist die Sprachkompetenz unabdingbare Voraussetzung für das schulische Lernen. Da es sich aber um eine erlernte Fähigkeit handelt, dürfen Defizite, die mit der Herkunft zusammenhängen, zunächst nicht dem Schüler oder der Schülerin selber angelastet werden.

Der Sprachforscher Basil Bernstein spricht im Anschluss an seine Studien (Bernstein, Class, Codes and Control, London, 1971) von unterschiedlichen Sprach-Codes in den unterschiedlichen **sozialen Schichten**. Während die Sprache der Mittelschicht z. B. eine ausgefeilte Syntax verwendet, um Unter- und Überordnungen deutlich zu machen und Sachverhalte zu begründen, ist die Sprache der Unterschicht durch kürzere oder unvollständige Sätze gekennzeichnet. Die Unterschiede, die es auch im Vokabular gibt, führt er auf Erziehungs- und Arbeitseinflüsse zurück. Mittelschicht-Eltern und Mittelschicht-Vorgesetzte ergehen sich in längeren Ausführungen, während Unterschicht-Eltern und Vorarbeiter sich eher auf knappe Anweisungen beschränken, was zum Teil mit Stress- und Lärmbelastung erklärt werden kann.

Die Schule wiederum verstand und versteht das andere Sprachverhalten oft als Ausdruck mangelnder Begabung, was zu einer vorschnellen Abstempelung von Schülern und Schülerinnen aus entsprechenden Kreisen führt. Dieser Sachverhalt wird noch dadurch verstärkt, dass Lehrerinnen und Lehrer vorwiegend der Mittelschicht entstammen und andere Sprachcodes oft nicht kennen.

Inzwischen hat sich aufgrund von PISA und anderen internationalen Studien herausgestellt, dass unterschiedliche Bedingungen des Lernens in Deutschland immer noch zu wenig berücksichtigt werden. Es gibt zwar eine Angleichung der Schichten und eine größere Binnendifferenzierung, so dass man heute von unterschiedlichen **Milieus** spricht, die durchaus die früheren Schichtgrenzen sprengen können. Aber dennoch existieren Unterschiede in den Wertvorstellungen, Einstellungen und Verhaltensweisen bei Personen in vergleichbarer Lebenslage (vgl. Hurrelmann, 2001, S. 669–679). Für die Schul-Karrieren der nachwachsenden Generation sind immer noch der sozioökonomische Status und die Schulbildung der Eltern entscheidend.

Die Schule in Deutschland verstärkt die soziale Auslese durch ihr selektives Verhalten. Von der mangelnden Rücksichtnahme auf unterschiedliche Ausgangsbedingungen wurde schon gesprochen. Darüber hinaus spielt aber auch eine Rolle, dass fortlaufend Richtungs-Entscheidungen verlangt werden, deren Tragweite manche Eltern oder Jugendliche einfach nicht überblicken können (vgl. Rheinberg / Bromme / Minsel / Winteler & Weidenmann, 2001, S. 280 ff.). Hier sind besonders Schüler und Schülerinnen benachteiligt, die aus Familien kommen, in denen überhaupt nicht Deutsch gesprochen wird. So werden die Begabungspotenziale ganzer Bevölkerungsgruppen nicht gesehen und nicht entwickelt.

6.5.2 Innerfamiliäre Einflüsse

Wie oben dargestellt wurde, gibt es einen großen Zusammenhang zwischen dem Schulerfolg von Jugendlichen und dem sozioökonomischen Status und der Bildung ihrer Eltern. Darüber hinaus spielen auch noch andere familiäre Faktoren eine Rolle. So korreliert der Schulerfolg noch mit den elterlichen Erwartungen an den jeweiligen Jugendlichen und damit, ob die Eltern je psychologisch oder psychiatrisch auffällig waren. Weiterhin sind die generelle Einstellung zum Lernen, das Anspruchsniveau, die Selbstkontrolle und soziale Kompetenzen bedeutsam. In Rostock hat eine Längsschnittstudie (Meyer, Probst et al), die die Entwicklung von Risikokindern untersuchte, ermitteln können, dass intellektuelle Beeinträchtigungen, die in der Folge von Geburtskomplikationen auftraten, durch ein günstiges prosoziales Familienklima ausgeglichen werden konnten. Dagegen hat eine hohe psychosoziale Risikobelastung in der Familie die organischen Risiken zusätzlich verstärkt, so dass die Chancen auf einen regulären Schulabschluss mit zunehmendem Alter sanken (vgl. Wild / Hofer & Pekrun, 2001, S. 246). Hier wird an einem relativ krassen Beispiel deutlich, welchen förderlichen oder hinderlichen Einfluss familiäre Bedingungen haben können. Insgesamt werden folgende Familienmerkmale als Bedingungsfaktoren genannt:

- der soziokulturelle Hintergrund (Herkunft, Bildung, Beruf)
- die Familienstruktur (verheiratet, geschieden, allein erziehend; Geschwisterkonstellation)

- die Funktionstüchtigkeit jedes Elternteils (IQ / Temperament / Gesundheit)
- die Werte und Überzeugungen
- das Verhalten als Vermittler von gesellschaftlichen Normen

(ebd. S. 280)

6.5.3 Schulische Einflüsse

Selbstverständlich gehört auch die Schule als System zu den Faktoren, die das Lernen beeinflussen. Hier kann die Makro-, die Meso- und die Mikroebene unterschieden werden. Auf der Makro-Ebene wird das System als Ganzes reflektiert, auf der Meso-Ebene die Umsetzung der gesellschaftlichen Werte und Normen in der Schule vor Ort und auf der Mikro-Ebene die vom Schüler am ehesten wahrgenommene Schul-Umwelt, nämlich die Klasse mit ihrem Klassenklima.

Die neueren internationalen Vergleichsstudien wie PISA konnten zeigen, dass entgegen der Annahme vieler Schulreformer die wichtigste Variable, die substanzielle Leistungs-Unterschiede zu erklären vermag, die Gestaltung des Unterrichts selbst ist, also die Mikro – Ebene betrifft. Die Unterrichtsgestaltung hängt jedoch ihrerseits mit Bedingungen auf der Meso-Ebene, insbesondere mit dem Schulklima der jeweiligen Einzelschule zusammen. Ein gutes Schulklima, das sich in kollegialer Teamarbeit, in einer fairen Konflikt-Regulation sowie in der Anzahl freiwilliger Lernangebote äußert, erhöht die Arbeitszufriedenheit der Lehrer und stärkt ihren Mut, ihre ihnen formal zustehenden didaktischen Freiheiten auch zu nutzen (vgl. Schnabel, 2001, S. 487).

Was die Makro-Ebene betrifft, so gibt es keinen direkten Zusammenhang zwischen den Schulleistungen in den verschiedenen Ländern und der äußeren Gliederung des Schulsystems. Umgekehrt weisen aber die Testsieger bei PISA (Finnland, Schweden) Gesamtschulsysteme auf, deren oberstes Prinzip die Förderung eines jeden Schülers und einer jeden Schülerin und nicht deren Auslese ist. Die Heterogenität in den Klassen hat sich nicht als Nachteil erwiesen; im Gegenteil: Die schlechteren Schüler und Schülerinnen profitieren davon und die besseren werden nicht schlechter, wenngleich natürlich auch deren Bedürfnisse gesehen und berücksichtigt werden müssen (vgl. Loeber / Scholz, 2003, S. 275 und auch Wild / Hofer & Pekrun, 2001, S. 247). Allerdings verfügen die Schulen dieser Länder über breite Unterstützungs-Systeme mit Beratungs- und Förderangeboten, und sie beschäftigen zusätzlich zum Lehrpersonal professionelle Vertreter der Jugendhilfe und Sozialarbeit. Bemerkenswert ist weiterhin, dass in diesen Ländern schon die Bildung und Förderung im Vorschulalter ernst genommen wird und dass alle in der Lehre und in der Erziehung Beschäftigten eine gemeinsame Grundausbildung in allgemeiner Pädagogik und Pädagogischer Psychologie absolvieren. Die Differenzierung des Lehr- und Erziehungspersonals erfolgt erst später, oft erst durch Zusatzstudien nach einer Phase der Berufstätigkeit.

Generell kann gesagt werden, dass das Schulsystem als solches den Rahmen abgibt, der die Umsetzung zeitgemäßer Vorstellungen auf der Meso-Ebene und der Mikro-Ebene erst ermöglicht. Zeitgemäß in diesem Zusammenhang ist es, die Mitbeteiligung und Mitverantwortung aller Beteiligten zu ermöglichen, aber auch einzufordern. Sie erhöht, wie oben dargestellt wurde, in erheblichem Maße die Arbeitszufriedenheit und die Motivation, sich in einer lernenden Organisation weiter zu entwickeln. Auf die Makro-Ebene gehört auch die „generelle Wertschätzung von schulischem Lernen und elterlichen Unterstützungs-Leistungen“ (Baumert, 1997, in: Schnabel, 2001, S. 480), eine Einstellung, die bei uns vielerorts fehlt, zum Schulerfolg der Schüler in den Sieger-Ländern aber beigetragen hat.

6.5.4 Der Einfluss der Berufswelt

Für das berufliche Lernen ist der Wandel von „wissensbasierten“ zu „lernenden“ Organisationen bedeutsam. Das heißt, dass von Mitarbeitern wie auch Berufsschülern die Bereitschaft stets hinzu zu lernen erwartet wird. Viele Mitarbeiter sehen darin große Chancen, gleichzeitig damit auch persönliche Bedürfnisse befriedigen und persönliche Ziele erreichen zu können. Für andere entstehen jedoch auch motivationale Probleme, wenn nämlich permanent Neuorientierung verlangt wird und aus dem Wunsch nach Weiterbildung ein Zwang zur Weiterbildung entsteht. Oft sind es Strukturprobleme des Arbeitsmarktes, „die unter der Hand zum Qualifikations-Problem des einzelnen Arbeitnehmers“ (Schnabel, 2001, S. 506) gemacht werden und ihm so etwas wie Schuld an seiner risikobehafteten Lage zuweisen. Dies ist in besonders starkem Maße die Situation vieler Schüler in den Vollzeitklassen der beruflichen Schulen. Sie haben oft keine Lehrstelle gefunden und konnten nicht die praktische Tätigkeit aufnehmen, die sie angestrebt hatten. Und ob ihnen der zusätzliche Schulbesuch und der dazu gehörige Abschluss etwas bringen wird, ist ungewiss. Es ist also nicht erstaunlich, wenn Schülerinnen und Schüler des Berufsvorbereitungsjahres, der Berufs-Fachschulen und der Berufskollegs durch das aus ihrer Sicht immer Gleiche, nämlich Schule und Unterricht, nicht mehr motiviert werden können. Im schlimmsten Fall entwickelt sich daraus eine anti-schulische Haltung. Damit werden aber gleichzeitig die Weichen für eine geringe Neigung gestellt, im Erwachsenenalter weiter zu lernen (vgl. Barz / Tippelt, 2003, S. 335).

Jugendliche, die hingegen eine Erstausbildung im dualen System durchlaufen, erleben den betrieblichen Teil der Ausbildung zumeist als positiv. Geschätzt werden die konkreten Erfahrungen, die vielfach kooperative Arbeitsweise und der neue Status als Arbeitnehmer, der den Jugendlichen zum Teil schon Mitverantwortung für den betrieblichen Ablauf abverlangt. Viele Betriebe zeichnen sich darüber hinaus durch moderne Unterrichts-Konzepte aus, die eine stärkere Selbstorganisation des Lernens einfordern und dazu zum Teil modernste Technologien wie z. B. individuell angepasste computerunterstützte Weiterbildungsmodule einsetzen, die der Auszubildende während des Arbeitsvollzugs durcharbeiten kann. Die schulische Seite der Ausbildung wird weniger geschätzt, aber akzeptiert (vgl. Schnabel, 2001, S. 508 ff.). Hier zeigt sich die Wirkung extrinsischer Motivation: Wenn sie einem bedeutsamen Ziel dienen, werden auch eher unliebsame Anstrengungen unternommen. Die Akzeptanz gelingt darüber hinaus umso besser, je intensiver Schule und Betrieb zusammenarbeiten.

6.6 Konsequenzen für die Praxis

Für Lehrerinnen und Lehrer ist es beruhigend und beunruhigend zugleich, über die vielfältigen Bedingungen schulischen Lernens Bescheid zu wissen: Schülerinnen und Schüler bringen schon etliches an Hypotheken mit, wenn sie in weiterführende Bildungseinrichtungen kommen. Das gilt in besonderem Maße für berufliche Schulen, da sie heute ein Auffangbecken für viele in ihrer Schulkarriere gescheiterte Jugendliche sind. Das zu wissen ist also einerseits beruhigend, weil es Lehrern klar macht, dass sie nicht für jeden schulischen Misserfolg verantwortlich gemacht werden können. Andererseits ist es beunruhigend, weil es nicht von der Hand zu weisen ist, dass es auch auf die Lehrerinnen und Lehrer an den beruflichen Schulen ankommt, wenn es darum geht, ob die Jugendlichen, mit denen sie arbeiten, in ihrer Entwicklung dennoch Fortschritte machen. Lehrer sind nicht Verursacher der meisten Bedingungen, aber Mittler und Vermittler im gesellschaftlichen Schul- und Erziehungssystem. Und es liegt an ihnen, ob sie bereit sind, ihrerseits auf der Mikro-Ebene neue Wege zu gehen, um der allgemeinen „Betriebsmüdigkeit“ in Deutschland etwas entgegen zu setzen und über die Meso-Ebene (Kollegiale Netzwerke!) die Makro-Ebene zu beeinflussen. Im Zusammenhang mit den oben geschilderten Bedingungen kommt es immer wieder darauf an, dass Lehrer und Lehrerinnen sich Mühe geben, ihre Schüler und Schülerinnen zu beobachten, sie kennen zu lernen und mit ihnen ins Gespräch zu kommen. Sie sollten versuchen, sie und ihre Motivlage zu verstehen und zwischen den divergierenden Interessen für einen Ausgleich zu sorgen. Das A und O ist nachgewiesenermaßen ein gutes Klassenklima und eine unterstützende Atmosphäre.

Auf die kognitiven Bedingungen können Lehrende durch Vermittlung geeigneter Lernstrategien Einfluss nehmen, durch gründliche Erarbeitung des Vorwissens und durch Hilfen bei der Einordnung des neuen Wissens in ein größeres Ganzes. Auch muss den Schülern Zeit gegeben werden, vorgestellte kognitive Konflikte möglichst selbst aufzulösen, um ihr Bewusstsein von eigener Kompetenz zu steigern. Lernende, die den Lehrstoff nicht oder nicht so schnell verstehen, sollten an ihren Vorkenntnissen gemessen und dort, wo sich Lücken auftun, individuell gefördert werden. Teilfortschritte sollten auf jeden Fall gesehen und anerkannt werden. Niemals dürfen Schülerinnen und Schüler wegen ihrer angeblichen „Dummheit“ beschämt werden.

Unterschiedliche Begabungen dürfen, ja müssen herausgestellt werden, selbst wenn sie mit schulischen Inhalten nichts zu tun haben. Es stärkt das Selbstwertgefühl der Jugendlichen, wenn sie ihre individuellen Stärken zeigen können. In diesem Zusammenhang ist es wichtig, Schüler zu ermuntern, an Arbeitsgemeinschaften oder Wettbewerben teilzunehmen oder ihre besonderen Fähigkeiten an Projekttagen, Schulfesten oder im Rahmen der Schüler-Mitverwaltung anderen zugute kommen zu lassen. Dabei kann es sich um musische oder tänzerische Talente handeln, um Hip-Hop-Produktionen, (legale) Graffiti-Malereien oder um organisatorische Talente wie eine Schulparty auf die Beine zu stellen. Auch bei der täglichen Gruppenarbeit kann ruhig auf unterschiedliche Fähigkeiten verwiesen werden, etwa darauf, dass der eine gut schreiben, der andere gut zeichnen und der dritte vielleicht besonders gut die Ergebnisse zusammenfassen und darstellen kann und dass man diese Fähigkeiten im Sinne gegenseitiger Hilfe ruhig nutzen soll. Das schärft den Blick aller in der Klasse für individuelle Stärken und Schwächen und fördert die Zusammenarbeit. Personen, deren Stärken gesehen werden, akzeptieren psychologischen Erkenntnissen zufolge auch eher ihre persönlichen Schwächen.

Die Lernmotivation im Einzelnen kann durch die Faktoren gestärkt werden, die Heckhausen in seiner Formel aufgeführt hat, soweit diese für Außenstehende zugänglich sind. Das wichtigste ist, dass der Lerngegenstand an die Lebens- und Erfahrungswelt der Schülerinnen und Schüler anknüpft. Das vorgestellte Problem sollte also möglichst authentisch sein. Weiterhin sollten die gestellten Aufgaben die geistigen Möglichkeiten der Schüler herausfordern, ohne sie zu unter- oder zu überfordern, sodass ein Erfolg möglich ist. Und schließlich sollten auch emotionale Bedürfnisse wie das Bedürfnis nach Zugehörigkeit zu einer Gruppe, nach Zustimmung oder sogar auch nach Geltung befriedigt werden. Wenn schließlich schulische Leistung gänzlich verweigert wird, macht es Sinn, mit den Schülerinnen und Schülern über Gütemaßstäbe zu diskutieren. Wenn z. B. eine Schülerin behauptet, sie brauche keine Zinsrechnung, da ihr Freund ihr alles ausrechne, kann man ihr ihre Abhängigkeit vom Freund und deren Nachteile vor Augen führen.

Ein besonders wichtiges Kapitel für den Umgang mit vielen Schülern an beruflichen Schulen ist das Kapitel der Ursachenzuschreibung (Kausalattribuierung). Wie oben schon angedeutet wurde, haben viele dieser Schüler und Schülerinnen keine besonders guten Schul-Erfahrungen hinter sich und neigen stark dazu, misserfolgsorientiert zu sein. Hier ist es eine wichtige Aufgabe der Lehrenden, den Teufelskreis zu durchbrechen und Einzelnen klar zu machen, dass ihr Erfolg oder ihr Teilerfolg bei einer Aufgabe durchaus auf ihre eigene Anstrengung zurückzuführen ist und dass sie darauf aufbauen sollten.

Auf familiäre Verhältnisse können Lehrer kaum Einfluss nehmen. Aber sie können den einzelnen Schüler oder die Schülerin sicherlich besser verstehen, wenn sie sich informieren. Die beste Voraussetzung hierfür ist eine offene Kommunikationshaltung und eine gute Zusammenarbeit zwischen Fachlehrern, Klassenlehrern und Eltern oder außerschulischen Erziehern. Auf einschneidende Ereignisse wie längerfristige Krankheiten oder Schwangerschaften von Minderjährigen sollte mit Rücksichtnahme reagiert werden. Die Rücksichtnahme kann z. B. durch einen flexiblen Umgang mit Abgabeterminen und dergleichen gezeigt werden, ohne dass man damit beim Leistungsstandard Abstriche machen muss. In vielen Fällen von familiären Schwierigkeiten hilft es Schülern und Schülerinnen auch, wenn man sie auf schulische oder außerschulische Beratungsangebote aufmerksam macht.

Die Herkunft aus bildungsfernen Schichten ist in beruflichen Schulen, insbesondere in deren Vollzeitklassen unterhalb der Fachschulreife, eher die Regel als die Ausnahme. Und es ist tatsächlich die mangelnde Ausdrucksfähigkeit, die vielen Lehrerinnen und Lehrern Kopfzerbrechen macht. Trotzdem dürfen sie nicht den Fehler machen, anspruchsvolle Sachverhalte in ihrer Not nur noch an die Tafel zu schreiben, sie abschreiben zu lassen und „aus den Mitschrieben auf die Arbeit lernen" zu lassen. Viele Schüler und Schülerinnen an beruflichen Schulen bauen darauf, dass sie bei dieser Art von Lernen mit viel Fleiß durchkommen und ihre Prüfungen bestehen werden. Die Fehler und Verdrehungen, die in entsprechenden Klassenarbeiten vorkommen, weisen aber darauf hin, dass das meiste überhaupt nicht verstanden und blind reproduziert wurde. Die Lehrer sollten stattdessen die Schüler den Stoff mit eigenen Worten wiedergeben lassen, selbst wenn es unbeholfen klingt. Auch Symbolisierungsformen anderer Art sind denkbar, etwa die selbstständige Herstellung von Grafiken oder Schaubildern. Diese Schaubilder müssen dann aber m. E. ohne viel Aufhebens korrigiert werden, bevor sie der ganzen Klasse als Anschauungsmaterial dienen. (Hier sehen manche Kollegen einen Angriff auf die Selbstkompetenz, vergessen aber, dass es überhaupt nichts macht, ja, dass es förderlich ist, wenn jeder seine Stärken und Schwächen kennt. Außerdem sollen die Mitschüler nichts Falsches vor Augen haben.)

Wichtig ist es auch, dass der Lehrer oder die Lehrerin selbst keine „Studiersprache" spricht. Statt Schülern, die keinen Hauptschulabschluss geschafft haben, beispielsweise erklären zu wollen, dass im Englischen bei der 3. Person Singular ein „s" ans Verb-Ende gehört, ist der Merkvers „he, she, it – das „s" kommt mit" von größerer Wirkung.

Natürlich muss auch die Sprachfähigkeit selbst gefördert werden. Das wird auch zum Teil gemacht. An Berufschulen Baden-Württembergs haben Ausländer und Aussiedler in eigenen Berufsvorbereitungsklassen z. B. sieben Stunden Deutsch in der Woche. Im Grunde aber ist eine Förderung im Jugendlichen-Alter viel zu spät. (Ausnahmen müssen natürlich für die Jugendlichen gelten, die erst vor kurzem nach Deutschland kamen.) Sprachförderung muss im Vorschulalter erfolgen, und Sprachförderung darf sich auch nicht auf ein paar Deutschstunden beschränken. Die Sprachfähigkeit wird am besten durch das tägliche und ganztägige Miteinander, und zwar mit deutschen Schülern zusammen, gefördert.

Aus dem oben Gesagten kann man folgern, dass für Schüler aus bildungsfernen Milieus die Kompensation von Benachteiligungen am besten in Ganztagsschulen gelingen kann. Aber auch für Schüler und Schülerinnen aus anderen Milieus ist aus vielerlei Gründen der Besuch von Ganztagsschulen zu empfehlen. Viele Deutsche reagieren zwar mit Horror auf die Vorstellung, länger als unbedingt nötig in der Schule festgehalten zu werden. Aber das hängt mit den eigenen schlechten Schulerfahrungen zusammen, mit der Erinnerung an Langeweile und Unfreiheit, an ständige Bewertung und vielleicht sogar an Demütigungen. Wer jedoch schon einmal eine demokratisch inspirierte Ganztagsschule für längere Zeit besucht hat, der weiß, dass sie zum Zentrum jugendlichen Lebens werden kann, mit allen nur denkbaren Angeboten für Kopf, Herz und Hand.

Auch Lehrer und Lehrerinnen, die an gut ausgebauten Ganztagsschulen arbeiten, berichten von einer entspannteren Arbeitsatmosphäre und nehmen dafür gern längere Anwesenheitszeiten (nicht zu verwechseln mit längeren Arbeitszeiten) in Kauf. Und die Referendare und Referendarinnen, die früher immer über den damals üblichen 8-Stunden-Vorlesungs-Seminartag klagten, reagieren nach meiner eigenen Erfahrung ganz anders, seit ich meine Fächer-Blöcke aufbrach und die Veranstaltung in einen teilnehmerorientierten Workshop umwandelte. Seitdem fingen etliche Teilnehmer nach eigenem Bekunden an, sich auf den Seminartag zu freuen, weil er ihnen Gelegenheit gibt, etwas von sich mitzuteilen, sich mit anderen auszutauschen und mit ihnen zusammen zu arbeiten. Die Prüfungsergebnisse haben sich dadurch nicht verändert, eher im Gegenteil: Es gab seitdem weniger Ausreißer-Noten, da die Teilnehmer sich von der Gruppe unterstützt fühlten.

Literatur

Barz, H. / Tippelt, R.: Bildung und soziales Milieu. Determinanten des lebenslangen Lernens in einer Metropole. In: Zeitschrift für Pädagogik, 49 (2003), S. 323–340

Bernstein, B.: Class, Codes and Control. London 1971

Deci, E. L. / Ryan, R. M.: Die Selbstbestimmungstheorie der Motivation. In: Zeitschrift für Pädagogik 21 (1993), S. 223–238

Edelmann, W.: Lernpsychologie. Weinheim 2000

Endres, W. u. a.: So macht Lernen Spaß. Praktische Lerntipps für Schüler. Weinheim und Basel 1997

Heckhausen, H.: Motive und ihre Entstehung, in: Weinert, F. E. u. a. (Hrsg.): Funkkolleg Pädagogische Psychologie. Frankfurt 1974, S. 133–171

Hentig, H. v.: Die Schule neu denken. München, Wien 1993

Hurrelmann, K.: Sozialisation, in: Rost, S. (Hrsg.): Handwörterbuch Pädagogische Psychologie. Weinheim 2001, S. 669–679

Joerger, K.: Einführung in die Lernpsychologie. Freiburg 1980

Kahl, R.: Auf den Anfang kommt es an. (Video) Hamburg 2002

Klauer, K.-J.: Anlage und Umwelt, In: Rost, D. (Hrsg.): Handwörterbuch Pädagogische Psychologie. Weinheim 2001, S. 11–16

Klippert, H.: Methodentraining. Weinheim und Basel 2000

Köck / Ott: Wörterbuch für Erziehung und Unterricht. Donauwörth 2002

Krapp, A.: Interesse. In: Rost, D. (Hrsg.): Handwörterbuch Pädagogische Psychologie. Weinheim 2001, S. 286–294)

Loeber, H.-D. / Scholz, W.-D.: Von der Bildungskatastrophe zum PISA-Schock – Zur Kontinuität sozialer Benachteiligung durch das deutsche Schulsystem. In: Moschner / Kiper / Kattmann (Hrsg): PISA 2000 als Herausforderung. Baltmannsweiler 2003, S. 241–286

Perrez, M. / Huber, G. / Geißler K.: Psychologie der pädagogischen Interaktion. In: Krapp/Weidenmann (Hrsg.): Pädagogische Psychologie. Weinheim 2001, S. 357–412

Rheinberg, F. / Bromme, R. / Minsel, B. / Winteler, A. & Weidenmann, B.: Die Erziehenden und Lehrenden. In: Krapp / Weidenmann (Hrsg.): Pädagogische Psychologie. Weinheim 2001, S. 273–331

Schnabel, K.: Psychologie der Lernumwelt. In: Krapp / Weidenmann (Hrsg.): Pädagogische Psychologie. Weinheim 2001, S. 468–488

Weißbrodt, W.: Lernmotivation. In: Bovet / Huwendiek (Hrsg.): Leitfaden Schulpraxis. Berlin 1998

Wild, E. / Hofer, M. / Pekrun, R.: Psychologie des Lerners. In: Krapp / Weidenmann (Hrsg.): Pädagogische Psychologie. Weinheim 2001, S. 207–267

7. Leistungsmessung und Leistungsbeurteilung

7. Leistungsmessung und Leistungsbeurteilung

7.1 Fragestellung

Die Leistungsmessung und Leistungsbeurteilung, die im Alltag schlicht Notengebung genannt wird, spielt im Schulleben und im Denken derer, die an ihm teilnehmen, eine sehr bedeutende Rolle. Paradoxerweise wird sie aber in der Ausbildung sowie in der pädagogischen Diskussion oft stiefmütterlich behandelt. Das mag damit zusammenhängen, dass sie von den meisten Deutschen nicht hinterfragt wird. Die Note oder die Zensur gehört nach Meinung der Öffentlichkeit so selbstverständlich zur Schule wie das Salz in die Suppe.

Gerade auch in beruflichen Vollzeit-Schulen wird die herkömmliche Notengebungspraxis zumeist als gegeben hingenommen, da man davon überzeugt ist, dass ohne sie die Vorbereitung auf berufliche Anforderungen nicht gelingen könne. Schüler und Schülerinnen der Vorbereitungsklassen beispielsweise – so meint man – müssten spätestens jetzt lernen, sich dem Wettbewerb auf dem Lehrstellenmarkt zu stellen, und den Abnehmern müsse ein klares und knappes Bild der Leistungsfähigkeit der einzelnen vorgelegt werden können. Nicht selten wird deshalb an beruflichen Schulen geradezu auf die Zeugnisnote hingearbeitet. Und da sich die Schüler und Schülerinnen zumeist schon vor den Prüfungen mit ihren Zwischenzeugnissen bewerben möchten, wird die Notengebung das ganze Jahr über zum Dreh- und Angelpunkt der Schüler- und Lehrerbemühungen. Hinter dieser Praxis steht die traditionell verbreitete Auffassung, dass Noten helfen, Schülern den ihnen angemessenen Platz in der Gesellschaft zuzuweisen.

Gleichzeitig spüren aber alle Schulbeteiligten, dass die Notengebung ein heikles Thema ist, das nicht selten das Klima in den Klassen vergiftet, das zu Erbsenzählerei, Streit und Rechtfertigungstiraden führt und das zwischen Schülern und Lehrern so etwas wie eine unsichtbare Mauer entstehen lässt. Gerade auch Referendarinnen und Referendare haben noch ein feines Gespür für die Entfremdung, die sie erleben, wenn sie die Richter- statt der Helferrolle einnehmen müssen.

Die meisten Lehrer wissen wenig über die historischen Hintergründe der Notengebungspraxis in unserem Land, über die vielfältigen Funktionen der Zensuren, über Testtheorie-Fragen, unterschiedliche Bezugsnormen und häufige Beurteilungsfehler, sowie über Maßnahmen zu deren Minderung. Und sie sind auch meist nicht über andere Formen der Beurteilungspraxis informiert, besonders auch solche, die in den Ländern, die in den internationalen Vergleichsstudien besser abgeschnitten haben als Deutschland, angewendet werden.

Mehr und mehr kristallisiert sich nämlich heraus, dass zu einer neuen Lernkultur, die eine größere Selbstständigkeit der Lernenden anstrebt, auch eine neue

Kultur der Leistungsbewertung gehört, an der auch die Beurteilten mitwirken sollten.

Ich möchte im Folgenden die historische Entwicklung der Zensurenvergabe beleuchten und neue Formen vorstellen. Jedoch möchte ich auch der Tatsache Rechnung tragen, dass der Notengebungsbereich ein Bereich ist, in dem in der Praxis viele rechtliche Vorschriften bestehen. Eigene Vorstellungen können also nur begrenzt umgesetzt werden. Aber erste Schritte in eine Richtung, in der die Schüler und Schülerinnen an den Auswertungen ihrer Arbeit beteiligt werden, sind im Rahmen der pädagogischen Freiheit möglich. Sie werden im letzten Abschnitt zur Diskussion gestellt.

7.2 Hintergründe der Notengebung und deren Funktionen

7.2.1 Gesellschaftliche Funktionen

Bis ins 18. Jahrhundert hinein war die Vergabe spezieller Schulzeugnisse nicht üblich. Schülern und deren Eltern reichte es, dass sie bestimmte Klassen besucht und bestimmte Dinge gelernt hatten. Erst 1788 wurde die Abiturprüfung als Voraussetzung für den Zugang zur Universität eingeführt, und das auch zunächst nur für Stipendiaten. Ab 1834 wurde dann das Abitur in Preußen pflichtmäßige Eingangsvoraussetzung, interessanterweise erstmals auch für Adlige. Das Zeugnis gewann also eine **Berechtigungsfunktion**. Politisch heißt das, dass zum ersten Mal Leistung eine entscheidende Rolle bei der Differenzierung der Gesellschaft spielte und dass das gebildete, für aufgeklärte Fürsten äußerst nützliche Bürgertum sich von der Vorherrschaft des Adels emanzipieren konnte. Die Berechtigung für bestimmte Ämter war von nun an an bestimmte Schul- und Universitäts-Abschlüsse gekoppelt; Bürger konnten höhere und höchste Beamte werden.

Was zunächst befreiend wirkte, wurde jedoch allmählich zu einem Instrument der Beschränkung ganz neuer Art. Mit der Entwicklung zum „bürokratischen Absolutismus“ (Lundgreen, 1980, S. 53) im 19. Jahrhundert wurden die Abschlüsse zunehmend normiert und die Zeugnisse erhielten mit der Berechtigungs- auch eine höhere **Selektionsfunktion**. Sie wurden Ausleseinstrument für einzelne Posten, aber auch für Privilegien ganzer Schichten. Beispielsweise brauchten junge Männer mit mittlerer Reife (mit Erlangung des „Einjährigen“ am Gymnasium) nur ein Jahr statt drei Jahre Militärdienst abzuleisten. Die Gesellschaft erhielt damit eine neue ziemlich fest gefügte Struktur, in der die möglichst humanistisch Gebildeten von den Ungebildeten, vom Volk und den sogenannten Kleinbürgern, unterschieden wurden. Für die einen gab es die Gymnasien, für die anderen die Volks- und Realschulen. Über das dreigliedrige Schulsystem und seine frühe Auslesepraxis, die den höheren Schichten zugute kam (vgl. Kapitel 6), wurde diese Struktur weitergegeben.

Die Berechtigungs- und die Selektionsfunktion spielen heute im deutschen Schulsystem immer noch eine überragende Rolle, obwohl der Formalismus klassischer Bürokratien in der offenen, demokratischen Gesellschaft als überholt angesehen werden muss. Das Einteilen in Klassen von Menschen und Typen von Schülern nach vorgegebenen Rastern ist kontraproduktiv, wenn ganzheitliche Leistungen, Eigeninitiative und Kreativität gefragt sind.

In der freien Wirtschaft fungiert deshalb schon längst nicht mehr das Zeugnis allein als Ausweis von Fähigkeiten. Bei der Vermittlung von Ausbildungsplätzen nimmt die Bedeutung von Praktika zu. Und bei der Auswahl von Führungskräften dienen vermehrt besondere Assessment Center, in denen zum Beispiel auch das Verhalten in Gruppen beobachtet wird, dazu, die Persönlichkeit als Ganzes kennen zu lernen und einzuschätzen.

In den Schulen selbst verdirbt die Konkurrenz um Noten die Lernmotivation um der Sache willen. Lehrer und Lehrerinnen beobachten immer wieder irritiert, dass Schüler und Schülerinnen nach der Rückgabe von Klassenarbeiten nur noch mit ihren Taschenrechnern beschäftigt sind und sich ihren Notendurchschnitt ausrechnen, statt an der Besprechung teilzunehmen, in der die Fehler behandelt werden. Oder es wird registriert, dass sie den Unterricht in einem Fach schwänzen, um „auf die Arbeit" in einem anderen Fach zu lernen, in dem sie sich verbessern oder ihre Note halten möchten. Oft wird dann in Lehrerzimmern kopfschüttelnd über die neue „berechnende" Jugendgeneration gesprochen. Dabei produziert das rigide Notensystem und der eingeschränkte, auf Abschlüsse fixierte Lern- und Leistungsbegriff solches Verhalten selbst.

Mit der Bedeutung der Notengebung wuchs auch ihre **Sozialisationsfunktion** und ihre **Disziplinierungsfunktion**. Es ist naheliegend, dass ein Instrument, das den Aufstieg über die eigene Leistung ermöglicht, auch geeignet erscheint, zur Leistungsbereitschaft zu erziehen und diejenigen zu strafen, beispielsweise mit einer „sechs" oder einer Nichtversetzung, die sich ganz oder zeitweise den Zumutungen entziehen möchten. Grundsätzlich ist es natürlich zu begrüßen, dass Posten nach Leistung und nicht nach Geburt oder etwa Beziehungen vergeben werden. Anstrengung soll sich in der Leistungsgesellschaft auch heute lohnen. Aber welche Art von Leistung vonnöten und welches unser Gütemaßstab (vgl. Kapitel 6) ist, ist vielfach ungeklärt.

Die Schule hat das Schwergewicht bei der Bewertung zu lange nur auf die Beschäftigung mit relativ praxisfernem „Buchwissen" (Winter, 2004, S. 56) gelegt, das punktuell abgefragt und geprüft wird. Anstrengungen und Erfolge auf diesem Gebiet beleuchten aber nur einen Teil des Begabungspotenzials der Schulabsolventen. Gleichzeitig bietet dieser herausgehobene und überschätzte Bereich schon längere Zeit keine Gewähr mehr für eine erfolgreiche Zukunftsbewältigung. Auch Menschen mit besten Schulzeugnissen verlieren ihren Job, wenn die Firma Konkurs anmeldet. Und ob sie dann noch einmal oder mehrmals einen neuen Job finden, hängt z. T. von zusätzlichen Leistungen, die außerhalb der Schule erbracht wurden, z. T. aber auch von leistungsfremden Merkmalen ab, wie z. B. von ihrem Alter oder ihrer Mobilität.

Etliche junge Menschen, insbesondere früh „aussortierte" Schüler und Schülerinnen wie die des Berufsvorbereitungsjahres, sehen deshalb auch keinen Sinn mehr darin, sich für Abschlüsse sonderlich anzustrengen. Die Disziplinierung mit Hilfe schlechter Noten läuft bei ihnen oftmals ins Leere. Sie brauchen für ihre Zukunft die Stärkung ganz anderer Personmerkmale wie Selbstbewusstsein, Frustrationstoleranz, Flexibilität, Initiative, Sinnerfahrung. Und sie brauchen Anerkennung für ihre praktischen, sozialen, emotionalen und kommunikativen Kompetenzen. Sonst suchen sie Selbstwirksamkeitserfahrungen möglicherweise auf anderen Gebieten als der Gesellschaft lieb sein kann. Ich denke in diesem Zusammenhang an riskante Hobbies, aber auch an Jugendkriminalität und an Rechtsradikalismus, der kraftstrotzendes Deutschtum allein schon als Auszeichnung ausgibt.

Beim Umgang mit Leistungen herrschen in Deutschland noch „kontrollierend-bürokratische" Verfahrensweisen (Winter, 2004, S. 56) vor. Damit entspricht er aber eher Gepflogenheiten des 19. Jahrhunderts und nicht heutigen Anforderungen an eine Kultur der Eigenverantwortung und der Partizipation.

7.2.2 Pädagogische Funktionen

Während es sich bei den oben dargestellten Funktionen um solche handelt, die gesellschaftliche Erwartungen erfüllen sollen, werden unter dem Begriff **pädagogische Funktionen** zumeist solche erwähnt, die ihre Wirkung in den Schulen selbst entfalten sollen. Eindeutige Abgrenzungen sind allerdings nicht möglich (vgl. Jürgens / Sacher, 2000, S. 25).

Neben die auch innerhalb der Schule entscheidende Berechtigungs- und Selektionsfunktion (die Noten entscheiden über Versetzen und Nichtversetzen oder über den Zugang zu unterschiedlichen Kursen oder Schularten) und die dort ebenfalls gebräuchliche Disziplinierungsfunktion tritt die **Informations- und Rückmeldefunktion**, die **Orientierungs-** und die **Prognosefunktion** und schließlich die **Anreizfunktion.**

Die beabsichtigte Wirkung all dieser Funktionen muss aber insofern in Frage gestellt werden, als eine Ziffernnote als „Generalindikator" (Winter, 2004, S. 66) kaum differenziert Auskunft geben kann. Schüler, Eltern und Ausbilder erhalten zwar mit dem Zeugnis eine Rückmeldung darüber, wie der Einzelne in der Schule im Vergleich mit anderen in seiner Klasse „steht", aber sie erhalten keine konkreten Hinweise auf Stärken oder Schwächen. Auch die Orientierungs- und die Prognosefunktion leiden unter mangelnder Konkretisierung. Und die Anreizfunktion ist insofern äußerst eingeschränkt, als normalerweise nur gute Schüler

Noten als Anreiz sehen können. Da die herkömmliche Notengebung wegen der Ausrichtung an der Normalverteilung aber immer auch Verlierer produziert, ist es nicht unwahrscheinlich, dass die Notenvergabe bei einem Großteil der Schüler auch zu Angst, Blockaden und Aggressionen führen kann. Im übrigen wird – wie Sacher zu diesem Thema ausführt – mit der Anreizfunktion „der Tauschwertcharakter der Zensur" betont. Damit ist gemeint, dass es auf Schülerseite unter diesen Umständen mehr um den Erwerb einer guten Note als um den Inhalt geht, was letztlich zu „einer Entwertung des Bildungsgehaltes von Unterrichtsinhalten führt" (Jürgens / Sacher, 2000, S. 28).

Lehrern bereitet die Gleichzeitigkeit der Auslesefunktion und der pädagogischen Funktionen, die nach heutigem Verständnis hauptsächlich der Förderung dienen sollen, am meisten Kopfzerbrechen. Sie sind im Grunde unvereinbar und müssen unweigerlich zu Rollenkonflikten zwischen Richter- und Helferrolle führen. Es ist m.E. Augenwischerei anzunehmen, dass eine strenge Auslese auch gleichzeitig der Förderung diene, weil sie helfe, Jugendliche vor zu hohen Bildungsaspirationen und damit eventuell verbundenen Rückschlägen zu schützen. Die quantifizierte Bewertung in Form einer Ziffernnote allein genügt nicht den Anforderungen einer Lerndiagnose, da sie über die Lernleistung im einzelnen nichts aussagt. Zudem ist sie anfällig für subjektive Fehleinschätzungen. Der Prognosewert einer Zeugnisnote wird deshalb insgesamt als gering angesehen. („Die prognostische Validität wird auf Werte von höchstens r = 0,50 geschätzt". Winter, 2004, S. 60) Hinzu kommt, dass die Akzeptanz von Entscheidungen – in diesem Fall von Bildungsentscheidungen – größer ist, wenn sie von den Betroffenen mitgetragen wird.

Unter dem Aspekt der Uneindeutigkeit vieler Funktionen und der damit verbundenen Verschleierungsmöglichkeiten („ich will ja nur dein Bestes") kann es in der Praxis nur darum gehen, allen Schulbeteiligten deutlich zu machen, welche Funktion in der gegebenen Situation zum Tragen kommen soll. Das heißt zum Beispiel, dass Prüfungssituationen, die Berechtigungscharakter haben, deutlich von Lernsituationen, die der Förderung dienen sollten, zu unterscheiden sind. Im einen Fall geht es um das Leistungsprodukt, im anderen um den Lern- und Leistungsprozess.

7.3 Von der Test-Theorie zur „kontrollierten Subjektivität"

An der überragenden Bedeutung der Zensuren in unserem Schulsystem und an ihrem Zustandekommen wird in Fachkreisen seit mindestens 30 Jahren Kritik geübt. In den siebziger Jahren lag dabei die Betonung auf der mangelnden Qualität der Messverfahren und der damit verbundenen Fehlerquellen und es wurde empfohlen, sich mit Hilfe informeller Tests den Standards empirischer Sozialforschung anzunähern. Heute werden die Nachteile standardisierter Tests für den

Alltagsgebrauch gesehen und der Schwerpunkt hat sich hin zur Empfehlung von **Evaluierungen** verschoben. Unter Evaluierungen versteht man Bewertungen, die neben Messungen auch Formen der Beobachtung und der Beschreibung umfassen. Sie sind zur Beurteilung von Lernprozessen vorzuziehen, weil mit ihrer Hilfe noch förderliche Veränderungen am Unterrichtsverlauf vorgenommen werden können. Für die Produktbewertung eignen sich eher standardisierte Verfahren oder auch Tests, die sich deren Gütemaßstäben verpflichtet fühlen (vgl. Rapp, 1974, S. 15).

7.3.1 Frage der Skalenqualität

Die Zensuren, wie wir sie kennen, sind Schätzurteile, die, verbal ausgedrückt, von sehr gut bis ungenügend reichen. Sie sind zwar gegeneinander abgestuft, bilden aber keine Intervallskala, da der Abstand zwischen den Werten nicht gleich groß ist. Der Unterschied zwischen einer Vier und einer Fünf hat offensichtlich eine andere Qualität als der zwischen einer Vier und einer Drei. Daher ist es eigentlich auch unzulässig, mit Einzelnoten mathematische Operationen wie die Berechnung einer Durchschnittsnote durchzuführen. Die Ziffern täuschen vielmehr eine Messgenauigkeit vor, die nicht vorhanden ist. Selbst Mathematikaufgaben werden von unterschiedlichen Lehrern unterschiedlich bewertet, da sie, anders als man gemeinhin glaubt, auch unterschiedliche Interpretationen in Bezug auf die Lernleistung zulassen. So ist es z. B. theoretisch möglich, dass man auf der einen Seite nur die Ergebnisse, auf der anderen aber auch die Lösungswege dorthin in die Bewertung mit einbezieht. Ein Kommafehler wäre dann im einen Fall gravierend, im anderen aber nur ein Flüchtigkeitsfehler.

7.3.2 Frage der Bezugsnormen

Für die Beurteilung von Leistungen können unterschiedliche Maßstäbe angelegt werden, nämlich die **soziale**, die **individuelle** und die **kriteriumsorientierte Bezugsnorm**. Die **soziale** Bezugsnorm misst die Leistung im Vergleich zur Referenzgruppe, das heißt im schulischen Bereich im Vergleich zur Gruppe der Altersgenossen. In diesem Fall geht man von einer Normalverteilung von Leistungen aus, bei der man 10 % gute und 10 % schlechte Noten, je 23 % eher gute und eher schlechte und 34 % mittlere Noten erwartet. Es gilt jedoch zu bedenken, dass die üblicherweise zugrunde gelegte Klassenpopulation für eine statistische Normalverteilungs-Aussage eigentlich viel zu klein ist. Auch kann man fragen, ob der Lehrer wirklich sein Bestes getan hat, wenn die Leistungen innerhalb seiner Klasse „normal" verteilt sind, das heißt, wenn es immer auch Zielverfehler in der Lerngruppe gibt. Ein guter Lehrer müsste sich eigentlich vornehmen, eine schiefgipflige Leistungskurve zu erreichen, was aber wieder die Schulbehörde irritieren würde.

Die **individuelle** Bezugsnorm misst die Schüler an ihren eigenen vorherigen Leistungen, das heißt, sie würdigt den individuellen Lernerfolg, zumeist in Form eines Berichts.

Die **kriteriumsorientierte** Bezugsnorm vergleicht die Leistung des Schülers mit dem angestrebten Lernziel. Hier dürfte es strenggenommen nur die Unterscheidung „erreicht" und „nicht erreicht" geben.

In den Regelschulen Deutschlands wird meist die soziale Bezugsnorm zugrunde gelegt und nicht bedacht, dass damit zwar die Objektivität innerhalb der Klasse gewahrt sein mag, dass aber zwischen den Klassen je nach Zusammensetzung der Schülerschaft und ihrer Lehrer oft große Unterschiede bestehen und die Benotung damit höchst ungerecht sein kann. Gravierender ist aber noch, dass die soziale Bezugsnorm unweigerlich zur Unterscheidung zwischen „guten" und „schlechten" Schülern führt und auf diese Weise das Selbstbild sehr vieler Schüler sehr negativ beeinflusst.

7.3.3 Frage der Test-Gütekriterien

Neben der Skalenproblematik und der Bezugsnormenfrage wird von Kritikern die mangelnde Einhaltung der **Testgütekriterien** ins Feld geführt. Die Testgütekriterien sind **Objektivität**, **Reliabilität** (Zuverlässigkeit) und **Validität** (Gültigkeit).

Ein Test ist dann **objektiv**, wenn verschiedene Beurteiler unabhängig voneinander zum gleichen Ergebnis kommen. Das ist insbesondere dann der Fall, wenn der Beurteilungsspielraum klein ist, wie etwa bei multiple-choice-Aufgaben.

Zuverlässig ist ein Test, wenn er dem „wahren" Wert nahe kommt, das heißt, wenn der Zufall möglichst ausgeschlossen wird. Es werden also zum gleichen Lerngebiet mehrere unabhängige Einzelaufgaben gestellt werden müssen.

Und **valide** ist er, wenn er wirklich nur das misst, was er zu messen vorgibt. In der Schule geht es unter diesem Aspekt darum, den Unterrichts-Stoff in der Weise zu prüfen, wie er auch behandelt wurde. Aufgaben, die von einem Kollegen aus einer anderen Klasse übernommen wurden, sind dann u. U. nicht valide. Auch der Einfluss von Handschrift, Rechtschreibfehlern, äußerer Form etc. dürfte danach keine Rolle spielen, es sei denn, dass dieses Kriterium ausdrücklich zum Teil dessen gemacht wurde, das gemessen werden soll.

Klassenarbeiten genügen diesen Gütekriterien oft nicht. Ein und dieselbe Arbeit wird von unterschiedlichen Lehrern oft unterschiedlich beurteilt, und ein und derselbe Lehrer mag zu Ende eines Jahres ebenfalls zu einer anderen Einschätzung einer Arbeit tendieren als zu Beginn. Auch gegen das Kriterium der Validität wird oft, manchmal sogar mit bester persönlicher Absicht, verstoßen. Zentralprüfungen können zum Beispiel nur dann Gültigkeit beanspruchen, wenn der Unterricht vorher darauf hin ausgerichtet war. Das heißt, dass ein Lehrer um der Validität der Prüfungen willen seine pädagogische Freiheit gar nicht in dem Maße ausschöpfen kann, wie er es gern täte und wie es manch einer gern tut.

Hochgradig standardisierte Tests unterliegen diesen Fehlern in einem geringeren Maße. Aber auch sie werden den Lernleistungen der Schüler nicht gerecht. Ein standardisierter Test sieht von den individuellen Bedingungen ab, unter denen ein Schüler oder eine Schülerin gelernt hat. Er kann also die Ausgangslage wie die Herkunft, gesundheitliche Beeinträchtigungen, die Anstrengungsbereitschaft und damit auch die Lernfortschritte nicht widerspiegeln. Und er bezieht sich in der Regel nicht genau auf das, was in der Schule gelernt wurde. (Hieran wird auch die Kritik an den PISA-Studien festgemacht: Deutsche Schüler seien nicht dümmer als anderswo, sie hätten nur anderes gelernt. Das ist richtig, heißt dann aber auch, dass wir nicht so sehr die Jugendlichen selbst als vielmehr die hiesigen Inhalte und Lern-Bedingungen kritisieren müssen, wenn wir bei internationalen Standards mithalten wollen.)

7.3.4 „Kontrollierte Subjektivität"

Standardisierte Tests haben ihren Stellenwert in der statistisch relevanten Überprüfung großer Schülergruppen (wie die internationale PISA- Studie), deren Ziel es ja nicht ist, die Leistungen einzelner Schüler zu dokumentieren, sondern den Standard eines ganzen Jahrgangs oder eines ganzen Landes im Vergleich mit anderen. An ihnen können sich beispielsweise Schul- oder Curriculum-Planungen orientieren. Den einzelnen Schülern nutzt eher die „**Mikrodiagnose**" (Sacher, 2003, S. 16) während des Unterrichts, die ihm hilft, Leistung im Hinblick auf Standards erst zu entwickeln.

Eine solche Leistungsfeststellung im Unterricht versucht zunächst, Leistung differenziert zu betrachten und zu verstehen, um daraufhin weiterführende Hinweise geben zu können. Sie und die nachfolgende Leistungsüberprüfung unterliegt den in den letzten Jahren entwickelten Gütekriterien der „**kontrollierten Subjektivität**" (Sacher, 2003, S. 18). Darunter wird in erster Linie Transparenz der Bedingungen verstanden, Einhalten von Vereinbarungen, Offenlegung der u. U. gemeinsam festgelegten Kriterien, Abstimmung auf den Unterricht und Vermeidung von Willkür. Ein wichtiges Merkmal ist die „**kommunikative Validierung**" (Sacher, 2003, S. 18), das heißt die Einbettung in die Kommunikation aller Beteiligten über Lernen und Leisten. Zu den Verfahren, die eingesetzt werden und die dem Ziel der Förderung verschrieben sind, gehören Beobachtungen, evtl. auch anhand von Beobachtungsbögen, spezielle Untersuchungen oder gezielte Tests, Fehleranalysen und der Austausch mit anderen Beobachtern, um nur die wichtigsten zu nennen (vgl. Jäger / Jäger-Flor, 2003, S. 14).

7.4 Fehlerquellen bei der Urteilsbildung

Je mehr die Einsicht wächst, dass bei der Leistungsmessung und -beurteilung in der Schule immer auch subjektive Anteile beteiligt sind, umso bedeutsamer wird es, sich der Fehlerquellen und individuellen Beurteilungstendenzen bewusst zu werden. Die wichtigsten sollen hier zur Sprache kommen.

Es gibt **stabile Urteilstendenzen**, wie z. B. die Milde- oder Strengetendenz oder eine Tendenz zur Mitte. Und es gibt eine nicht unerhebliche Tendenz, auf der Grundlage eines allgemeinen Eindrucks auf Teilleistungen zu schließen. Dieser Effekt wird **Halo-Effekt** genannt. Das Wort stammt aus dem Englischen und bedeutet „Heiligenschein" oder, im Zusammenhang mit Gestirnen, „Hof". Damit wird ausgedrückt, dass ein Merkmal eines Schülers, z. B. sein Auftreten, andere Merkmale so überstrahlt, dass diese nicht zur Kenntnis genommen werden. Weiterhin ist der **Einfluss von Vor- und Zusatzinformationen** und von **Sympathie** und **Geschlecht** zu beobachten. Und von besonderer Bedeutung ist der Einfluss von **subjektiven Theorien**. Ein eklatantes Beispiel ist die verbreitete Annahme, dass Schüler, die in Mathematik gut sind, es auch in Physik sein müssten, oder dass Mädchen nichts von Naturwissenschaften verstünden, und viele andere.

Bei einer Vielzahl von Prüfungen spielt außerdem die **Reihenfolge** eine Rolle, in der geprüft oder korrigiert wird: Es ist fast unvermeidlich, dass eine Leistung auf die nächste abfärbt. So gewinnt beispielsweise eine mittlere Leistung an Glanz, wenn vorher eine schwache Leistung zu beurteilen war, oder sie fällt umgekehrt in der Bewertung ab, wenn sie auf eine hervorragende Leistung folgt.

Und schließlich sollen als Fehler noch **Projektionen** genannt werden. Hierzu kommt es, wenn Lehrer und Lehrerinnen bei Schülern und Schülerinnen Verhaltensweisen beobachten, die sie von sich selbst kennen. Wenn sie diese Anteile bei sich bekämpfen möchten, werden sie sie im anderen besonders ahnden, und sie werden umgekehrt eher milde sein, wenn sie sie als lässliche Schwäche abtun. Solche Tendenzen treten öfter bei Äußerlichkeiten auf, wie z. B. im Zusammenhang mit der Schrift oder der Heftführung.

Die genannten Fehlerquellen existieren unabhängig davon, ob es sich um Ziffern- oder Verbal-Beurteilungen handelt. Sie können nur eingedämmt werden, wenn sich die einzelnen Lehrer und Lehrerinnen ihrer bewusst werden und Kollegen um deren Einschätzung und, bei schriftlichen Arbeiten, um eine Gegenkorrektur bitten. Allerdings ist es möglich, dass subjektive Theorien von Kollegen aufgrund des ähnlichen biografischen Hintergrunds geteilt werden, etwa Theorien über die Aussagekraft der Schrift. Deshalb ist eine weitere wichtige Maßnahme, die eigenen Beurteilungskriterien offen zu legen. Ich selbst habe einmal aufgrund schlechter Erfahrungen im Zusammenhang mit einem Exkursions-Bericht, der zu einem bestimmten Zeitpunkt abzuliefern war, bestmögliche Fehlerfreiheit und ein ansprechendes Äußeres verlangt. Daraufhin erntete ich starken Protest: Ich hätte doch als Fachlehrerin nur die sachlichen Aspekte zu bewerten und nicht die Deutschfehler. Meine Rechtfertigung bestand darin, dass ich auf die zunehmende Bedeutung der äußeren Form im Wirtschaftsleben verwies und den Schülerinnen und Schülern riet, sich in Zweifelsfragen doch helfen zu lassen oder den Duden zu benutzen; man müsse keine Fehler stehen lassen. Nach dieser Offenlegung meiner Wünsche wurden auch äußerlich ansprechende und weitgehend fehlerfreie Arbeiten abgeliefert (und die Schüler haben nebenbei gelernt, Fehler als zum Lernprozess gehörig zu betrachten und vor der Abgabe des Ergebnisses zu korrigieren).

So sehr die beschriebenen Lehrerfehler auch unbewusst sein mögen, so sehr tangieren sie auf der anderen Seite das Selbstbild der Schüler (vgl. Kapitel 6). Wir dürfen nicht vergessen, dass Jugendliche sich entwicklungsbedingt in einer Phase der Orientierung befinden, in der sie auch Sicherheit über die eigenen Fähigkeiten und Möglichkeiten erlangen möchten. Das Lehrerurteil spielt deshalb wahrscheinlich eine viel größere Rolle als Lehrer und Lehrerinnen vermuten und sie können, ohne es zu wollen, an unguten Misserfolgskreisläufen beteiligt sein.

Erschwerend kommt hinzu, dass Lehrer und Lehrerinnen Leistungsmängel fast ausschließlich dem Schüler oder der Schülerin zuschreiben. Sie sehen die Ursache in der Regel in einem von fünf Bereichen, nämlich im Arbeitsverhalten des Schülers oder der Schülerin, in Charakter-Eigenschaften, in der Begabung, im Elternhaus oder in seinem oder ihrem Sozialverhalten (vgl. Jürgens / Sacher, 2000, S. 45). Schulische Bedingungen und das eigene Lehrerverhalten werden dagegen nicht reflektiert.

Es ist also dringend erforderlich, dass auch Lehrer und Lehrerinnen sich im Rahmen einer allgemeinen Feedback-Kultur Rückmeldungen über ihr Verhalten geben lassen und lernen, mit den beobachteten Fehlerquellen umzugehen. Generell sind vier Punkte wichtig (vgl. Jürgens / Sacher, 2000, S. 51):

- sich der eigenen Subjektivität bewusst werden
- mental zwischen Beschreibung und Bewertung trennen
- ein Gesamturteil erst nach Würdigung von Teilleistungen fällen
- Abstand von Vorinformationen nehmen

Lehrende sollen und dürfen sich ein Bild von den Schülern und Schülerinnen machen, aber das muss systematisch und nach klaren Regeln erfolgen.

7.5 Reflektierter Umgang mit Prüfungsaufgaben

Die vielen Mess-Ungenauigkeiten und sonstigen Fehlerquellen dürfen nicht zur Gleichgültigkeit gegenüber der Notenvergabe oder zur Resignation führen. Im Gegenteil: Jeder Lehrer und jede Lehrerin muss sich klar machen, dass

Leistungsbewertungen nach wie vor zur Leistungsgesellschaft gehören, dass sie aber schwierig sind und deshalb eine umso größere Sorgfalt und Sensibilität erfordern. Es gilt auf der einen Seite, den individuellen Schülerinnen und Schülern gerecht zu werden, auf der anderen Seite aber auch, die Anforderungen in den vorgeschriebenen Klassenarbeiten und Prüfungen vergleichbar zu halten. Lehrende sollten sich bei der Erstellung von Prüfungsaufgaben also nach wie vor den Testgütekriterien der Objektivität, der Reliabilität (Zuverlässigkeit) und Validität (Gültigkeit) verpflichtet fühlen, selbst wenn sie um die eingeschränkten Möglichkeiten wissen, diese zu erreichen.

7.5.1 Die Aufgabenerstellung für herkömmliche Klassenarbeiten

Für die Erstellung von Aufgaben gelten zwei Grundsätze, nämlich der **Grundsatz der proportionalen Abbildung** und der **Grundsatz der Variabilität**.

Der erste dieser beiden Grundsätze, nämlich der der proportionalen Abbildung, dient der Validität (Gültigkeit). Es muss unbedingt das geprüft werden, was auch im Unterricht erarbeitet wurde, und zwar im gleichen Verhältnis. Es wäre ein Unding, in der Klassenarbeit plötzlich Transfer-Leistungen zu erwarten, wenn sie nicht vorbereitet und geübt wurden. Eine solche Aufgabe wäre höchstens als Zusatzaufgabe für „Einserkandidaten" denkbar.

Der zweite Grundsatz, derjenige der Variabilität, ist den Kriterien Objektivität und Reliabilität verpflichtet. Eine Prüfungsarbeit sollte abwechslungsreich und in einem guten Sinn umfangreich sein und möglichst verbale sowie nichtverbale Anteile aufweisen. Damit könnte man unterschiedlichen Lerntypen unter den Lernern gerecht werden und relativ zuverlässig das Gebiet abdecken, das erarbeitet wurde. Schülerinnen und Schüler haben bei einer so konzipierten Arbeit mehr Chancen, ihr Wissen und Können zu zeigen.

Auch die Aufgabenformen sollten abwechslungsreich sein. Viele Lehrende beschränken sich auf einige mehr oder weniger gut formulierte Fragen. Dabei gibt es viele andere interessante Formen (vgl. Jürgens / Sacher, 2002 und Rapp, 1975, u. a.), die jeweils ihre besonderen Vorzüge haben.

Generell werden **geschlossene** (z. B. multiple choice-Aufgaben), **halboffene** (z. B. Fragen, die kurze Antworten verlangen) und **offene Aufgaben** (z. B. Essays) unterschieden.

Die offenen Aufgaben lassen den Schülern mehr Freiheit bei der Problemlösung, aber sie sind schwerer zu korrigieren, schwerer zu vergleichen und anfälliger für subjektive Fehler auf Seiten der Beurteiler. Beispielsweise spielt hier die sprachliche Kompetenz des Prüflings eine vergleichsweise zu große Rolle und überdeckt unter Umständen das inhaltliche Wissen.

Die Ergebnisse von geschlossenen Aufgaben sind leichter vergleichbar und dienen damit der Objektivität. Und es können im Test mehr Aufgaben untergebracht werden, was wiederum zuverlässiger das Wissen der Schüler widerspiegelt. In Deutschland haben geschlossene Aufgaben keinen guten Ruf; sie gelten als zu wenig anspruchsvoll. Dass das jedoch nicht der Fall sein muss, sollen die folgenden Beispiele zeigen (aus: Rapp, 1975, S. 90ff.):

In der Bloom'schen Taxonomie wären die Lernziele, die mit dieser Aufgabe überprüft werden, möglicherweise in die Rubrik „Analyse" einzuordnen.

Beispiel:

In einer Schülergruppe wurde die Frage der Schädlingsbekämpfung diskutiert. Argumente dafür und dagegen wurden aufgeführt. Einige dieser Aussagen sind ausgeführt (a bis f). Es soll herausgefunden werden, welche Argumente (A) für, (B) gegen die biologische Schädlingsbekämpfung sprechen und welche (C) diesbezüglich irrelevant sind! Streiche an!

a) ABC Die intensive chemische Schädlingsbekämpfung führt zur Gefährdung des natürlichen biologischen Gleichgewichts.

b) ABC Ohne chemische Bekämpfung kann die Weltbevölkerung nicht ernährt werden.

c) ABC Durch Anwendung von Chemikalien werden unfreiwillig resistente Kulturen von Schädlingen gezüchtet.

d) ABC Die natürlichen Feinde von Schädlingen haben nicht die gleiche Möglichkeit, resistente Formen zu entwickeln wie die Schädlinge; es besteht die Gefahr ihrer Vernichtung.

e) ABC Die biologische Schädlingsbekämpfung kann leicht außer Kontrolle geraten und das ökologische Gleichgewicht stören.

f) ABC Der Mißbrauch biologischer und chemischer Schädlingsbekämpfungsmittel kann unschwer erfolgen und ist nicht zu kontrollieren.

aus: Rapp, 1975, S. 106

Beispiel:

Anweisung: Ordne die erdgeschichtlichen Zeiten. Beginne mit der frühesten. Schreibe die Buchstaben vor den Namen in der richten Reihenfolge in die freie Zeile!

Kreide,	Karbon,	Silur,	Kambrium,	Trias,	Tertiär,	Perm,	Quartär,	Devon
1	2	3	4	5	6	7	8	9

Richtige Folge: ....

aus: Rapp, 1975, S. 98

Die Beantwortung der Fragen setzt eine genaue Analyse des gegebenen Materials voraus. Die Überlegungen nach der Richtigkeit der Alternativen verlangt teilweise weiterführende Schlußfolgerung und Interpretation.

Beispiel (Vgl. Rapp 1970b)

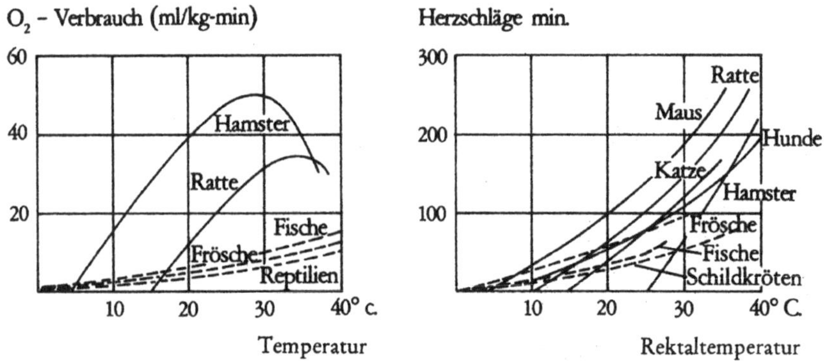

O_2 Verbrauch und Herzschlag verschiedener Wirbeltiere in Abhängigkeit von der Körpertemperatur[27].

I. Untersuche, welche der aufgeführten Aussagen den graphischen Darstellungen entsprechen.

1. Eine Ratte kann niedrigere Temperaturen ertragen als ein Frosch.
2. Bei gleicher Körpertemperatur verbraucht eine Ratte mehr Sauerstoff als ein Frosch.
3. Bei gleicher Körpertemperatur verbrauchen Fische mehr Sauerstoff als Reptilien.
4. Der Sauerstoffverbrauch des Hamsters steigt proportional zur Körpertemperatur.

II. 1. Der Sauerstoffverbrauch eines Frosches steigt annähernd proportional zur Körpertemperatur.
2. Bei gleicher Körpertemperatur verbraucht ein Hamster mehr Sauerstoff als eine Ratte.
3. Der Hamster kann niedrigere Temperaturen ertragen als die Ratte.
4. Das Herz der Maus schlägt schneller als das Herz des Hundes.

III. 1. Bei der Ratte steigt die Zahl der Herzschläge proportional zum Sauerstoffverbrauch.
2. Bei den Fröschen steigt die Zahl der Herzschläge ungefähr proportional zum Sauerstoffverbrauch.
3. Bei Unterkühlung des Körpers setzt das Herz des Hundes früher aus als das Herz des Hamsters.
4. Fällt die Körpertemperatur des Hamsters von 37° auf 30°, so verbraucht er mehr Sauerstoff.

aus: Rapp, 1975, S. 109

Der Nachteil geschlossener Aufgaben ist, dass sie nur passives Wissen überprüfen können. Allerdings ist passives Wissen die Voraussetzung für mögliche Anwendungen, die dann auf andere Weise und bei anderer Gelegenheit (z.B. bei Berufsschülern in der praktischen Prüfung) in Augenschein genommen und beurteilt werden können. Geschlossene Aufgaben können also sehr gut als Teilleistung fungieren und ein Gesamtbild komplettieren helfen.

Bei halboffenen Fragestellungen sollte dem Schüler in der Arbeitsanweisung klar gemacht werden, wie umfangreich die Antwort ausfallen soll bzw. darf. Eine Beispielaufgabe aus dem Englischunterricht des Berufsvorbereitungsjahres soll das verdeutlichen: „Would you like to live in the jungle? Give three arguments (3)." Die Ziffer hinter der Aufgabe deutet auf die Zahl der zu erreichenden Inhaltspunkte. Die Schüler und Schülerinnen wissen auf diese Weise, dass es keinen Sinn macht und nicht gewürdigt wird, wenn sie mehr als drei Argumente aufschreiben. Positiv ausgedrückt bedeutet die Beschränkung, dass sie sich noch Zeit nehmen können und sollen, um auf anderes wie auf den sprachlichen Ausdruck und die Vermeidung von Fehlern zu achten.

Für alle Aufgabenformen gilt, dass die Aufgabenstellung präzise und eindeutig und die Sprache verständlich sein muss. Generell muss vermieden werden, zu wenige Aufgaben mit zu wenigen möglichen Rohpunkten anzubieten. Es sollte nicht ganz dem Zufall überlassen sein, ob dasjenige auch vorkommt, was der Schüler oder die Schülerin weiß. Vielmehr gilt das umgekehrte Prinzip, dass nämlich die Aufgaben, die der Überprüfung des Gelernten dienen, schon vorher in ausreichender Zahl eingeübt wurden.

Sollte ein Lehrer oder eine Lehrerin eine Mischung von leichteren und schwierigeren Aufgaben vorsehen, so empfiehlt es sich, die leichteren an den Anfang zu stellen (warming up), die schwierigeren aber nicht an den Schluss, sondern in die Mitte. Für die letzten Aufgaben haben Schüler speziellen Untersuchungen zufolge oft nicht mehr Zeit, oft fehlt ihnen dann aber auch schon die Konzentration (vgl. Jürgens / Sacher, 2000, S. 64).

7.5.2 Die Festlegung der Mindestkompetenz und der Punkteskala

Bevor die Arbeit den Schülern vorgelegt wird, sollten Lehrende eine Musterlösung ausarbeiten. So können sie zum einen die Aufgaben noch einmal auf deren Eindeutigkeit hin überprüfen und zum anderen für jede Aufgabe besser die der Teilleistung entsprechende Punktezahl festlegen. Alle Rohpunkte zusammen werden auf einer Notenskala aufgetragen.

Die nächste Überlegung gilt der Mindestkompetenz, ausgehend von der Frage, welche Leistung Schüler mindestens erbringen müssen, um erfolgreich weiter lernen zu können.

Diese Mindestkompetenz markiert die Grenze zwischen der 4 und der 5. Der Bereich oberhalb dieser Schwelle ist dann in die Notenstufen 1 bis 4, der darunter in die Notenstufen 5 und 6 zu untergliedern. Das Ergebnis dürfte in der Regel eine partiell lineare Skala sein (s. Abbildung 1, Jürgens / Sacher, S. 75), bei der man die Bereiche oberhalb und unterhalb der Mindestkompetenz jeweils gleich unterteilt. Bei perfekten linearen Skalen, bei denen die Notenbereiche insgesamt gleich verteilt werden, ist die Mindestkompetenz bei 33,33% festgeschrieben. Die Voraussetzungen für eine solch „starre“ Skala sind aber nur gegeben, wenn entsprechende Anforderungsprofile vorliegen (Jürgens / Sacher, 2000, S. 75). Auf jeden Fall ist es sinnvoll, sich immer auch nach bestehenden Vorschriften zu erkundigen. In Ländern mit zentralen Prüfungen gibt es zumeist auch ministeriell festgelegte Benotungsskalen (s. Abbildung 2).

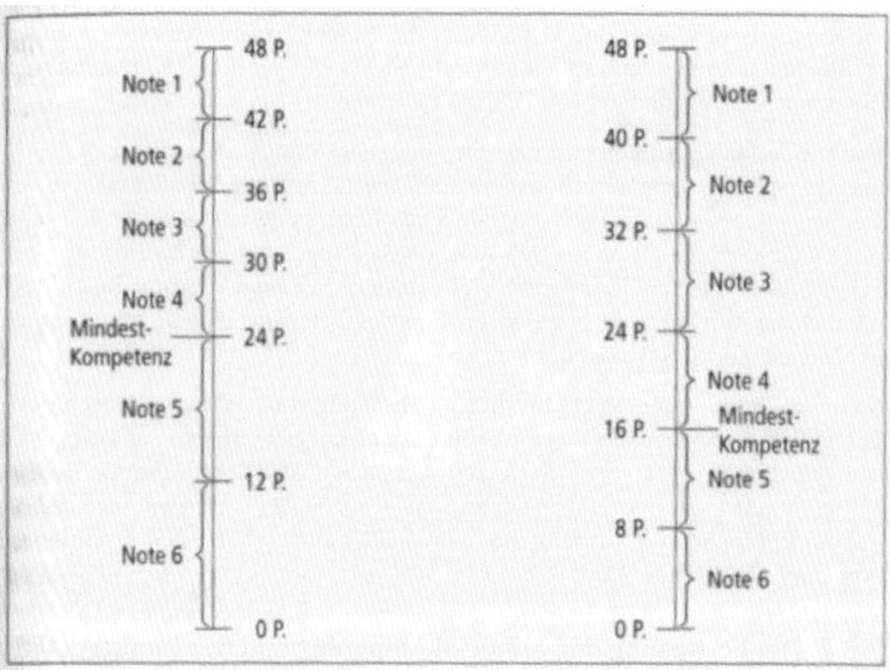

Abb. 1 aus: Jürgens / Sacher, 2000, S. 75

Notenschlüssel

Punkte	Note
60–58	1,0
57–52	1,5
51–46	2,0
45–40	2,5
39–34	3,0
33–28	3,5
27–22	4,0
21–16	4,5
15–10	5,0
9– 4	5,5
3– 0	6,0

Abb. 2 Ministerielle Skala, BW, Zentrale Klassenarbeit für das Fach Erziehungslehre

7.5.3 Rahmenbedingungen einer Klassenarbeit

Klassenarbeiten sollten in der Regel angekündigt und gut vorbereitet werden. Sie sollten sich durchaus vom üblichen Unterricht unterscheiden und dürfen gemäßigten Ritualisierungen unterliegen, wie z. B. dem Gebot der Ruhe, der erhöhten Kontrolle etc. Das trägt wesentlich zur Durchführungsobjektivität bei und unterstreicht die Bedeutung der Ergebnisüberprüfung als Teil der Gesamtanforderungen. Gleichbleibend gestaltete Prüfungssituationen signalisieren außerdem Transparenz und Verlässlichkeit und vermindern eine eventuelle Prüfungsangst (vgl. Sacher, 2002, S. 272).

Bei der Rückgabe der Arbeiten muss der Förderaspekt im Vordergrund stehen. Keinesfalls darf ein Lehrer oder eine Lehrerin einen Schüler oder eine Schülerin wegen deren Note beschämen. Sie sind vielmehr aufgefordert, mit den Betroffenen Schritte zu überlegen, wie Lücken aufgearbeitet werden könnten. Danach sollten sie sich vergewissern, ob die beschlossenen Maßnahmen auch umgesetzt werden, allein, mit Lehrerhilfe oder aber auch mit Hilfe eines Lernpartners oder einer Lernpartnerin. Hier tut sich eine Gelegenheit auf, eine neue Lernkultur mit auf den Weg zu bringen.

7.5.4 Die mündliche Prüfung

Die mündliche Prüfung bietet die Chance, besser auf den individuellen Prüfling eingehen zu können, Verständnisschwierigkeiten zu klären, flexibel zu reagieren und sogar einzuhelfen. Im besten Fall entsteht so ein interessanter Dialog über das Sachgebiet.

Auf der anderen Seite ist die mündliche Prüfung anfälliger für subjektive und situative Einflüsse. Der Prüfling kann nervös sein und mit einer Denkblockade reagieren, und der Prüfer ist möglicherweise aufgrund äußerer Umstände unkonzentriert und abgelenkt. Es ist also dringend erforderlich, vorzubauen und für eine möglichst gleiche Ausgangslage für alle Prüflinge zu sorgen. Es wird deshalb empfohlen, für jeden eine bestimmte gleiche Anzahl an Basisfragen vorzuformulieren. Die Fragen sollten (vielleicht aufsteigend) einem bestimmten Anforderungsniveau entsprechen und können während der Prüfung erweitert oder vertieft werden. Wichtig ist, dass sie offen gehalten sind und somit dem Prüfling erlauben, sein Wissen über das erfragte Teilgebiet auszubreiten.

Gegen Denkblockaden helfen einige persönliche „warming- up- Fragen“ zu Beginn und eine insgesamt angenehme Prüfungsatmosphäre. Auch hier gilt das Gebot der Klarheit und der Transparenz: Inhalte und Prüfungsmodalitäten müssen besprochen und in den Prüfungsunterlagen dokumentiert sein.

7.6 Die Bewertung von komplexen Leistungen

7.6.1 Gestalterische Leistungen und Projekte

Mit komplexen Leistungen, die in der Literatur oft ganzheitliche Leistungen genannt werden, sind zunächst solche Leistungen gemeint, die sich aufgrund unterschiedlichster Fähigkeits- und Fertigkeits- Anteile schlecht messen lassen. Es handelt sich in der Regel um handwerkliche und/oder gestalterische Erzeugnisse oder Darbietungen, um solche individuellen Ergebnisse also, für die es im Sportwettkampf A- und B-Noten gibt. In jedem Fall beruhen die Beurteilungen auf Schätzungen von Teilleistungen und auf einem Gesamteindruck.

Im schulischen Alltag wird seit geraumer Zeit ebenfalls versucht, ganzheitliche gestalterische Leistungen in Teilbereiche aufzufächern und dadurch einigermaßen vergleichbar zu machen. Für die Bewertung einer Erlebniserzählung könnte z. B. folgendes Schema verwendet werden (aus: Jürgens / Sacher, 2000, S. 86):

Tab. 5 Beurteilungsschema für eine Erlebniserzählung

	Einleitung	1. Hauptabschnitt	2. Hauptabschnitt	3. Hauptabschnitt	Schluß
Aufbau (Logik, Spannungsbogen)	durchgängiges Kriterium 4 Punkte (4 = gelungen; 3 = größtenteils gelungen; 2 = teilweise gelungen; 1 = erhebliche Mängel; 0 = überhaupt nicht gelungen) gewichtet mit dem Faktor 2 : 8 Punkte erreichbar				
Wahrscheinlichkeit des Erzählten	...	**2 Punkte** (2 = wahrsch. 1 = z. T. w. 0 = unw.)	**2 Punkte** (2 = wahrsch. 1 = z. T. w. 0 = unw.)	**2 Punkte** (2 = wahrsch. 1 = z. T. w. 0 = unw.)	...
Stil	**2 Punkte** (2 = gut 1 = mittel 0 = schlecht)	**2 Punkte** (2 = gut 1 = mittel 0 = schlecht)	**2 Punkte** (2 = gut 1 = mittel 0 = schlecht)	**2 Punkte** (2 = gut 1 = mittel 0 = schlecht)	**2 Punkte** (2 = gut 1 = mittel 0 = schlecht)
Grammatik	**2 Punkte** (2 = gut 1 = mittel 0 = schlecht)	**2 Punkte** (2 = gut 1 = mittel 0 = schlecht)	**2 Punkte** (2 = gut 1 = mittel 0 = schlecht)	**2 Punkte** (2 = gut 1 = mittel 0 = schlecht)	**2 Punkte** (2 = gut 1 = mittel 0 = schlecht)
Ideenreichtum	...	**2 Punkte** (2 = groß 1 = mäßig 0 = gering)	**2 Punkte** (2 = groß 1 = mäßig 0 = gering)	**2 Punkte** (2 = groß 1 = mäßig 0 = gering)	**2 Punkte** (2 = groß 1 = mäßig 0 = gering)
Zusatzpunkte für besondere Gestaltungsleistungen	bis zu 3 Punkte erreichbar				
Benotung: 37–42 P. 1 31–36 P. 2 25–30 P. 3 19–24 P. 4 11–18 P. 5 0–10 P. 6 erreichbar: 42 Punkte (plus evtl. 3 Zusatzpunkte)					

Nach: Jürgens/Sacher, 2000, S. 86

Auch Leistungen im Zusammenhang mit Projekten sind komplexe Leistungen, die bei der Benotung in Teilbereiche aufgeschlüsselt werden müssen, um allen Leistungsaspekten gerecht zu werden. Bohl hat folgendes Raster vorgeschlagen (Bohl, 2003):

Name: Kl.	Zeitraum / Stunden:		
Thema	Fach / Fächer:		
Gruppenmitglieder:			
Beurteilungen	Ziel-pkte.	Err. Pkte.	Note
Prozess (20 %)			
1. Projektskizze [Abgabedatum: ________]	2		
2. Arbeitsprozessbericht [Abgabedatum: ________]	3		
Präsentation (50 %) Datum: ________			
3. Struktur (z. B. Einstieg, Abschluss)	2		
4. gezielter Medieneinsatz	2		
5. sprachliche Verständlichkeit	2		
6. fachliche Qualität (z. B. Umfang, Sprache, Tiefe)	4		
Produkt schriftl. Ausarbeitung (30 %) [Abgabedatum: ________]			
7. Gestaltung (z. B. Layout, Ästhetik, Ideen)	2		
8. Informationsquellen (z. B. Vielfalt, Angaben)	1		
9. fachliche Qualität (z. B. Umfang, Tiefe)	3		
Gesamtergebnis	**21**		
Weitere Anmerkungen			
Datum ______ (Fachlehrerin ____________) (Fachlehrer ____________)			

nach: Bohl, SchulVerwaltung spezial, Nr. 2, 2003, S. 43

Was mir an diesem Raster jedoch fehlt, sind soziale, kommunikative und synergetische Aspekte, denn bei Projektarbeiten beflügeln (bzw. behindern) sich die Gruppenmitglieder meist gegenseitig. Die Teamarbeit als solche müsste m. E. auch gewürdigt werden.

Hier zeigen sich wieder Grenzen unseres Notensystems: Nur individuelle Leistungen sind „anrechnungsfähig“.

7.6.2 Praktische Prüfungen und „Kompetenzbewertung"

In beruflichen Schulen gehören neben den schriftlichen Arbeiten seit jeher auch praktische Arbeiten zum Leistungsnachweis. Auch hier wird die Leistung in Teilleistungen aufgeteilt und zu Punkten addiert, die zum Schluss in eine Ziffernnote münden.

Die Bewertung ganzheitlicher Leistungen ist also nichts Neues. Jedoch handelt es sich nur um ganzheitliche Leistungen bezogen auf Fähigkeiten und Fertigkeiten im Fachbereich; soziale oder personale Kompetenzen wurden bislang nicht in gleichem Maß gewürdigt.

Aufgrund veränderter wirtschaftlicher und gesellschaftlicher Bedingungen wird Ganzheitlichkeit inzwischen jedoch weiter gefasst. Ziel beruflicher Bildung muss den neuen „Verordnungen über die Berufsausbildung" zufolge die **Handlungskompetenz** der Auszubildenden sein, die die Einbindung von verschiedenen Kompetenzen, darunter auch von sozialer und personaler Kompetenz, erforderlich macht. In vielen Berufsschulen wird deshalb in **Lernfeldern** statt in Unterrichtsfächern gearbeitet. Ausgehend von einem konkreten beruflichen Problem soll hier in Teams mit gegenseitiger Unterstützung fächerübergreifend eine Lösung erarbeitet werden, um damit eine stärkere Praxisorientierung zu erreichen. Neben den fachlichen Kompetenzen sind bei dieser Art des Vorgehens unweigerlich auch sogenannte instrumentelle Kompetenzen erforderlich, wie etwa Teamfähigkeit, Zuverlässigkeit, Verantwortungsbewusstsein, Kooperationsfähigkeit und andere. Die Bewertung derart ganzheitlicher Kompetenzen ist aber schwierig, und zwar insbesondere deshalb, weil einem Grundsatzurteil zufolge „der Bewertung eine Leistung zu Grunde liegen muss, die ausschließlich auf dem persönlichen, von anderen im Wesentlichen unbeeinflussten geistigen Einsatz des Prüfungsbewerbers beruht" (BVerwG, Baden-Württemberg, 15.03.1977). Das schöne Gruppenergebnis als solches kann so gesehen also von Rechts wegen nicht mit einer guten Note belohnt werden.

Zur Zeit wird an neuen Beurteilungsinstrumenten gearbeitet, die durchführbar, aber auch gleichzeitig justiziabel sind. So gibt es in Baden-Württemberg neue Handreichungen zur Bewertung von Kompetenzen im Lernfeldunterricht (LEU, H-02/40). Statt den Unterricht mit einer einzigen Note zu charakterisieren, wird im Zeugnis nun zwischen „Berufsfachlicher Kompetenz" und „Projektkompetenz", die beide für wichtig erachtet werden, unterschieden. Für das Bewertungsverfahren gibt es zwar Musterbögen (vgl. ebenda, S. 11), jedoch sind weitere Differenzierungen vor Ort möglich und erwünscht. Sogar Gruppenleistungen könnten zu einem kleinen Teil in die Note einfließen (vgl. ebenda, S. 22).

Beispiel einer Beurteilung überfachlicher Kompetenzen aus den Handreichungen des Landesinstituts für Erziehung und Unterricht Stuttgart, S. 31:

Beurteilung und Bewertung überfachlicher Kompetenzen
Projektkompetenz

Name: Vorname: Schulart: Beruf: Klasse:
Beurteilungszeitraum: Projekt / Art der Tätigkeit:

Merkmal:	entspricht den Anforderungen						Gewichtungs-Faktor	Ergebnis
	im besonderen Maße 1 = sgt.	in vollem Umfang 2 = gut	im Allgemeinen 3 = bfr.	bedingt, mit leichten Mängeln 4 = ausr.	mit behebbaren Mängeln 5 = mgh.	nicht 6 = ung.		
Methodenkompetenz								
- Lernfähigkeit Bewertet wird die Fähigkeit Informationsquellen nach ihrer Bedeutung auszuwählen, selbstständig zu erschließen und zu strukturieren, sowie lern- und Arbeitsmethoden systematisch anzuwenden.							0,2	=
- Problemlösefähigkeit Bewertet wird die Kreativität, der Zeit- und Mittelbedarf und die Fähigkeit, verschiedene Problemlösungen selbstständig, verantwortungsvoll, aufgaben- und situationsgerecht zu entwickeln und anzuwenden.							0,1	=
Personalkompetenz								
- Selbständigkeit und Verantwortung Bewertet wird der benötigte Umfang an Unterstützung und Hilfe zum Erreichen der Lern- und Arbeitsergebnisse sowie die Bereitschaft zur situationsgerechten Übernahme von Verantwortung.							0,2	=
- Interesse und Initiative Bewertet wird das Interesse für die Lern- und Arbeitsinhalte, die Bereitschaft die erworbenen Fähigkeiten anzuwenden, die Anstrengungsbereitschaft und der Wille Leistung zu erbringen.							0,2	=
- Kommunikationsfähigkeit Bewertet wird die allgemeine und fachliche Ausdrucksfähigkeit, die Fähigkeit zum Erfahrungsaustausch und die Fähigkeit, bei Konflikten sachlich und menschlich angemessen zu argumentieren und zu handeln.							0,1	=
Sozialkompetenz								
- Kooperationsfähigkeit und Aufgeschlossenheit Bewertet wird das Verhalten im Umgang mit Anderen, die Fähigkeit sich in eine Gruppe kollegial einzuordnen, begründete Kritik angemessen zu äußern bzw. anzunehmen und die Teamarbeit zu fördern.							0,2	=
Gesamtergebnis (Note):								Σ

Datum: Von der Beurteilung habe ich Kenntnis erhalten. Sie wurde mit mir durchgesprochen,

☐ ich bin damit einverstanden

☐ meine abweichende Auffassung ist dieser Beurteilung beigefügt.

Unterschrift des Beurteilers: Unterschrift des Beurteilten:

aus: LEU Stuttgart, Handreichungen. Bewertung von Kompetenzen im Lernfeldunterricht. H-02/40, S. 31

7.6.3 Die sogenannte „mündliche Note" / eigene Erfahrungen

Der Bereich „mündliche Note" gewährt Lehrern und Lehrerinnen mehr pädagogische Freiheit als der Bereich der Klassenarbeits- oder Prüfungsarbeiten. Hier kann tatsächlich der Lernprozess ins Auge gefasst werden und es können Aussagen zu überfachlichen Kompetenzen, vor allem auch zur Sozialkompetenz, gemacht und bei der Notengebung berücksichtigt werden.

Auf der anderen Seite gibt es aber auch für den Bereich der mündlichen Noten rechtliche Vorschriften. Diese Vorschriften möchte ich an dieser Stelle aufführen, um auf die Grenzen aufmerksam zu machen, denen Neuerungen unterliegen. Anschließend möchte ich von eigenen vorläufigen Erfahrungen im Umgang mit einer neuen Lern- und Bewertungskultur im Zusammenhang mit der „mündlichen Note" berichten.

Die mündliche Leistung besteht in der Hauptsache aus einer Eindrucksnote, die die Quantität und Qualität der Beteiligung im Unterricht umfasst. Es ist gebräuchlich, diese Noten in gewissen Abständen festzuhalten (Epochalnoten). Eine Pflicht, bestimmte Formalien einzuhalten, besteht nicht. Die Lehrkraft muss im Streitfall aber in der Lage sein, den Gesamteindruck zu spezifizieren und zu begründen und gegebenenfalls in Teilleistungsbereiche aufzufächern. Neben die Eindrucksnote können Einzelbefragungen treten; sie stehen jedoch im Ermessen der Lehrkraft. Auch die Gewichtung der mündlichen Note steht im Ermessen der Lehrkraft, es sei denn, dass die Einzelschule bestimmte andere Regelungen getroffen hat. Die Regelungen müssen zu Beginn des Unterrichts den Schülern bekannt gegeben werden (vgl. Walz, 2001).

Neben die bekannten Kategorien der schriftlichen und mündlichen Leistung kann außerdem noch eine Kategorie „sonstige Leistungen" treten. Allerdings muss auch hier die beabsichtigte Regelung transparent gemacht werden.

Bei alledem ist aber zu bedenken, dass im Versetzungsfall (wenn von der Bewertung Rechtsfolgen abhängen) nur die individuelle Leistung des einzelnen Schülers gewertet werden darf (vgl. Reip, 2002).

Die genannten Vorschriften gewähren meines Erachtens trotz ihrer Einengung einigen Spielraum, um ein Lernen in der Gemeinschaft und mit der Gemeinschaft zu fördern und zu würdigen und gleichzeitig das Individuum im Auge zu behalten. Notwendig ist eine Aufschlüsselung in viele Teilbereiche, deren unterschiedliche Bewertungen letztlich in die Eindrucksnote, die ein individueller Schüler oder eine Schülerin erhält, einfließen.

Die Erfahrungen, die ich hier vorstellen möchte, gehen auf meinen mehrjährigen Erziehungslehre-Unterricht an einer zweijährigen Fachschule für Hauswirtschaft zurück. Das Fach wird im 2. Jahr mit einer Doppelstunde pro Woche angesetzt.

Gleich zu Beginn meines Unterrichts gab ich die Gewichtung der Noten für das Zeugnis bekannt, nämlich zwei Drittel für die schriftliche und ein Drittel für die mündliche Leistung und die Leistung für Sonstiges. Die Zahl der schriftlichen Arbeiten ist in Baden-Württemberg festgelegt; sie richtet sich nach der Stundenzahl. Bei 2 Stunden Unterricht pro Woche werden 2 Arbeiten im Halbjahr geschrieben. Für die mündliche Note kündigte ich zum einen eine Eindrucksnote an, die auf einer Selbsteinschätzung beruhen sollte, des Weiteren eine Note für die Ordner oder Hefte und als Drittes Gruppennoten für die Produkte aus kleineren und größeren Projekten.

Für die Eindrucksnote hatte ich Kriterien ausgearbeitet, die ich gleich in der 1. Stunde vorlegte (vgl. Abbildung). Ich machte den Schülerinnen und Schülern die für sie überraschende Ankündigung, dass sie sich selbst einschätzen sollten und dass ich nur eingreifen würde, wenn ich anderer Meinung wäre. In einem solchen Fall müsste man über die Note eingehender sprechen. Meistens konnte ich den Einschätzungen der Schülerinnen und Schüler aber folgen.

Bewertungskriterien/ mündliche Note

	hoch / (1-2)	mittel / (3-4)	wenig / (5-6)
Bereitschaft			
über Erziehungsaufgaben nachzudenken			
mitzudiskutieren			
Beispiele zu bringen			
Bilder oder Artikel zum Thema mitzubringen			
Bereitschaft, bei Gruppenarbeit			
sich zu engagieren			
zum Thema zu diskutieren			
das Gruppenergebnis mit zu formulieren			
das Gruppenergebnis vorzutragen			
in der Gruppe eine Aufgabe zu übernehmen			
insgesamt:			

Vorschlag: Die Schüler und Schülerinnen beurteilen sich selbst (allein und in der Gruppe).

Die Lehrerin entscheidet, ob sie die Beurteilung akzeptieren kann.
In Zweifelsfällen diskutiert sie die Note mit den Schüler/innen.

In den Ordnern sollten die Mitschriebe, aber auch Zusatzinformationen aus Zeitschriften oder zum Thema passende Bilder gesammelt werden. Außerdem sollten sie einen individuellen Exkursionsbericht enthalten. Kriterien waren Inhalt und Form (mit besonderer Gewichtung des individuellen Berichts), aber auch Vollständigkeit und Pünktlichkeit.

Für die Gruppen-Arbeitsprodukte haben wir gemeinsam auf die konkrete Aufgabe bezogene Kriterien zusammengestellt, je nachdem, ob es sich nur um ein Plakat handelte oder aber einen kleinen, von den Gruppen gefertigten Videofilm-Abschnitt oder um ein Kapitel für einen schriftlichen Erziehungsratgeber. Beim Video war ein Kriterium zum Beispiel auch der Mut, vor der Kamera zu sprechen und sich dabei filmen zu lassen. Ein anderes Kriterium war so etwas anscheinend Nebensächliches wie die Gestaltung einer Überschrift, die eingeblendet werden sollte. Letzteres war eine reine Fleißaufgabe, sozusagen eine Restaufgabe für zu Hause, die mangels Einsatz nicht alle Gruppen hinbekommen haben (vgl. Abbildung).

Erziehungsfragen im Kleinkindalter

Vorschlag für die Bewertung des Videos

Bewertungskriterien für einen Videoabschnitt	Punkte
Originalität der Idee	2
Gründlichkeit der Recherche	6
Filmmaterial	5
Mut zur Darstellung	2
Gruppenzusammenspiel	6
Eingesetzte Zeit (auch zu Hause)	3
Treffsicherheit bez. Thema	6
Klarheit der Botschaft	4
Requisiten (z.B. Titelblatt)	2

Bei weniger aufwändigen Gruppenarbeiten, z. B. bei der Erstellung eines DIN A 4-Theorieblattes für die Mitschüler, habe ich die Gesamtleistung eingeschätzt und in Form eines Briefes an die Gruppenmitglieder mitgeteilt:

Beurteilung „Theorieblatt" und dessen Erarbeitung

Autonomie / Trotzalter

Liebe Bianca, Niyat, Alexandra, Timo und Manuel,

Sie waren engagiert bei der Sache, haben aber den Arbeitsauftrag nicht gründlich gelesen!
Beide Blätter sind mir nicht pünktlich zugegangen.

Das Theorieblatt scheint im mittleren Teil ein anderes Thema zu behandeln; das Beispiel „Medizinflasche" passt nicht zum Thema Trotzen.

Und haben alle gleich viel getan?!

Da letztlich alles doch noch geklappt hat:

gut-befriedigend (2,5) K. M.-J.

Beurteilung „Theorieblatt" und dessen Erarbeitung
Das Spielen

Liebe Helena, Corinna und Dunja,

Sie sind sehr konzentriert und zielstrebig ans Werk gegangen.
Der Text ist umfassend und zeigt auch Ihr persönliches Interesse und Ihre Begeisterung.

Mein Tipp für die Zukunft: Lösen Sie sich noch mehr vom Sprachstil des Buches und benutzen Sie Ihre eigene Sprache!

Für das Ergebnis Ihrer Arbeit erhalten Sie die Note

Sehr gut (1) K. M.-J.

Auf weitere mündliche Noten, insbesondere auf ein sogenanntes Abfragen oder gar eine Bewertung von Schüleräußerungen während des Unterrichts, habe ich bewusst verzichtet. Ich wollte und will Lernprozesse nicht mit Notendruck belasten. Im Gegenteil: Die Schülerinnen und Schüler sollen die Erfahrung machen, dass gemeinschaftliches Lernen Freude bereiten kann und dass es sich lohnt, sich gegenseitig zu unterstützen und zu helfen. Die Ergebnisse der Gruppenarbeiten waren immer auch für die Klassenarbeiten relevant. Die diesbezügliche Wissensüberprüfung übernahmen die Schülerinnen und Schüler selbst, manchmal im Rollenspiel, mit meiner Hilfe. Ich mimte z. B. eine hilflose Mutter, die bei Experten Rat sucht. Bei solchen Gelegenheiten wurde der Stoff wiederholt und erneut, vielleicht sogar tiefgehender, diskutiert.

Die Zeugnisnote in Erziehungslehre umfasste im Endeffekt, nach juristischer Vorstellung berechnet, einen individuellen Anteil von 8/9 und einen Gruppenanteil von 1/9, ein Mischungsverhältnis, das im Gemeinschaftsraum Schule kaum zu Beanstandungen führen dürfte. Die Schülerinnen und Schüler waren mit dem Verfahren sehr zufrieden. Besonders die eifrigen „Mitarbeiter/innen" profitierten. Es genügte nun nicht mehr, nur ab und zu um die Klassenarbeitstermine herum zu erscheinen (ein Verhalten, das leider an vielen beruflichen Schulen wegen der Überbetonung des Prüfungsprinzips eingerissen ist), sondern die Mitarbeit im Team wurde gewürdigt und die Schwänzerei auch von den Schülerinnen und Schülern geächtet. Eine einzige Schülerin beschwerte sich einmal zu Beginn: Sie wolle mir nicht meine Verantwortung abnehmen und sich selbst beurteilen. Diese Schülerin änderte aber im Verlauf des Schuljahres ihre Meinung.

7.7 Neue Ansätze zur Leistungserfassung und Bewertung

7.7.1 Ansätze aus der Wirtschaft

Viele neue Lern- und Beurteilungsansätze verdanken wir der Wirtschaft. Sie entwickelte in den achtziger und neunziger Jahren das Konzept der „lernenden Organisation“, dem der Versuch zugrunde liegt, durch strikte Kundenorientierung sowie erhöhte Handlungskompetenz aller Mitarbeiter flexibel auf wirtschaftliche und gesellschaftliche Veränderungen reagieren und sich ständig weiterentwickeln zu können. Das Konzept beinhaltet in diesem Zusammenhang auch eine neue Kultur der Leistungsbewertung, mit dem Akzent auf der Förderung und Weiterentwicklung von Kompetenzen.

In großen Firmen wie Siemens, Daimler / Chrysler und anderen wird deshalb schon in den Lehrwerkstätten neben der fachlichen Ausbildung großer Wert auf die Entwicklung von **Schlüsselqualifikationen** gelegt. So gibt es etwa Einschätzungen in den Bereichen Arbeitsmethodik, Verantwortungsfähigkeit, Problemlösefähigkeit, Kooperationsfähigkeit, Kommunikationsfähigkeit, Einsatz und Ausdauer und Selbstständigkeit (vgl. Ott, 2000, S. 222). Die Bewertung erfolgt als Selbst-, Fremd- und Gruppenbewertung und ist Anlass für regelmäßige Fördergespräche mit den einzelnen Auszubildenden. Hier werden Verbesserungsvorschläge gemacht und verbindliche Vereinbarungen über Maßnahmen wie Nachhilfeunterricht oder andere Zusatzhilfen getroffen.

Grundlage solcher Gespräche ist oftmals ein Einschätzungsbogen, der verbal oder grafisch IST- und SOLL-Zustand festhält. Bei dem unten aufgeführten Beispiel markieren Strahlen in einem Kreis die gewünschten Kompetenzen und der Abstand von der Mitte zeigt den Grad des Erreichten an. Durch Verbinden der Prozentpunkte auf den Strahlen kann ein Zustands- und – gepunktet – ein Sollprofil für den Einzelnen eingezeichnet werden (vgl. Ott, 2000, S. 222).

Übersicht über die Einschätzung von Schlüsselqualifikationen (nach Ott, 2000)

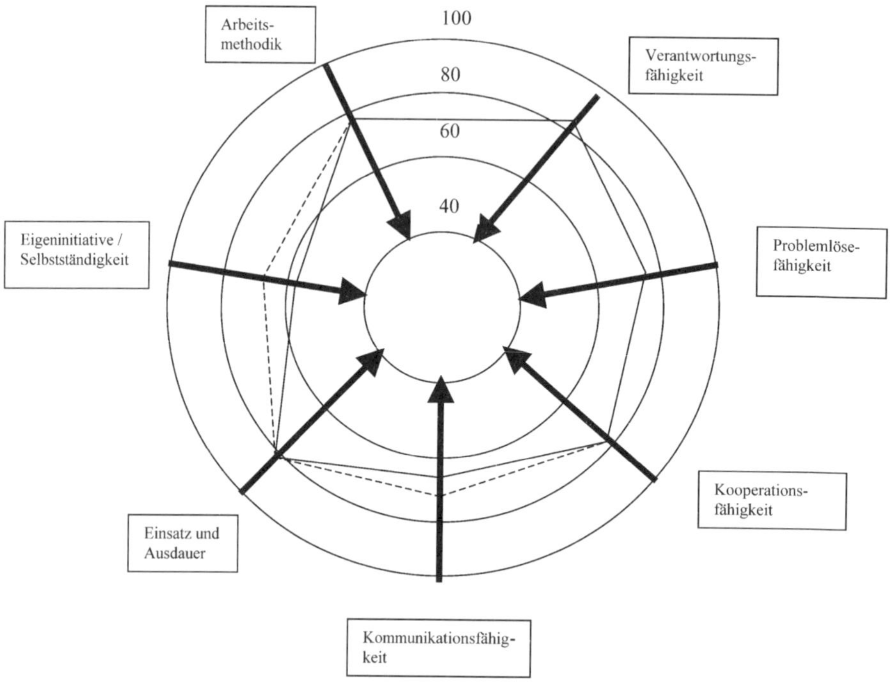

Auszubildender: Paul Ehrlich
———— Derzeitiges Leistungsprofil
---------------- Angestrebtes Leistungsprofil

Aus der Leistungskontrolle wird ein **Leistungscontrolling**, worunter man eine zukunftsbezogene Begleitung von Lern- und Entwicklungsprozessen versteht.

7.7.2 Leistungsbewertung in Projekt- und Versuchsschulen (Oberstufenkolleg Bielefeld)

Die wichtigste Veränderung an Schulen, die neue Beurteilungsformen erproben, ist ebenfalls eine veränderte Einstellung in Bezug auf Leistung: Das Hauptaugenmerk wird auch bei ihnen auf den Lernprozess und seine Begleitung gelenkt; Leistungsüberprüfungen hingegen werden zurückgedrängt. Für eine solcherart mentale Kehrtwendung werden didaktische und erzieherische Gründe ins Feld geführt.

Zum einen hilft der Einblick in den Lernprozess Lehrern und Lehrerinnen dabei, flexibel und teilnehmerorientiert zu reagieren, das Tempo oder die Darstellungsweise zu ändern, das Vorwissen aufzubereiten oder ähnliche Maßnahmen vorzunehmen. Zum anderen hilft er dabei, Schülern und Schülerinnen für deren individuelle Entwicklung Ratschläge zu geben. Sie erhalten kontinuierlich Hinweise, wie sie Defizite aufarbeiten oder an den Ergebnissen ihrer Arbeit Verbesserungen vornehmen können, ohne für ihre noch unzureichenden Versuche in irgendeiner Weise abgestraft zu werden. Der didaktische Gesichtspunkt ist also auch gleichzeitig ein Fördergesichtspunkt.

Der erzieherische Effekt ist womöglich noch bedeutender. Die Schülerinnen und Schüler lernen, für ihren eigenen Lernprozess Verantwortung zu übernehmen, aus Fehlern zu lernen und insgesamt ein „Verbesserungsstreben als Haltung gegenüber der eigenen Arbeit zu entwickeln“ (Winter, 2004, S. 204). Außerdem lernen sie, ihre Arbeiten selbst einzuschätzen und Klassenkameraden oder Lehrer um deren Beurteilung zu bitten, also eine mehrperspektivische Sichtweise einzunehmen.

Wenn es um Leistungsüberprüfungen geht, gilt das Prinzip der Rechenschaftslegung statt des Prinzips der bürokratischen Kontrolle. Die Schüler und Schülerinnen präsentieren Proben ihres Könnens und stehen vor einer Prüfungskommission Rede und Antwort.

Für die Beurteiler gilt Transparenz der Kriterien, Offenlegung der Bedingungen, eine intersubjektive Abstimmung sowie – als Voraussetzung – eine gründliche Lerndiagnose, die die Entwicklungsschritte des einzelnen Schülers und der einzelnen Schülerin festgehalten und dokumentiert hat.

Als Instrumente der Leistungsfeststellung dienen das **Portfolio**, der **Lernkontrakt**, **Lerntagebücher** und die **Leistungspräsentation**.

Portfolios sind Leistungsmappen, in denen die Arbeitsaufträge und die angefertigten Arbeiten, aber auch Verbesserungshinweise und verbesserte Arbeiten sowie deren Beurteilungen aufbewahrt werden. Sie dokumentieren die Leistungen, aber auch die Lernfortschritte der Lernenden in einem bestimmten Zeitabschnitt.

Lernkontrakte sind verbindliche Verträge zwischen Lehrenden und Lernenden über Ziele und Inhalte von Lernaufgaben, über Abgabe- und Beratungstermine sowie Evaluationskriterien. Lernkontrakte werden da, wo sie eingesetzt werden, ebenfalls im Portfolio aufbewahrt.

Lerntagebücher dienen der individuellen Reflexion über den Prozess des Lernens. Die Formen, die gewählt werden, sind sehr unterschiedlich und richten sich zum Teil nach dem Alter der Lernenden oder deren Sprachgewandtheit. So sind vorstrukturierte wie auch völlig dem Belieben des Einzelnen überlassene Eintragungen möglich. Es kann um Inhaltliches gehen, um offengebliebene Fragen und die im Unterricht eingesetzten Arbeitsmethoden, es können aber auch innere Zustände wie Irritationen und dergleichen geschildert und Wertungen vorgenommen werden (vgl. Winter 2004, S. 259). Auch Lerntagebücher haben ihren Platz im Portfolio.

Präsentationen spielen heute schon an den meisten Schulen eine Rolle. So gibt es an den beruflichen Gymnasien Baden-Württembergs ein Fach „Seminarkurs“, in dem Schüler selbstständig, nur in Begleitung beratender Lehrer, Facharbeiten anfertigen und diese einer schulinternen Öffentlichkeit vorstellen. Sowohl der Fachinhalt als auch die Präsentation wird als Leistung abgerechnet. Einige Reformschulen gehen da noch einen Schritt weiter: Die Präsentation des Portfolios vor einem Gremium kann Prüfungsersatz sein.

Die Ansätze aus der Wirtschaft und aus den Versuchsschulen sind kompatibel: Beide sind bewusst entwicklungsorientiert. Das Festhalten am herkömmlichen, kontrollierenden System hingegen ist ein „retardierendes Moment für Schulentwicklung“ (Winter, 2004, S. 28).

7.8 Konsequenzen für die Praxis

Die Beschäftigung mit der Herkunft und den Folgen der Benotungspraxis in Deutschland hat zeigen können, wie fragwürdig unser staatlich verordnetes Verfahren ist. Das Unbehagen vieler Lehrer und Lehrerinnen in diesem Zusammenhang kann also als gesundes Zeichen dafür genommen werden, dass Veränderungen nötig sind.

Zum einen wird das derzeitige Beurteilungssystem den Fähigkeiten heutiger Schüler und Schülerinnen vielfach nicht gerecht und es fördert nicht genügend diejenigen Kompetenzen, die sie für ihre Entwicklung in einem „lernenden Land“ brauchen.

Zum anderen belastet es die Lehrer und Lehrerinnen, weil sie ständig in die Richterrolle gedrängt und von den Schülern und Schülerinnen als Oberkontrolleure gesehen werden.

Unterricht ist in Deutschland oft Dauer-Prüfungssituation, die um der Gleichbehandlung der Schüler willen Distanz verlangt und schafft. Unter diesen Umständen ist es nicht verwunderlich, dass Schüler und Schülerinnen selten noch auf ein persönliches Schwätzchen mit ihrem Lehrer oder ihrer Lehrerin im Klassenraum bleiben, wie es z. B. in den USA gang und gäbe ist. Vielmehr gehen sich Lehrer und Schüler leider oft aus dem Weg und eilen jeder für sich schnurstracks und möglichst früh nach Hause. Dass die Sachlage in Arbeitsgemeinschaften, bei Schulfesten oder in Landschulheimen anders aussieht, bestätigt nur die Regel: Bei solchen Gelegenheiten darf man „Mensch“ mit Stärken und Schwächen sein; hier wird gottlob nicht benotet.

Mir scheint, dass es zum großen Teil an unserem starren Notengebungs-Verfahren – und natürlich an den zugrundeliegenden Vorgaben – liegt, wenn unser Schulsystem so resistent gegen alle Neuerungen erscheint. Schüleraktive und sozialintegrative Unterrichtsmethoden können letztlich nur ein Nischenleben führen, wenn am Ende doch Noten- und Konkurrenzdruck vorherrschen.

Jedoch können sich Lehrer und Lehrerinnen, und (nach Meinung der Älteren) schon gar nicht Referendarinnen und Referendare, über die Verordnungen zur Notenpraxis hinwegsetzen.

Ich möchte deshalb einen m. E. brauchbaren Kompromiss vorschlagen, der beides, die Prüfungsanforderungen, aber auch die Entwicklungsnotwendigkeiten, im Auge behält.

Als erstes müssen sich die Lehramtsanwärter und Referendare unbedingt nach den an der jeweiligen Schule (und Schulstufe!) herrschenden Regeln und Gepflogenheiten erkundigen und diese strikt einhalten. Dazu gehört es zum Beispiel, sich die gebräuchlichen Notenskalen zu besorgen und Klassenarbeiten der Vorjahre einzusehen.

Das nächste wäre dann, diese Regeln den Schülerinnen und Schülern transparent zu machen und mit ihnen zu überlegen, wie die von außen gesteckten Ziele am besten gemeinsam zu erreichen wären. Es ist auch sinnvoll, Klassenarbeitstermine gleich zu Beginn festzulegen und zu versichern, dass man bis dahin den Stoff gut vorbereiten und üben werde. So kann der Lehrer und kann die Lehrerin von den Schülern als Helfer wahrgenommen werden.

In der Zeit vor und zwischen den Arbeiten wird dann immer wieder auf die Ziele Bezug genommen und der Lernfortschritt gesehen und gewürdigt. In dieser Zeit würde ich davon absehen, Schüler zu befragen und für deren Antworten Ziffernnoten zu verteilen. Sie sollen keine Scheu haben müssen, sich zu äußern, Fehler zu machen und sich helfen zu lassen.

Mündliche Noten kann es dagegen für „Sonstiges" geben, als da wären Referate, vorbereitete Präsentationen und anderes. Wie oben beschrieben (7.6.3) ist es an dieser Stelle auch vertretbar, Gruppennoten zu erteilen. Zum einen zeichnet sich gute Gruppenarbeit dadurch aus, dass jeder nach seinen Möglichkeiten eingespannt wird und daher wirklich etwas leistet, zum anderen können Noten für „Sonstiges" bei der herkömmlichen Gewichtung der Prüfungsarbeiten sowieso das Endergebnis nur modifizieren. Eine Modifikation je nach Einsatz scheint mir mit Blick auf entwicklungsförderliches Tun aber nur gerecht zu sein.

Schließlich muss den Schülerinnen und Schülern klar gemacht werden, dass Mitarbeit vorausgesetzt und erwartet wird. Sie wird zum Schluss des Halbjahres von der Lehrkraft, u. U. aber auch von ihnen selbst, eingeschätzt. Auch die Mitarbeitsnote fließt in die mündliche Note ein.

An vielen Schulen und bei vielen Vorgesetzten herrscht immer noch die Vorstellung, dass in jeder Klasse die Notenskala „voll ausgeschöpft" werden müsse, d. h., dass es auch immer Fünfen und Sechsen geben müsse. Bei einer guten Förderung weist der Notenspiegel aber wenig wirklich schlechte Noten auf. Um hier Spekulationen über eine angeblich zu nachsichtige Behandlung vorzubeugen, bietet sich an, die Leistungen der Schüler einer Öffentlichkeit vorzustellen, sei es in Form einer Ausstellung, einer Präsentation oder in Form eines Beitrags am

Elternabend. Die meisten Erwachsenen sind sehr beeindruckt, wenn sie sehen, was Jugendliche leisten können. Die Fixierung auf Ziffernnoten verstellt nämlich den Blick auf die dahinter stehende Arbeit. Wenn Schülerarbeiten vermehrt veröffentlicht und damit gesehen und gewürdigt werden, so ist ein erster Schritt in Richtung auf eine neue Kultur der Bewertung getan.

Zu einem erweiterten Lernbegriff, der Sach-, Sozial- und letztlich auch Selbstkompetenz umfasst, gehört auch ein erweiterter Leistungsbegriff.

Während es im 19. Jahrhundert, als die Ziffernnoten ihren Siegeszug antraten, darum ging, in einem relativ statischen System jedem seinen Platz zuzuweisen, geht es heute darum, die Potenziale jedes Einzelnen zu fördern, um ihn zu befähigen, eine dynamische Zukunft mitzugestalten.

Im Vordergrund muss daher der Förderaspekt stehen. Im Zusammenhang mit der Leistungsbeurteilung ist deshalb darauf zu achten, dass (u. U. zusätzlich zur Note) differenzierte Rückmeldungen gegeben werden, die Hinweise für Verbesserungen sowie Hilfen für weiterführende Entscheidungen bereitstellen.

Literatur

Bohl, T.: Offener Unterricht und Leistungsbeurteilung: In: SchulVerwaltung spezial, Nr. 2, 2003, S. 42–44

Grunder, H.-U. (Hrsg): Neue Formen der Leistungsbeurteilung in den Sekundarstufen I und II. Baltmannsweiler 2004

Lundgreen, P.: Sozialgeschichte der deutschen Schule im Überblick. Göttingen 1980

Guldimann, T.: Das Lernen verstehen – eine Voraussetzung für die Lerndiagnose. In: SchulVerwaltung spezial, Nr. 2 / 2003, S. 4–8

Jäger, R. / Jäger-Flor, D.: Schülerbeobachtung, in: SchulVerwaltung spezial, Nr. 2 / 2003, S. 12–15

Jürgens, E. / Sacher, W.: Leistungserziehung und Leistungsbeurteilung. Neuwied 2000

Ott, B.: Grundlagen des beruflichen Lernens und Lehrens. Berlin 2000

Rapp, G.: Messung und Evaluierung von Lernergebnissen in der Schule. Bad Heilbrunn 1975

Reip, S.: Rechtsprobleme neuer Formen der Leistungsbewertung, in: SchulRecht aktuell, SchulVerwaltung BW, Nr. 1 / 2002

Sacher, W.: Evaluation von Unterricht und Schülerleistungen. In: Apel, H.-J. / Sacher, W. (Hrsg.): Studienbuch Schulpädagogik. Bad Heilbrunn 2002

Sacher, W.: Leistungsbeurteilung nach PISA. In: SchulVerwaltung spezial, Nr. 2 / 2003, S. 16–18

Walz, G.: Mündliche Leistungen rechtssicher bewerten, in: SchulRecht aktuell, SchulVerwaltung BW Nr. 6 / 2001

Weinert, F.: Leistungsmessungen in Schulen. Weinheim, Basel 2002

Winter, F: Pädagogische Diagnostik und pädagogisches Handeln. In: SchulVerwaltung spezial Nr. 2 / 2003, S. 9–11

Winter, F.: Leistungsbewertung. Baltmannsweiler 2004

8. Erziehung und Wertevermittlung

8. Erziehung und Wertevermittlung

8.1 Fragestellung

Die Notwendigkeit von Erziehung und Wertevermittlung wird zwar heute allgemein wieder anerkannt, aber meist mit Blick auf Elternhaus, Kindergarten oder Grundschule, allenfalls noch mit Blick auf die Sekundarstufe I der Regelschulen. Dass Erziehung aber auch eine Aufgabe der beruflichen Schulen sein könnte, stößt bei vielen jungen Universitätsabsolventen auf Unverständnis.

Die Vorstellung, dass der Diplomingenieur als Elektrotechniklehrer und die eventuell promovierte Chemikerin als Chemielehrerin auch Erziehende sein sollen, löst Zweifel aus. An beruflichen Schulen müsse es doch nun wirklich um Sachkenntnis und Nützlichkeiten gehen und die Erziehung – so die verbreitete Meinung – müsse als abgeschlossen betrachtet werden. Schließlich sind etwa die Hälfte aller Berufsschul-Schüler bereits 18 Jahre alt. Wie soll sich Erziehung mit Volljährigkeit vereinbaren lassen?

Spätestens hier taucht die Frage auf, was denn überhaupt unter Erziehung zu verstehen sei. Im Alltagsverständnis wird der Begriff vielfach mit „Gehorsam einfordern" auf der einen Seite und mit „Anstand und Moral vermitteln" auf der anderen Seite sowie mit diversen Belohnungs- und Strafpraktiken assoziiert. All dieses scheint nicht zum Umgang mit Schülern an beruflichen Schulen, die oft schon im Leben ihren Mann stehen müssen, zu passen. Oder wird heute schon jede Beeinflussung Erziehung genannt? Wo wären dann deren Grenzen? Und wie steht es mit der Wertevermittlung? Ist in einer Gesellschaft, die sich zum Pluralismus bekennt, Einmischung überhaupt statthaft?

Das Gebiet erscheint manchen als unsicheres, vielleicht sogar vermintes Gelände. Im Fachgebiet fühlen sich die jungen diplomierten Wissenschaftler sicher; hier haben sie den gewünschten Kompetenzvorsprung. Wie aber soll man erzieherisches Wirken aus dem Ärmel schütteln? Gibt es da überhaupt einen Kompetenzvorsprung den Schülern gegenüber?

Die folgenden Ausführungen mögen zeigen, dass Erziehung zwar nötig ist, die genannten Sorgen aber unnötig sind.

Erziehung und Wertevermittlung sind nicht als zusätzliche Aufgabe gedacht, sondern sie stellen einen Aspekt der Lehrertätigkeit dar. Unterricht entfaltet nämlich immer eine erzieherische Wirkung, ob der Lehrer nun speziell darüber nachdenkt oder nicht. Ein eher nüchterner wissenschaftsorientierter Unterricht z. B. erzieht zur Sachlichkeit und zur Distanz zu Dingen und Menschen. Das sind sicherlich Werte, die in unserer Gesellschaft Ansehen genießen. Die Frage ist nur, ob wir in dieser Hinsicht nicht schon über das Ziel hinausgeschossen sind und andere Werte darüber vernachlässigt haben. Jede Gesellschaft muss sich neu um die Erziehung ihres Nachwuchses kümmern und muss sich der Werte vergewissern, die sie anstrebt und der nachfolgenden Generation vermitteln will.

8.2 Sozialisation und Erziehung

Der menschliche Nachwuchs ist bei seiner Geburt einerseits extrem hilflos und angewiesen auf die ihn umgebende Gemeinschaft, andererseits aber auch extrem lernfähig, wie die rasante Entwicklung im ersten Lebensjahr zeigen kann. In kurzer Zeit übernimmt er von der Gruppe, die ihn aufzieht, deren Fortbewegungsart, deren Sprache und deren Gebrauch von Instrumenten.

Die Hilflosigkeit hat schon Kaiser Friedrich II (1194–1250) bei einem Experiment erkennen müssen. Er wollte die Ursprungssprache der Menschheit erkunden und ließ zu diesem Zweck eine Gruppe von Kleinstkindern isoliert und nur mit Nahrung versehen aufwachsen. Die Kinder entwickelten nicht nur keine Sprache; sie starben vielmehr aus Mangel an Zuspruch.

Die menschliche Lern- und Anpassungsfähigkeit wiederum zeigt ein anderes extremes Beispiel. Der französische Arzt Jean Itard kümmerte sich im Frankreich des frühen 19. Jahrhunderts um ein Kind, das wahrscheinlich von Wölfen angenommen worden war. Dieses Kind benahm sich wölfisch, was die Fortbewegungsart, die Nahrungsaufnahme und die Laute betraf, die es von sich gab.

Das Aufwachsen in einer zufälligen Gemeinschaft wird in der Soziologie **Sozialisation**[1] (= „Schaffung des sozialen Wesens", Rückriem, 1986) genannt.

Sozialisation geschieht unbewusst und Sozialisation geschieht überall. Das Individuum ist darauf angewiesen, sich in der Gesellschaft, in die es hineingeriet, überlebenssichernde Strategien anzueignen, sei es in der Familie, in der Nachbarschaft, auf der Straße, am Arbeitsplatz, in Vereinen oder anderswo. Es lernt diese Strategien durch Nachahmung, Beobachtung und Erfahrung von positiven oder negativen Konsequenzen (vgl. Kapitel 4). Beispielsweise lernt das Straßenkind in Brasilien, das keinerlei Erziehung genießt, dennoch bestimmte Orte und Personen zu meiden, andere aufzusuchen und sich dort eventuell Hilfe zu holen und bei wieder anderen Gelegenheiten wegzulaufen.

Erst wenn die Mitglieder einer Gemeinschaft darüber hinaus bestimmte Ziele und Methoden der absichtsvollen Beeinflussung entwickeln, spricht man von **Erziehung**. Erziehung kann deshalb nach Luhmann als Korrektiv und Ergänzung der Sozialisation aufgefasst werden (vgl. Luhmann, 2002, S. 32).

In der Kleinfamilie laufen Sozialisation und Erziehung noch nebeneinander her und sind schlecht zu trennen. Die absichtsvolle Beeinflussung, begleitet von Erklärungen, tritt wohl oft erst im Konfliktfall zutage. Nachfolgende Erziehungsinstitutionen dagegen haben genau diesen Zweck: „Sie sollen Fähigkeiten von Menschen ... entwickeln und in ihrer sozialen Anschlussfähigkeit ... fördern" (ebd., S. 15). Erziehung ist eine intentionale Tätigkeit, die der Vermittlung von

[1] Sozialisation wird in der geisteswissenschaftlichen Pädagogik manchmal in einem engeren Sinn als Erziehung zu gutem sozialen Verhalten aufgefasst, wofür die Psychologie den Begriff prosoziales Verhalten verwendet (vgl. Kapitel 6)

solchem Wissen und Können dient, das der nachfolgenden Generation Möglichkeiten eines Lebenslaufs erschließt, die sie ohne dieses Wissen und Können nicht hätte.

Anders als im anglo-amerikanischen Raum, in dem nur von „education" gesprochen wird, kommt im deutschen Sprachgebiet in diesem Zusammenhang noch der Begriff **Bildung** ins Spiel. Erziehung und Bildung gehören in unserem Sprachgebrauch zusammen, wobei Erziehung mehr die ethische, Bildung dagegen mehr die inhaltliche Seite der Beeinflussung im Auge hat. Außerdem liegt der Akzent bei Erziehung mehr auf Seiten des Erziehers und seinen Absichten, bei Bildung auf Seiten des zu Erziehenden. Bildung ist das „Resultat von Arbeit an sich selbst" (Luhmann, 2002, S. 189). Aus diesem Grund eignet sich der Begriff auch besonders gut für Maßnahmen, die für eine ältere Klientel gedacht sind, der man Erziehung nicht mehr zumuten, der man aber gleichzeitig weiterhelfen und Lernangebote machen will (vgl. ebd., S. 186).

Der Begriff der Erziehung lässt sich nicht inhaltlich definieren, da er historischen und gesellschaftlichen Veränderungen unterliegt. Aber es gibt nach Gudjons fünf Strukturmerkmale, die ihn einerseits kennzeichnen, andererseits aber auch Erweiterungen zulassen (vgl. Gudjons, 2003, S. 198 ff.), die also von der Zeit unabhängig sind:

1. Erziehung ist intentional, das heißt, es gibt immer eine Erziehungsabsicht und Erziehungsziele.

2. Erziehung ist ein Interaktionsprozess. Das heißt, dass zur Erziehung mindestens zwei gehören, die miteinander agieren, wobei der eine in der Regel mehr Kompetenz besitzt.

3. Die Interaktionsprozesse sind methodisch organisiert.

4. Erziehung ist in einen historisch-gesellschaftlichen Kontext eingebunden.

5. Erziehung erfolgt in der Auseinandersetzung mit Inhalten.

Im Unterschied zur Sozialisation ist Erziehung demnach ein intentionales, geplantes und normativ orientiertes Handeln, das der Entwicklung der Heranwachsenden dienlich sein soll.

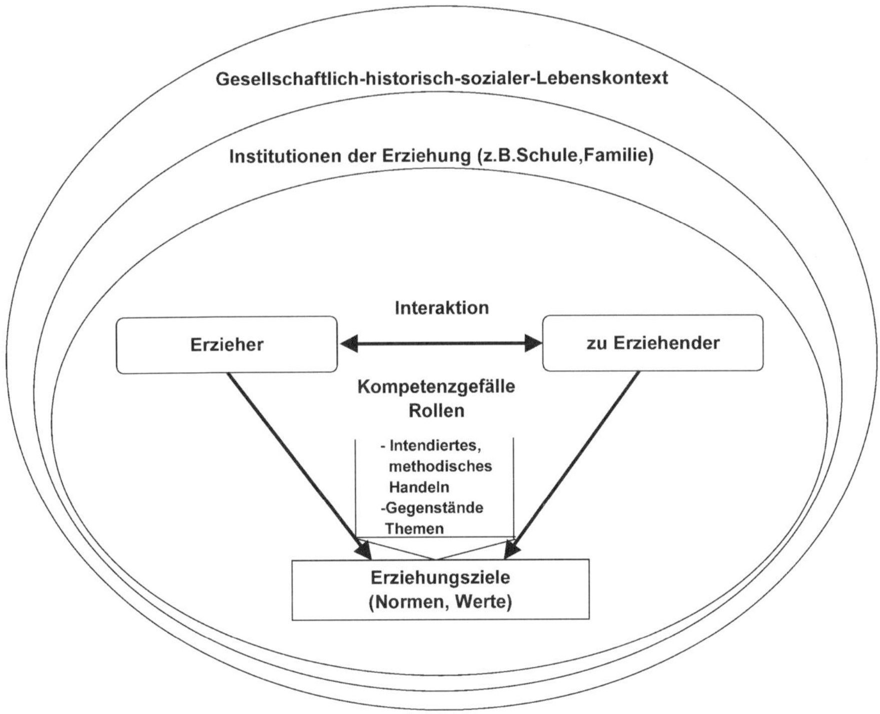

Strukturmodell von Erziehung (nach Gudjons, 2003, S. 199)

8.3 Schule und Erziehung

In einer komplexen Gesellschaft kann die Familie allein nicht mehr das Wissen und Können bereitstellen, das notwendig ist, um den Nachwuchs auf die Teilhabe am öffentlichen Leben vorzubereiten. Erziehung wird deshalb ausdifferenziert und eigenen Institutionen übertragen. Diese Institutionen haben die Aufgabe, das Wissen, aber auch die Normen und Werte der Gesellschaft weiterzugeben und die Heranwachsenden zu Persönlichkeiten zu erziehen, die einmal verantwortungsvoll und in eigener Regie den Fortbestand der Gesellschaft sichern helfen.

Zu diesem Zweck werden Schulgesetze erlassen, und zu diesem Zweck wird spezielles Lehrpersonal ausgebildet und staatlich geprüft. Und zu diesem Zweck werden, als integraler Bestandteil des Erziehungssystems, Schulen eingerichtet. Die Schulen entfalten sowohl durch ihre Struktur als auch durch das Lehrpersonal eine erzieherische Wirkung. Die Wirkung, die durch die Organisationsform, durch Rituale, durch die Zusammensetzung der Klassengemeinschaft usw. entsteht, wird **funktionale Erziehung** genannt, die Einwirkung durch Lehrerinnen und Lehrer **intentionale Erziehung** im engeren Sinne. Hier agieren Personen mit einer mehr oder weniger ausgeprägten Erziehungsabsicht.

Schule hat nach Fend drei gesellschaftliche Funktionen. Sie dient der **Qualifikation** des Nachwuchses, also der Ausbildung, sie dient der **Integration**, nämlich der Einübung in ein soziales Miteinander und sie hat die Aufgabe der **Allokation**. Letzteres bedeutet, dass Schule Schülern aufgrund ihrer Zeugnisse unterschiedliche Berufs- und Karrierechancen zuteilt. Für alle drei Aufgaben ist der Lehrer mit zuständig, nämlich für die Unterweisung, für die Klassenatmosphäre und für die Beurteilung. Lehrer und Lehrerinnen haben demnach unweigerlich auch eine Erziehungsaufgabe.

Der Adressat dieser Einflussnahme, also Schüler oder Schülerin, kann die an ihn gestellten Erwartungen erfüllen, er kann sie ablehnen, kann sich entziehen oder um das Aushandeln neuer Interpretationen bemüht sein. Erziehung ist trotz aller Institutionalisierung ein kommunikativer Prozess, der Gestaltungsraum zulässt.

Erziehung findet immer zwischen den Polen Gesellschaft und Individuum statt. Sie tendiert einmal mehr zur Stärkung der Gesellschaft, ein andermal mehr zur Stärkung des Individuums. Heute wird die Stärkung des Individuums in den Vordergrund gestellt.

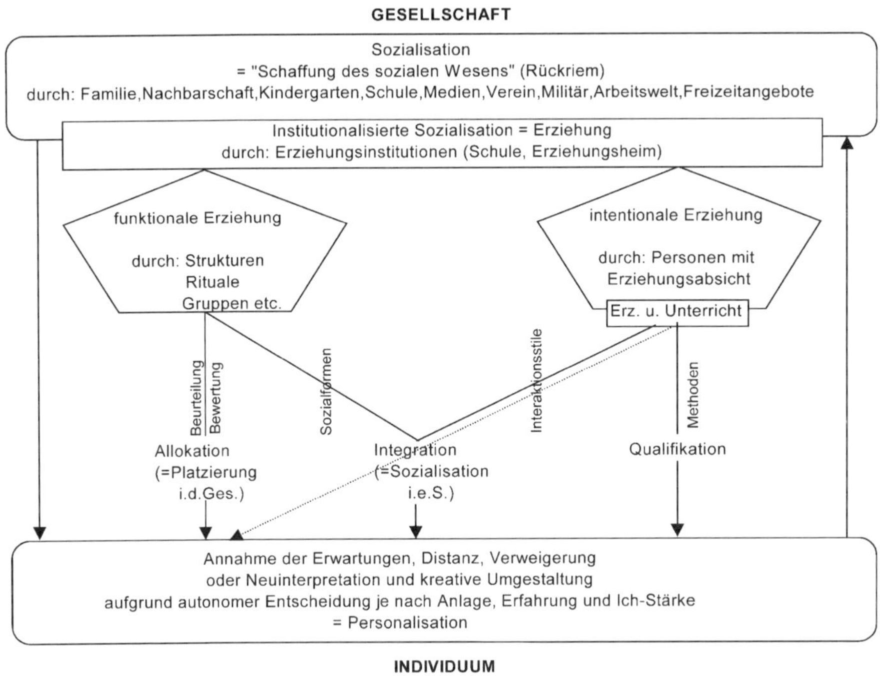

Im Rahmen der oben dargestellten Funktionen der Institution Schule zeichnet sich ab, welche Erziehungsaufgabe, aber auch welche Erziehungsmöglichkeiten Lehrerinnen und Lehrer haben. Die Erziehungsaufgabe ist begrenzt; sie bezieht sich nur auf Schule und Unterricht. Im Unterricht aber geht es nicht nur um Vermittlung von Wissen, sondern auch um Wertevermittlung, um soziales Lernen und um eine faire Beurteilung. Nicht nur fachliche, sondern auch kommunikative Kompetenzen sind also auf Lehrerseite nötig sowie auch ein Bewusstsein für den staatlichen Auftrag. Erziehungsaufgaben müssen sich im Rahmen der geltenden Vorschriften bewegen. Sie können und sollten innerhalb dieses Rahmens aber heftig diskutiert werden.

8.4 Werte, Normen und Ziele in der schulischen Erziehung

8.4.1 Werte, Normen und Ziele im Wandel

Erziehung ist als absichtsvolle Beeinflussung nicht ohne Erziehungsziele denkbar. Erziehungsziele unterliegen aber geschichtlichem Wandel und ändern sich mit der Gesellschaftsform. In Deutschland ist der Wandel der Vorstellungen überdeutlich zu erkennen. In nur hundert Jahren wechselten die offiziellen „höchsten" Werte vom Gebot der Pflichterfüllung und des Gehorsams im Kaiserreich über den Wahn von Rassenbewusstsein und Gefolgschaft im Nationalsozialismus bis zum Ziel der Persönlichkeitsentfaltung und der Mündigkeit in unserer Zeit.

Im Zusammenhang mit Erziehungszielen spielen die Begriffe Werte und Normen eine Rolle. Sie werden vielerorts synonym verwendet, können aber sinnvoller Weise auch hierarchisch geordnet werden (vgl. Gudjons, 2003. S. 191). An oberster Stelle stehen die **Werte** als Grundüberzeugungen. **Normen** sind die „pragmatische Form" (Gudjons) von Werten. Sie sind als Gebote oder Verbote sichtbar und gelten für einen größeren Kulturkreis. **Ziele** sind konkrete Handlungsziele in bestimmten Situationen. So wurde im Kaiserreich der damalige Wert „Gehorsam" im Verbot sichtbar, Autoritäten zu widersprechen. Und ein Erziehungsziel im Unterricht damals war es beispielsweise, die bestehende Herrschaftsordnung für gottgewollt und daher unumstößlich zu erklären. Ein heutiger Grundwert ist die Ehrfurcht vor dem Leben, eine Norm „Du sollst nicht töten" und ein Ziel die Erziehung zur Friedfertigkeit.

Grundwerte (z. B. „Ehrfurcht vor dem Leben")

Normen (z. B. „Du sollst nicht töten!")

Erziehungsziel (z. B. „Erziehung zur Friedfertigkeit")

Ziele, Normen und Werte, (nach Gudjons, 2003, S. 191)

8.4.2 Das Grundrecht auf freie Entfaltung der Persönlichkeit

Die heutigen Wertvorstellungen sind im Grundgesetz und in den Länderverfassungen niedergeschrieben. Aus dem Grundgesetz kennen wir alle den Satz: "Jeder hat das Recht auf die freie Entfaltung der Persönlichkeit, soweit er nicht die Rechte anderer verletzt und nicht gegen die verfassungsmäßige Ordnung oder das Sittengesetz verstößt." (Artikel 2)

Was aber unter Persönlichkeit zu verstehen ist, wird unterschiedlich interpretiert. Köck berichtet von 50 unterschiedlichen Definitionen in der Literatur. Er schlägt mit Allport (1937) folgende Beschreibung vor: „Persönlichkeit ist die dynamische Ordnung derjenigen psychophysischen Systeme im Individuum, die seine einzigartigen Anpassungen an seine Umwelt bestimmen" (Wörterbuch für Erziehung und Unterricht, 1994, S. 535). Luhmann schreibt dazu: „Menschen werden geboren. Personen entstehen durch Sozialisation und Erziehung." (Luhmann, 2002, S. 38). Er hält es aber auch für ausgemacht, dass „eine Person sich selbst zu lernen habe" (ebenda, S. 96). Das bedeutet, dass das Individuum an seiner Personwerdung entscheidenden Anteil hat. Es trägt die Verantwortung für sich selbst und sein Tun. Angesichts der Unberechenbarkeit der Verhältnisse plädiert Luhmann für eine Pädagogik, „die den zu erziehenden Nachwuchs auf eine unbekannt bleibende Zukunft einstellt“ (ebenda, S. 198). Das Lernen von Wissen müsse weitgehend „durch das Lernen des Entscheidens“ ersetzt werden.

Anders als die Soziologen versteht H. Schröder als Vertreter einer humanistischen Erziehungswissenschaft Personalität als das Wesentliche im Menschen, das von Anfang an allen Menschen zukomme (vgl. Schröder, 1995, S. 73). Für ihn ist Persönlichkeit ein „Reifegrad der individuellen Entfaltung des Menschen“ (ebenda, S. 98). Die Kriterien der Reife sind erfüllt, wenn der Mensch ein verantwortungsvolles und kritisches Verhältnis zu sich selbst (Ich-Kompetenz), zu den Mitmenschen (soziale Kompetenz) und zu den Kulturwerten (Sachkompetenz) entwickelt hat (vgl. ebenda, S. 100).

Gemeinsam ist den oben genannten Definitionen die Einsicht, dass es sich bei der Entwicklung zur Persönlichkeit um einen „dynamischen Interaktions- und Integrationsprozess zwischen Erbanlagen, Umwelteinflüssen und Selbststeuerungsfähigkeit“ (Wiater, zit. in: Schröder, 1995, S. 98) handelt. Unter Umwelteinflüsse fallen auch die erzieherischen Versuche, die Persönlichkeitsentfaltung zu fördern.

Dass unser Grundgesetz unter erzieherischem Gesichtspunkt nur das Recht eines jeden auf die freie Entfaltung seiner Persönlichkeit nennt, scheint manchen Zeitgenossen wenig zu sein, ist in Wahrheit aber von weitreichender Bedeutung. Denn die Entfaltung der Persönlichkeit des Einzelnen kommt nicht nur diesem zugute, sondern letzten Endes allen Mitgliedern der Gesellschaft. „Bildung oder Ausbildung (ist) eine wichtige Verhaltensgrundlage für andere“ (Luhmann, 2002, S. 39). Mit den Persönlichkeiten, die wir heranwachsen lassen, steht und fällt nämlich die Möglichkeit in freier Kommunikation die Verhaltensregeln auszuhandeln, die wir jetzt und in Zukunft gebrauchen.

8.4.3 Die Problematik einer weiteren Konkretisierung von Werten

Weitere inhaltliche Vorgaben wurden den Länderverfassungen sowie den sich daran anschließenden Schulgesetzen überlassen. Die dort genannten Ziele sind jedoch nicht einheitlich. Einige sind weltanschaulich liberal, wie freiheitliche demokratische Gesinnung, Friedensliebe oder Achtung vor religiöser Überzeugung anderer, andere jedoch betonen den christlichen Bezug oder gar „die Liebe zur bayerischen Heimat“. Es ist jedoch fraglich, ob materiale Werte, also Weltanschauungspostulate in einer ethisch pluralistischen Gesellschaft nicht zu viele Bürger ausschließen würden. Der Staatsrechtler und ehemalige Verfassungsrichter Böckenförde meint sogar, dass die Berufung darauf zur Rechtsunsicherheit und „zum Abbau individueller Freiheit und Autonomie“ führe (Zitat aus: Dölle-Oelmüller, 2002, S. 43) statt letztere zu befördern. Die Voraussetzung des modernen Rechts- und Verfassungsstaates sei es vielmehr, dass die Staatsbürgerschaft der Bürger eben nicht von der Zugehörigkeit zu einer bestimmten Nationalität, Weltanschauung oder geschichtlich vorgegebenen Religion abhänge, sondern allein die Anerkennung des Grundgesetzes erfordere.

8.4.4 Orientierungswissen

Ein objektives Wertesystem gibt es also nicht. Der Rechts- und Verfassungsstaat ermöglicht es uns aber, uns in Auseinandersetzung mit unseren Mitbürgern ethische Grundsätze selbst zu erarbeiten und Verhaltensregeln aufzustellen.

Eine solche freiheitlich demokratische Grundordnung zu haben sollte uns mit Stolz erfüllen und uns dazu bringen, den Schülern und Schülerinnen diesen Stolz zu vermitteln.

Ein Beispiel einer freien Übereinkunft von verantwortlichen, dazu autorisierten Bürgern ist die Konkretisierung schulischer Erziehungsziele durch die Kultusminister-Konferenz (1973, in: Schröder, 1995, S. 60):

Schule soll

- Wissen, Fähigkeiten und Fertigkeiten vermitteln,
- zu selbstständigem kritischen Urteil, eigenverantwortlichem Handeln und schöpferischer Tätigkeit befähigen,
- zu Freiheit und Demokratie erziehen,
- zu Toleranz, Achtung der Würde des anderen Menschen und Respekt vor anderen Überzeugungen erziehen,
- friedliche Gesinnung im Geist der Völkerverständigung wecken,
- ethische Normen sowie kulturelle und religiöse Werte verständlich machen,
- die Bereitschaft zu sozialem Handeln und politischer Verantwortlichkeit wecken,
- zur Wahrnehmung von Rechten und Pflichten in der Gesellschaft befähigen,
- über die Bedingungen der Arbeitswelt orientieren.

Diese Aufstellung, die vor mehr als 30 Jahren formuliert wurde, erscheint brandaktuell. Sie trägt allen Merkmalen Rechnung, welche die wissensbasierte, individualisierte, freiheitliche und pluralistische Gesellschaft ausmachen, ohne irgendjemanden einzuengen und ohne irgendetwas aufoktroyieren zu wollen. Trotzdem wird sie in der derzeitigen Wertedebatte, in der viel von Werte-Verlust gesprochen wird, kaum zu Rate gezogen. Das mag damit zusammenhängen, dass viele Zeitgenossen sich angesichts rasanter Veränderungen in unseren Lebensbedingungen den Wertekonsens einer eher geschlossenen Gesellschaft zurückwünschen, etwa den ihrer Religionsgemeinschaft. Damit würden aber wieder Freiheitswerte anderer eingeengt werden (vgl. Dölle-Oelmüller, 2002, S. 43). Und damit würde der Jugend, die wahrscheinlich in Zukunft mit noch mehr Unsicherheiten konfrontiert werden wird, kein guter Dienst erwiesen. Schule muss vielmehr Orientierungswissen bereitstellen, um Schülern und Schülerinnen eine „kritische und selbstkritische Auseinandersetzung mit vorgegebenen Antwortversuchen“ zu ermöglichen (ebenda, S. 48). Hierfür eignen sich die oben genannten neun Erziehungsziele.

8.4.5 Der Wertewandel

In weiten Kreisen der Bevölkerung, besonders aber unter Lehrern, gibt es angesichts der Veränderungen im Wertebewusstsein Zweifel und Irritationen. Die Jugend, so heißt es, sei rücksichtslos, frech, egozentrisch und bequem geworden. Es wird deshalb vielerorts besorgt von „Werteverfall“ gesprochen. Ein solch abfälliges Urteil scheint jedoch nicht gerechtfertigt.

Zum einen gab es schon immer Klagen über „die Jugend“. So beklagt sich z. B. Philipp Melanchthon schon im 16. Jahrhundert über Schüler: „Es gibt kein schlimmeres Kreuz, als sich täglich mit Faulenzern zu zanken und sie täglich an ihre Pflichten zu erinnern ...“ (in: Schorlemmer, 2004, S. 11). Zum anderen deuten die regelmäßigen Untersuchungen, die seit Jahrzehnten laufend vorgenommen werden, eher darauf hin, dass es sich um einen Wertewandel handelt.

In der Tat konnten schon in den achtziger Jahren deutliche Veränderungen im Wertebewusstsein damals junger Leute im Vergleich mit ihrer Elterngeneration festgestellt werden (Klages, 1984). Standen in den sechziger Jahren noch „Pflicht- und Akzeptanzwerte“ wie Tüchtigkeit, Fleiß, Ordnung und Gehorsam an oberster Stelle der Wertehierarchie, so ging es schon in den Achtzigern eher um „Selbstentfaltungswerte“ wie Autonomie, Emanzipation, Kritikfähigkeit und andere. Wenn man nun einen Blick auf die politische Entwicklung in der BRD in dieser Zeit wirft, so ist die Parallelität von politischem und wertbezogenem System unübersehbar: Der damalige Wertewandel kann nur als Zeichen einer zunehmenden Demokratisierung und Individualisierung gesehen werden und könnte geradezu als Beispiel für die Wirksamkeit von Erziehung herhalten.

Heute ist es für viele Ältere alarmierend „ dass Sozialengagement (nur 55%), Politikengagement (nur 22%) und Gottesglauben (nur 38%) nur noch eine relativ geringe Bedeutung für viele Jugendliche haben, stattdessen aber Lebensgenuss (71%), Eigenverantwortung (84%) und Freundschaft (95%) hoch angesiedelt werden (Shell-Jugendstudie 2002). Das scheint auf einen unguten Rückzug ins Private und auf Egoismus hinzudeuten. Bei genauerem Hinschauen zeigt sich aber wiederum ein differenzierteres Bild.

Jugendliche engagieren sich durchaus noch in vielen gesellschaftlichen Bereichen, aber nicht mehr so sehr in Organisationen, die sie als abgehoben von der Basis erleben, und nicht mehr so sehr aus Pflichtgefühl als vielmehr aus Eigeninteresse. Sie betätigen sich deshalb eher in informellen Gruppen ohne langfristige Bindungen oder starre Strukturen. „Die Mehrheit der jungen Menschen schwankt zwischen skeptischer Distanz und punktueller Aktivierbarkeit“ (Hurrelmann u. a., in: Shell-Studie, 2002, S. 44). Sie „wollen sich in erster Linie unmittelbar einbringen, eigene Kompetenzen weiterentwickeln und dabei Spaß haben und Kontakte knüpfen“ (ebenda, S.44). Auf eine solche informelle Art sind immerhin 76% der Jugendlichen im weiteren Sinne gesellschaftlich aktiv (vgl. ebenda, S. 195).

Jugendliche heute treten zwar für die „Entfaltung der Person und Auslebung ihrer Bedürfnisse“ (ebenda, S. 146) ein, auf der anderen Seite aber auch für Ehrgeiz, Fleiß und Leistung. Hier nähert sich die Jugend deutlich an die breite Bevölkerungsmehrheit an. Was den Wert der Toleranz betrifft, so hat er bei ihnen sogar einen höheren Stellenwert als in der übrigen Bevölkerung (vgl. ebenda, S. 147). Insgesamt zeigt die Jugend der Shell-Studie zufolge eine erstaunliche Werte-Synthese aus Selbstentfaltungs- und Konventionswerten (vgl. ebenda, S. 159). Ursache dafür mag ein neues Sicherheitsstreben sein.

Jugendliche sind sehr oft Seismografen für gesellschaftliche Entwicklungen. Dass Jugendliche skeptisch in Bezug auf Politik sind, ist kein Wunder, wenn Politiker pauschal als Lügner und Diebe diffamiert werden dürfen und eine namentlich genannte Moderatorin – wie im Herbst 2004 geschehen – von einer Bühne herab „für den Abschuss freigegeben“ wird, weil sie Politikern ein Diskussions-Forum biete. Dass weiterhin viele Werte vom persönlichen Nutzen her beurteilt werden, ist ebenfalls nicht verwunderlich, wenn Sicherheit nur von individuellen Anstrengungen abzuhängen scheint. Hiermit soll nicht gesagt werden, dass Erziehung und Wertevermittlung nicht nötig sei. Im Gegenteil. Es soll nur daran erinnert werden, dass wir uns selbst unserer Werte bewusst sein und sie offensiv vertreten müssen, wenn wir sie an die nächste Generation weitergeben wollen.

8.5 Das Kompetenzgefälle in der Erziehung

Erziehung ist eine intentionale, an Normen orientierte und in der Regel komplementäre Interaktion. Damit wird ausgedrückt, dass es ein Kompetenzgefälle zwischen den Interaktionspartnern gibt. Der Lehrer weiß mehr als der Schüler und darf diesen deshalb unterrichten und prüfen. Gilt das aber auch für die normorientierte Seite des Unterrichts? Zwar besitzt der Lehrende zumeist auch auf diesem Gebiet mehr Erfahrung, aber dennoch müssen Einschränkungen gemacht werden. Der Lehrende kann hier nicht das letzte Wort für sich reklamieren und er muss die Wertvorstellungen seiner Schülerschaft respektieren. Das heißt, er muss einen Umgangsstil pflegen, der die Gleichwertigkeit der nicht gleichberechtigten Personen berücksichtigt.

Hier ist ein Grundproblem der Pädagogik angesprochen: Erzieher haben es zumeist mit Unmündigen zu tun, die sie aber zu mündigen Bürgern erziehen sollen. Mündig kann aber ein Mensch nicht werden, wenn er unmündig gehalten und wie ein Unmündiger behandelt wird. Dieses Problem wird auch „pädagogische Paradoxie" genannt (vgl. Mollenhauer, 1982). Die Erziehung zur Mündigkeit kann deshalb nur gelingen, wenn in der Beziehung vorweg genommen wird, was eigentlich erst aufgebaut werden soll, nämlich eine Kommunikationsstruktur unter Gleichen.

In der Praxis bedeutet das, dass der Lehrende zwar autorisiert ist, Anweisungen zu geben, dass sein Umgangsstil und die Sprache, die er benutzt, jedoch reversibel, das heißt umkehrbar sein müssen. Der Lehrer oder die Lehrerin muss darauf achten nichts zu sagen, das man nicht auch umgekehrt zu ihm oder ihr sagen könnte und er oder sie darf keine willkürlichen Anordnungen geben. Planungen sollten transparent sein und Mitgestaltung zulassen und Kritik sollte auf beiden Seiten möglich sein. Im Konfliktfall sollte in einer gleichberechtigten Kommunikation über die Kommunikation, einer so genannten **Metakommunikation**, nach einer Lösung gesucht werden (vgl. Kapitel 11).

Der Schüler als Adressat unserer Bemühungen ist immer Subjekt, auch unter „empirisch notwendigen Dominanz-Bedingungen" (Mollenhauer, a. a. O., S. 70). Um diesen Sachverhalt besser zu verstehen, ist es hilfreich, die Thesen von Oelkers zu Rate zu ziehen. Erziehung dient nach Oelkers dem Ausgleich eines Defizits, wobei er betont, dass nie der ganze Mensch defizitär ist. Es sind immer nur bestimmte Teilbereiche, in denen ein Eingreifen nötig ist, und auch das nur für eine begrenzte Zeit. Ein weiterer Gesichtspunkt ist der, dass Defizite nicht immer nur auf Seiten der Jüngeren zu finden sind, sondern dass gerade heute Jüngere in vielen Fällen Älteren helfen können (vgl. Oelkers, 2001, S. 257).

Die Defizit-Ausgleichs-Theorie trägt auch dem Umstand Rechnung, dass Bildungs- und Weiterbildungsmaßnahmen zunehmend altersunabhängig in Anspruch genommen werden. Wie Luhmann und seine Schüler und Kollegen darlegen, beginnt sich das Erziehungssystem über den gesamten Lebenslauf zu erstrecken. Dieses Phänomen hat sie dazu gebracht, Erziehung neu zu definieren, nämlich als „sorgende Beziehung(en) zwischen Generationen im Lebensverlauf" (Zinnecker, 1997, S. 199). Immer wieder kommen Menschen im Verlauf ihres Lebens an einen Punkt, an dem sie Rat oder Unterstützung benötigen. Sie nehmen dann oft eine Art Auszeit, während der sie sich fortbilden lassen. Eine solche Auszeit wird von Zinnecker Moratorium genannt. Während des Moratoriums gilt dann das Kompetenzgefälle mit allen seinen Implikationen, inklusive der Regeln der Institution, die sich der Ratsuchende ausgesucht hat. Somit zeigt sich, dass auch Erwachsene erzieherischer Beeinflussung unterliegen können.

8.6 Erzieherische Möglichkeiten des Lehrers

Wenn sich die jungen Kollegen und Kolleginnen klar machen, dass ihr erzieherischer Einfluss unvermeidlich und von nachhaltiger Bedeutung ist, sollten sie versuchen, diesen Einfluss bewusst zu steuern. Hier gibt es nach Wiater drei wesentliche Handlungsfelder, nämlich das Handlungsfeld der didaktischen Entscheidungen, das der organisatorischen Maßnahmen und das eigene „personale Engagement" (Wiater, 2002, S. 324).

Die didaktischen Entscheidungen betreffen zum einen die inhaltlichen Fragen. Sie sollten immer in ihrem Bedeutungszusammenhang und Realitätsbezug zu sehen sein. Zum anderen betreffen sie eine möglichst klare, auch auf die erzieherische Wirkung bedachte Strukturierung des Unterrichts. Eine solche Strukturierung kann eine sachbezogene Lern- und Arbeitshaltung vermitteln, die Schüler aktivieren und durch den bewussten Einsatz unterschiedlicher Methoden neben der Sachkompetenz auch die Sozialkompetenz fördern. Von erzieherischer Bedeutung sind weiterhin Arbeitsweisen, die zur Hypothesenbildung und -überprüfung, zur Pro- und Contra-Argumentation sowie zu Wertklärungen herausfordern. Und letztlich können durch die Wahl verschiedener offener Unterrichtsformen Eigenverantwortlichkeit, Kooperationsbereitschaft, Kreativität und Selbstständigkeit angeregt werden.

Ganz wichtig sind neben didaktischen Maßnahmen solche, die den Umgang in der Klasse und in der Schule regeln, also organisatorische Maßnahmen: Günstig ist hier ein gemeinschaftliches Erstellen von Vereinbarungen, die auch kontrolliert werden müssen und deren Übertretung sanktioniert wird. Verantwortung kann und sollte in einem gewissen Umfang an Schüler delegiert werden und die Umgangsformen müssen, wie oben beschrieben, reversibel sein. Verschiedene Haltungen, die für wichtig erachtet werden, sollten eingeübt werden, etwa Formen der Höflichkeit, der Rücksichtnahme, der Hilfsbereitschaft und Zuverlässigkeit. Als übergeordnetes Ziel ist ein Lern- und Schulklima anzustreben, das „Geborgenheits-, Vertrauens- und Selbstwerterfahrungen möglich macht" (Wiater, ebenda, S. 324).

Für viele Lehrer und Lehrerinnen in Deutschland ist es ein Problem, dass sie mit der Durchsetzung von Regeln und Geboten im Unterricht ziemlich allein gelassen werden. In diesem Zusammenhang bewähren sich einmal mehr solche Fach-, Klassen- und Schulkonferenzen, die im Rahmen ihres pädagogischen Konzepts auch ihre „Erziehungsphilosophie" (Wiater) erarbeiten und Verhaltensregeln aufstellen.

Der letzte bedeutende Punkt ist die Wirkung der Person des Lehrenden selbst.

Der Lehrer und die Lehrerin geben ein Verhaltensmodell ab, ob sie es wollen oder nicht. Es kann für sie deshalb nur von Vorteil sein, sich dieser Tatsache bewusst zu sein und sich um ein nachahmenswertes Verhalten zu bemühen. Eigene

Wertmaßstäbe sollten reflektiert werden und die Bereitschaft, sich mit anderen darüber auszutauschen, nicht nachlassen. Persönlichkeitsentwicklung hört auch für den Lehrenden nicht auf, im Gegenteil. Wenn – nach Schröder – Richtziele dafür die Erweiterung der Ich-Kompetenz, der sozialen Kompetenz und der Sachkompetenz sind (Schröder, a. a. O., S. 100 u. S. 177), dann muss auch der Lehrende diese Kompetenzen vorweisen können bzw. an ihnen arbeiten. Natürlich kann und muss der Lehrer oder die Lehrerin nicht perfekt sein, aber authentisch, engagiert und überzeugungsstark. Lehrende müssen sich ihrer Führungsaufgabe stellen, wenn sie eine positive erzieherische Wirkung erzielen wollen.

8.7 Konsequenzen für die Praxis

Auch Lehrerinnen und Lehrer an beruflichen Schulen haben einen Erziehungsauftrag. Zwar sind ihre Schülerinnen und Schüler älter und in mancher Hinsicht verantwortungsbewusster als Schüler der Sekundarstufe I. Aber sie sind auch noch auf der Suche nach Orientierung. Gerade Jugendliche und junge Erwachsene sind dabei, ihre Persönlichkeit zu entwickeln und brauchen Vorbilder und Anregungen bei der Auseinandersetzung mit der Vielfalt an konkurrierenden Werten.

Der Lehrende muss aber für den Bereich der Schule und des Unterrichts keine Zusatzqualifikation erwerben, wenn er seine Erziehungsaufgabe ernst nimmt, sondern sich lediglich als eine Persönlichkeit zeigen, die aus guten Gründen zu Überzeugungen gelangt ist, für die sie einsteht.

Der schlimmste Fehler, der heute aber vielfach gemacht wird, ist eine Haltung der Indifferenz und des Laisser-faire. Man lässt die Dinge laufen wie sie laufen und hält sich dabei für liberal. In Wirklichkeit zeigt diese Haltung Unsicherheit und, noch schlimmer, sie verunsichert die Heranwachsenden. Lehrerinnen und Lehrer sollten sich deshalb zu allen wichtigen gesellschaftspolitischen Fragen einen Standpunkt erarbeiten und auch die Schüler und Schülerinnen auffordern sich zu entscheiden. Schüler sollten zum Beispiel nicht, wie ich es so oft erlebt habe, am Ende ihrer Erörterungen floskelhaft schreiben „Ob man das nun so oder so macht, muss schließlich jeder selbst entscheiden", sondern *sie* sollen sich entscheiden und die Entscheidung begründen. Das bedeutet nicht, dass man später nicht unter anderen Umständen zu einem anderen Schluss kommen kann.

Die Scheinliberalität herrscht auch oft im Umgang miteinander. Viele Erwachsene wagen es nicht mehr, Grenzen zu setzen und fordern Regelübertretungen damit geradezu heraus. Diese werden dann oft ignoriert und Frust und Ärger werden herunter geschluckt. Man möchte niemandem zu nahe treten. In Wirklichkeit nimmt der Scheinliberale weder sich noch sein Gegenüber ernst, wenn er einfach wegschaut.

Lehrerinnen und Lehrer haben mehr Erfolg, wenn sie in schwierigen Erziehungssituationen dreierlei beachten:

Zuallererst sollten sie im Bewusstsein ihres eigenen Wertes deutlich und energisch zu erkennen geben, wenn sie sich verletzt fühlen oder wütend sind. Damit zeigen sie ihre persönlichen Grenzen.

Danach sollten sie sich dennoch einen kleinen Zeitaufschub gewähren, um einer Eskalation vorzubeugen. Sie könnten zum Beispiel um ein Gespräch unter vier Augen in der Pause bitten oder sagen, dass sie sich Konsequenzen überlegen und am nächsten Tag mitteilen würden. Und schließlich sollten einmal angedrohte Konsequenzen immer auch umgesetzt werden. Wenn das eingespielt ist, kann es ziemlich emotionslos erfolgen; schließlich sind den Beteiligten ja Ursache und Folge bekannt.

Die größte Hilfe in einer Schule eines demokratischen Landes ist es, wenn sich alle Schulbeteiligten zusammensetzen und im Zusammenhang mit dem pädagogischen Konzept eine „Erziehungsphilosophie" für den Umgang in der Schule erarbeiten, Gebote und Regeln formulieren und einen Bußkatalog erstellen, der bei Übertretungen automatisch herangezogen werden kann. Ein solches Vorgehen entlastet die Einzelnen, nimmt sie aber gleichzeitig auch in die Pflicht. Sie sind aufgerufen, im Rahmen einer lernenden Organisation selbst an der zukünftigen Gestaltung der Aufgaben mitzuwirken.

Literatur

Böhm, U.: Werteerziehung und soziales Lernen als Bausteine der Schulentwicklung. In: Pädagogisches Forum 1, 2002, S. 63–69

Deutsche Shell (Hrsg.): Jugend 2002. Frankfurt/Main 2002

Dölle-Oelmüller, R.: Wertorientierung in öffentlichen Schulen, in: SEMINAR 4 / 2002, S. 39–55

Fritzsche, Y.: Wertecocktail statt Wertekanon. In: SEMINAR 4 / 2002, S. 5–7

Gensicke, Th.: Individualität und Sicherheit in neuer Synthese? In: Shell (Hrsg.), Jugend 2002. Frankfurt/Main 2002, S. 139–212

Gudjons, H.: Pädagogisches Grundwissen. Bad Heilbrunn 2003

Harder, W.: Werteorientierungen und Werteerfahrungen in der Schule. In: SEMINAR 1 / 2004, S. 27–34

Hurrelmann, K. / Linssen, R. / Albert, M. / Quellenberg, H.: Eine Generation von Egotaktikern? In: Shell (Hrsg.): Jugend 2002. Frankfurt/Main 2002, S. 31–51

Köck, P. / Ott, H.: Wörterbuch für Erziehung und Unterricht. Donauwörth 2002

Krapp, M.: Orientierung – Aneignung von Wissen und Werten. In: SEMINAR 1 / 2004, S. 9–15

Laurien, H.-R.: Standpunkte in pluraler Gesellschaft. In: SEMINAR 4 / 2002, S. 23–26

Lenzen, D. / Luhmann, N.(Hrsg.): Bildung und Weiterbildung im Erziehungssystem. Frankfurt/ Main 1997

Luhmann: Das Erziehungssystem der Gesellschaft. Frankfurt/Main 2002

Mollenhauer, K.: Theorien zum Erziehungsprozess. München 1982

Oelkers, J.: Einführung in die Theorie der Erziehung. Weinheim und Basel 2001

Rückriem, G.M.: Der gesellschaftliche Zusammenhang der Erziehung. In: Klafki u.a. Funkkolleg Erziehungswissenschaft, Bd. 1. Frankfurt/Main 1986, S. 259–322

Schavan, A. (Hrsg.): Bildung und Erziehung. Frankfurt/Main 2004

Schorck, G.: „Schule erzieht für Schule!" In: Pädagogisches Forum, 3, 2004, S. 181–184

Schorlemmer, F.: Über die Aneignung von Wissen und Werten. In: SEMINAR 1/2004, S. 15ff.

Schröder, H.: Theorie und Praxis der Erziehung. München 1995

Wiater, W.: Erziehung als Aufgabe der Schule, in: Apel, H.J. / Sacher, W.: Studienbuch Schulpädagogik. Bad Heilbrunn 2002

Zinnecker, J.: Sorgende Beziehungen zwischen Generationen im Lebensverlauf. In: Lenzen / Luhmann (Hrsg.): Bildung und Weiterbildung im Erziehungssystem. Frankfurt/Main 1997

9. Die Entwicklung im Jugendalter

9. Die Entwicklung im Jugendalter

9.1 Fragestellung

Kolleginnen und Kollegen sprechen meist neutral von „Schülern“, wenn es um ihre Schützlinge geht. Sie bringen damit zum Ausdruck, dass sie in ihnen hauptsächlich Lernende sehen und nicht Menschen mit einer Lebensgeschichte, deren vielleicht aufregendste Etappe gerade beginnt. Das ist verständlich, denn ihre Hauptaufgabe ist seit alters her die Wissensvermittlung.

Der Begriff „Jugendliche“ taucht aber auch hin und wieder auf, und zwar interessanterweise vor allem dann, wenn es um Störungen des Schulbetriebs geht. Wenn von Schwänzen, unkonzentriertem Herumhängen, von Rauchen, Alkohol und Fernsehkonsum oder gar von Devianzverhalten die Rede ist, dann heißt es schnell „die Jugend von heute ...“.

Ist das Jugendlichsein der Schüler ein Störfaktor im Schulbetrieb? Was bedeutet es überhaupt, Jugendlicher zu sein? Ist die Jugend heute anders als früher? Und inwiefern ist sie anders? Oder gibt es vielleicht „die Jugend“ gar nicht?

Es ist also zu überlegen, ob die in Frage stehende Altersphase eine besondere Berücksichtigung verdient oder nicht und ob Lehrer und Lehrerinnen sich überhaupt „einmischen“ sollen. Schließlich gibt es gerade für Problemfälle andere Instanzen.

Im Folgenden sollen moderne Theorien der Entwicklung im Jugendalter vorgestellt sowie Daten aus der empirischen Forschung berichtet werden. Dabei wird unweigerlich auch immer das Schulleben, das im Leben der Jugendlichen heute eine zentrale Rolle spielt, zur Sprache kommen. Und schließlich wird gezeigt, welche Rolle Lehrern angesichts der Bedürfnisse der Schüler und Schülerinnen in dieser Altersphase zufällt.

9.2 Vom Störreiz – Zum Entwicklungsreiz-Modell

In der öffentlichen wie in der privaten Diskussion um die Probleme von Heranwachsenden wird auch heute noch die Jugendzeit als eine krisenhafte Phase in der Entwicklung dargestellt. Eltern und Erzieher werden vielfach aufgefordert, sich zu wappnen und auf auftretende Schwierigkeiten wie auf eine zu erwartende Störung, die auch wieder vorübergehe, zu reagieren. Diese Auffassung, die die Jugendzeit mit einer Krisenzeit gleichsetzt, muss jedoch als überholt gelten.

Heute wird statt von einem Störreiz- von einem Entwicklungsreiz im Lebenslauf gesprochen, dessen Bearbeitung dem allergrößten Teil der Jugendlichen gelingt und der auf Weiterentwicklung hinausläuft. Es handelt sich um eine in der Regel konstruktive Auseinandersetzung mit einer zugegebenermaßen beschleunigten Veränderung in vielen Bereichen (vgl. Olbrich, 1983, S. 1–47).

In einer vergleichsweise kurzen Zeitspanne gilt es immense Herausforderungen in biologischer, kognitiver und sozialer Hinsicht zu meistern. Das führt tatsächlich mitunter zu Krisen, insbesondere bei Jugendlichen, die unter ungünstigen Bedingungen aufwachsen. Insgesamt aber gelingt das, was in der Fachliteratur „**Coping**" genannt wird, nämlich die Bewältigung der Anforderungen und damit die zunehmende Herausbildung der genuinen Persönlichkeit.

9.3 Die Jugendphase in historischer und soziologischer Sicht

9.3.1 Die Jugendphase in historischer Sicht

Im Mittelalter sprach man noch nicht von einer eigenen Jugendphase. Aus den naiven, „tumben" Kindern wurden mit zunehmender Lebenserfahrung erst jüngere, dann ältere Männer und Frauen. Erst die Aufklärung entdeckte ein eigenes Jugendalter. Im „Jüngling" sah man nun den noch relativ unverdorbenen Menschen, der für pädagogische Maßnahmen und damit einhergehend für eine Verbesserung der gesellschaftlichen Verhältnisse empfänglich zu sein versprach. Die Jugend wurde von da an als bedeutsam für die Evolution der Gesellschaft angesehen.

Durch die so geschaffene Sonderstellung kristallisierte sich aber allmählich so etwas wie eine „Generationenkluft" heraus. Teils wurde die Jugend nun idealisiert („Wendung nach innen" / Spranger), teils als „Marginalperson" (Lewin) abgewertet. Heute sind beide Positionen nur noch schwer aufrecht zu erhalten. Es wird zwar immer noch von einer Generationenkluft gesprochen, aber es wird immer unklarer, welche Generation von welcher abzugrenzen ist und auf wen die Titulierung „Jugendlicher" überhaupt noch uneingeschränkt zutrifft.

Als Beginn der Jugendphase wird einhellig die Pubertät angesehen, deren Ende ist jedoch ziemlich offen. Alle Kriterien früherer Zeiten scheinen nicht mehr zu greifen, weder der Berufseintritt noch die Lösung von den Eltern noch die Gründung einer eigenen Familie. In allen Bereichen gibt es eine riesige Bandbreite an unterschiedlichen Lebensformen wie vierzigjährige Studenten, bei der Mutter wohnende Singles oder minderjährige Schüler und Schülerinnen, die gleichzeitig schon Eltern sind.

Gleichzeitig möchten viele Erwachsene noch, solange es geht, jugendlich sein und wirken. Und viele Heranwachsende werden umgekehrt schon früh als Konsumenten, als Bedienung, als kommender Star, teilweise – etwa ab 16 – aber auch schon als Partner oder Helfer in Krisen wahrgenommen. Eine in sich geschlossene, überzeitlich gültige Jugendphase gibt es also nicht.

Fest steht jedenfalls, dass der Beginn des Jugendalters, nämlich die Pubertät, rasante Veränderungen im biologischen Bereich und damit einhergehend neue Herausforderungen im psychischen und sozialen Bereich mit sich bringt. Unsere Schüler und Schülerinnen, die zum größten Teil zwischen 16 und 19 Jahre alt sind, sind mit diesen Herausforderungen seit vergleichsweise kurzer Zeit konfrontiert. Um deren Existenz sollten Lehrer und Lehrerinnen deshalb wissen; bei deren positiver Bewältigung können sie helfend zur Seite stehen.

9.3.2 Die Jugendphase in soziologischer Sicht

Das, was als „typische“ Kennzeichen von Jugendlichen anzusehen ist, ist stark gesellschaftsbedingt. Nicht nur verschiedene Kulturen unterscheiden sich hier, sondern Unterschiede sind sogar bis in den Bereich der sozialen Schichten hinein festzustellen.

Geprägt von der Jugendpsychologie von Eduard Spranger war man über Jahrzehnte der Auffassung, dass für Jugendliche eine Wendung nach innen und ein jugendspezifisches „geistiges Ringen“ um Werte typisch sei (vgl. Hornstein, 1984, S. 8), musste aber dann feststellen, dass diese Charakterisierung in erster Linie nur auf die Jugend des Bildungsbürgertums zutraf. Jugendliche aus unteren Schichten hatten oft gar nicht die Zeit oder Gelegenheit für eine gründliche Beschäftigung mit Identitäts- und Wertfragen. Oft ist bei ihnen aber auch die Fähigkeit des formalen Denkens weniger gut entwickelt. Dittmann-Kohli (in: Olbrich / Todt, 1984) hat in den achtziger Jahren die Bewältigung von Entwicklungsaufgaben bei Lehrlingen untersucht und bei ihren damaligen Untersuchungen festgestellt, dass es bei ihnen keinen Beleg für eine „Sturm- und Drang-Zeit“ gibt, dass das Experimentieren mit sozialen Rollen begrenzt und eine Beschäftigung mit dem Selbstbild für sie nicht typisch ist. Vielmehr berichtet sie von einer „erleichterte(n) Hinwendung zur beruflich angebotenen Identität“ (ebenda, S. 250). Sie vermisst bei ihnen soziale Handlungs- und Planungskompetenz.

Der Unterschied zwischen den Schichten ist heute zwar geringer geworden (vgl. Fend, 2003, S. 180). Dafür gibt es aber eine enorme Bandbreite an jugendlichen Subkulturen, so dass auch von daher kaum von „der“ Jugend gesprochen werden kann. Fend unterscheidet z. B. unter anderem elternorientierte, hedonistische, konsum- und medienorientierte, risiko-, bildungs- und sicherheitsorientierte Jugendliche (vgl. ebenda, S. 181). Ferchhoff macht für die neunziger Jahre religiös-spirituelle, alternativ-ökologische, manieristisch- postalternative und Körper- und actionbetonte Jugendkulturen sowie eine Jugendkultur der Unauffälligen aus (vgl. Ferchhoff, 1991, S. 639 ff.). Und die Shell-Jugendstudie von 2002 unterscheidet Pragmatische Idealisten, robuste Materialisten, selbstbewusste Macher und zögerliche Unauffällige.

Was aber unabhängig davon alle Jugendlichen heute zu beschäftigen hat, ist die Aufgabe sich mit ihrer Geschlechtsrolle auseinander zu setzen, sich von den Eltern zu lösen, sich mit der Zukunft und der Berufswahl zu befassen, sich Partner zu wählen und sich, wenn vielleicht auch nur vorläufig, für einen Lebensstil zu entscheiden. Gemeinsames Kennzeichen der Jugend in der heutigen Zeit und in unserer Gesellschaft ist ihre Offenheit für fast unendlich viele Lebensentwürfe. Diese Offenheit macht das Jungsein nicht leichter, im Gegenteil. Da fast alles der persönlichen Entscheidung überlassen ist und es kaum noch feste Rollenzuweisungen gibt, sind die Herausforderungen gewaltig: Es ist schwieriger denn je, sich sein eigenes Selbst zusammen zu zimmern.

9.4 Das Konzept des Coping als Mittel der konstruktiven Anpassung

Ein theoretischer Erklärungsansatz der menschlichen Entwicklung umfasst heute drei Perspektiven: die endogene (von innen kommende) Entwicklung, die gesellschaftlichen Rahmenbedingungen und die Eigenbeteiligung des Individuums an der Konstruktion seines Selbst.

Die Hauptmerkmale der endogenen Entwicklung im Jugendalter sind das rasante Größenwachstum und die Ausbildung der primären und sekundären Geschlechtsmerkmale. Mit dieser Entwicklung muss der Jugendliche zu Rande kommen, und zwar unter bestimmten gesellschaftlichen Bedingungen und Erwartungen, die sich von denen der Kindheit, aber auch von denen früherer Zeiten unterscheiden. Vom äußeren Erscheinungsbild her wird er als Erwachsener behandelt und es werden entsprechende Anforderungen an ihn gestellt; vom Status her ist er aber heute meist noch Schüler und als solcher oft fremdbestimmt. Entsprechend den veränderten Gegebenheiten muss der Jugendliche also sein „Ich“ sozusagen neu justieren und seine Rolle in der Gesellschaft neu definieren. Das kann als Belastung, aber auch als positive Herausforderung erlebt werden. Auf jeden Fall sind Strategien der Bewältigung nötig, die jedoch unterschiedlich gut geeignet sind. Ungünstig sind Strategien der Abwehr, des Verdrängens und des Ausweichens; günstig ist eine konstruktive Bewältigung, die „coping“ genannt wird. Sie führt zu einer Weiterentwicklung der Persönlichkeit.

Das Konzept des „Coping“ kann nach Olbrich als zentrales und integrierendes Merkmal verschiedener kognitiver Entwicklungs- und Lerntheorien angesehen werden (Olbrich, 1983, S. 20), wie z. B. der Äquilibrationstheorie von Piaget und der Handlungstheorien von Bandura u. a. (vgl. Kapitel 4) sowie auch der Persönlichkeitstheorien, nach denen die Persönlichkeit sich durch Integration von Erbanlagen, Umwelteinflüssen und Selbststeuerung herausbildet.

In der Nachfolge von Piaget glauben etliche Forscher, dass Verhaltensanpassung dann am besten gelingt, wenn die Denkstruktur so weit ausgebildet ist, dass sie Erweiterungen zulässt. Das ist der Fall, wenn der Jugendliche über konkret Gegebenes hinaus denken kann, Hypothesen bilden und diese testen kann, Bekanntes aus neuer Perspektive sehen und über sich und das eigene Denken nachdenken kann (vgl. ebenda, S. 11). Entwicklung ist danach eine dauerhafte Modifikation innerer Strukturen.

Nach Bandura wird Coping durch ein Ungenügen bisheriger Verhaltensprogramme in Gang gesetzt. Es gelingt dann am besten, wenn das Individuum von der eigenen Verhaltenseffizienz überzeugt ist. Misserfolgsorientierte Jugendliche werden demzufolge eher ihre Befürchtungen beibehalten (vgl, Kap. 6).

Eine umfangreiche Coping-Forschung hat zum einen zeigen können, dass die meisten Jugendlichen ihre Verhaltensstrategien im Großen und Ganzen den Anforderungen anpassen und zum anderen, dass Bewältigungs-Strategien im Zweifelsfall erfolgreich trainiert werden können. Wichtig ist eine realistische Einschätzung der situativen Gegebenheiten und der eigenen Möglichkeiten, wichtig ist die Nutzung von positivem Feedback und positiver Selbstbeeinflussung und besonders wichtig ist die Vermeidung selbstabwertender Gedanken sowie die unkritische Übernahme von Stereotypen.

9.5 Die Verarbeitung wichtiger Erlebnisbereiche

9.5.1 Die Verarbeitung körperlicher Veränderungen

Für die Mehrheit der Jugendlichen sind die Jahre zwischen 12 und 16 die ereignisreichsten, was die körperliche Entwicklung betrifft. Die meisten Jugendlichen, insbesondere die Jungen, sind stolz auf diese Entwicklung. Weibliche Jugendliche hingegen scheinen verletzlicher. Sie kommen sich öfter hässlich vor und schämen sich zunächst ihrer weiblichen Rundungen. Besonders schwer haben es Mädchen, die im Vergleich zu den Mitschülerinnen besonders früh entwickelt sind. Aber auch Spätentwickler haben sowohl bei den Mädchen wie auch besonders bei den Jungen Probleme mit der Akzeptanz bei den Gleichaltrigen und damit meist auch bei sich selbst. Es geht darum, den eigenen Körper „bewohnen zu lernen“ (Fend, 2003, S. 222), ihn also zu akzeptieren. Gefühle wie erhöhte erotische Ansprechbarkeit sind hier ebenso wichtig wie die kognitive Verarbeitung etwa der Frage, ob das neue Körperbild auch den gesellschaftlichen Normen und Vorstellungen genügt und welche Verhaltensweisen im Umgang mit ihm angemessen und passend erscheinen.

Jugendliche wünschen sich „normal“ zu sein und sich so zu entwickeln wie die Gleichaltrigen. Früh- oder Spätentwickler neigen unter Umständen zu einer „forcierten Selbstrepräsentation“ als Erwachsene (ebenda, S. 249) oder zeigen schon als Jugendliche ein besonderes Risikoverhalten auf der einen oder depressive Gefühle auf der anderen Seite.

Zum Umgang mit den körperlichen Veränderungen gehört heute auch der Umgang mit Sexualität schon im Schulalter. 1998 hatten schon 45 % der sechzehnjährigen Mädchen und 36 % der sechzehnjährigen Jungen Geschlechtsverkehr-Erfahrungen. Das hat etwas mit dem früheren Eintritt der Geschlechtsreife zu tun, die im Vergleich zur Zeit vor 100 Jahren etwa um 5 Jahre vorgerückt ist. Das hat aber entscheidend auch etwas mit den veränderten gesellschaftlichen Vorstellungen in diesem Bereich zu tun. In punkto Sexualität sind viele Tabus gefallen. Dennoch sind gerade heutige Jugendliche in der Regel nicht hemmungslos. Im Gegenteil: Sexualität ist für sie zumeist in feste Liebesbeziehungen eingebunden, geht also mit sozialer Einbettung einher. Damit ist Sexualität mit zentralen Entwicklungsprozessen der Personalität und Sozialität verwoben. Verantwortung, soziale Bindung und Authentizität müssen jedoch auch auf diesem Gebiet erst gelernt und auftauchende Konflikte müssen bewältigt werden (vgl. ebenda, S. 254 ff.).

Insgesamt ist es bedeutsam zu wissen, dass Jugendliche enorme Herausforderungen zu bewältigen haben, vor denen die Schule meist die Augen verschließt. Fend drückt es so aus: „Unter der Oberfläche des täglichen Unterrichts in der Schule spielt sich ein 'zweites Leben' ab“ (ebenda, S. 250). Lehrer und Lehrerinnen sollten sich dessen bewusst sein und die eventuellen Nöte einzelner Schüler und Schülerinnen ernst nehmen. Sie sollten Frühentwickler nicht überfordern, Spätentwickler nicht wie Kinder behandeln und beiden Schutz vor Mobbing und Hänseleien bieten und vor allem selbst nie zynisch werden. Aufklärung, auch über die Variationsbreite von Entwicklung, ist wichtig und Bewältigungsstrategien zum realistischen Umgang mit Problemen können vermittelt werden. Heute gehört eigentlich auch ein adäquater Umgang mit dem Essverhalten, mit Drogen und mit richtigem Körpertraining auf die schulische Agenda. Vor allem gilt es das Bedürfnis nach Akzeptanz zu sehen und zu befriedigen. Das beste Mittel ist den empirischen Untersuchungen zufolge eine akzeptierende Klassenatmosphäre.

9.5.2 Die Reorganisation sozialer Beziehungen

Eine weitere unabdingbare Aufgabe der Jugendzeit ist die allmähliche Ablösung vom Elternhaus und die Hinwendung zu Gleichaltrigen, von gleichgeschlechtlichen Freundschaften über gemischte Cliquen bis hin zur eigenen festen Partnerschaft.

Wiederum gelingt diese Aufgabe den allermeisten Jugendlichen ohne tiefgreifende Krisen, so dass man von kontinuierlicher Veränderung sprechen kann.

Die Ablösung von den Eltern gelingt dann am besten, wenn es sich bei den Herkunftsfamilien um „Aushandlungsfamilien“ (Fend) und nicht um Kommandofamilien handelt und wenn das Bewusstsein dafür wächst, dass es bei Auseinandersetzungen meist nur um Interessenkonflikte und nicht um die Personen selbst geht. Den Eltern liegt die optimale Entwicklung ihrer Kinder am Herzen, den Jugendlichen aber der Aufbau neuer Bindungen für die Erfüllung ihres Lebensprojektes.

In empirischen Studien wurde festgestellt, dass das Ausmaß der täglichen Interaktionen mit den Eltern zurückgeht, dass Jugendliche Eltern zunehmend als weniger verständnisvoll wahrnehmen und dass Ansprechpartner für Konflikte nun Freunde sind. Für Wertfragen sind aber weiterhin die Eltern zuständig (vgl. ebenda, S. 291).

Schwierig wird die Ablösung von den Eltern, wenn die Eltern persönliche Probleme haben oder wenn ihre Lebenslage insgesamt ungünstig ist. An sehr großen Problemen wie Aggressivität, Devianzverhalten oder Rückzug sind oft beide Seiten beteiligt und es entsteht ein Teufelskreis gegenseitiger Entfremdung. Fend spricht deshalb immer wieder von Ko-Konstruktion, also von der gemeinsamen Beteiligung am Aufbau neuer Werthaltungen.

Für die Hinwendung zu den Peers (den Gleichaltrigen) ist nicht nur das zunehmende Streben nach Autonomie ursächlich, sondern noch eine ganze Reihe anderer Lern- und Erfahrungsmöglichkeiten ist von Bedeutung: Die Beziehungen müssen, anders als in der Familie, selbst erarbeitet werden, Normen der Gegenseitigkeit müssen gelernt und eigene Sichtweisen relativiert werden. „Altersgleiche sind in der Adoleszenz füreinander unentbehrliche Umwelten, um ein Selbstverständnis zu entwickeln ..." (Fend, 2003, S. 307). Der Höhepunkt des Einflusses Gleichaltriger liegt in der mittleren Adoleszenz (14–16 Jahre).

Es gibt aber auch isolationsgefährdete Jugendliche, sogenannte Unbeachtete. Wenn es ihnen nicht gelingt, sich in Vereinen oder anderswo einzubringen, entsteht ein hohes Risiko, dass sie ein negatives Verhältnis zu sich selbst entwickeln. Ähnlich geht es Jugendlichen, die im Elternhaus verbleiben. Sie neigen zu Einsamkeitsgefühlen und Selbstabwertung. Ein anderer Risikoweg besteht im Anschluss an Gruppen mit hohem Konformitätsdruck und mit problematischen Normen und Werten. Er wird oft von solchen Jugendlichen gegangen, die schlechte Beziehungen zu ihren Eltern haben. Dabei spielt die Schulkarriere eine nicht unerhebliche Rolle (vgl. ebenda, S. 301 und S. 326ff.).

In der späten Adoleszenz (17–20 Jahre) werden die Jugendlichen sowohl von den Eltern als auch von den Freunden unabhängiger. Mit 16 berichten schon 41% der Mädchen und 24% der Jungen von einer festen Freundschaft mit einem Partner des anderen Geschlechts (vgl. ebenda, S. 316).

Die meisten Jugendlichen erleben heute im Zusammenhang mit der Loslösung vom Elternhaus einen großen Freiraum. Dennoch verläuft die Entwicklung nicht schmerz- und problemlos (vgl. ebenda, S. 326). Die Herausforderungen anzunehmen ist jedoch notwendig, da die Ausgestaltung ihrer Partnerschaften heutzutage den Jugendlichen selbst obliegt.

9.5.3 Der Schulalltag als Herausforderung

„Jungsein heißt heute zur Schule zu gehen“ (Fend, 2003, S. 330). Schon allein von der Quantität her hat das Schülerdasein deshalb eine herausragende Bedeutung für die Jugend der Moderne. Noch wichtiger aber sind seine lebensentscheidenden Folgen. Der Schulbesuch stellt in Deutschland mehr noch als in manchen anderen Ländern die Weichen für den beruflichen Lebensweg. Es ist also nicht verwunderlich, wenn die Bewältigung des Lebensbereichs Schule als eine der zentralen Aufgaben des hiesigen Jugendlichen gelten muss. Wie die Bewältigung gelingt, hängt jedoch von vielen Faktoren ab, u. a. von wichtigen motivationalen Aspekten, von der bisherigen Schulkarriere und vom Elternhaus.

Insgesamt wird der Mensch neueren Forschungen zufolge von drei Bedürfnissen angetrieben, nämlich dem Bedürfnis nach Autonomie und Kompetenz, nach sozialer Zugehörigkeit und nicht zuletzt nach positiver Selbstbewertung (vgl. Fend, 2003, S. 333). Alle drei Bedürfnisse werden in der Schule massiv tangiert.

Insbesondere das Bedürfnis nach positiver Selbstbewertung wird in Deutschland stark an schulische Leistungen gekoppelt (vgl. ebenda, S. 361) und diese wiederum sind mit entscheidend, wenn es um zukünftige Berufsmöglichkeiten geht. Als Indiz für Leistungsunterschiede gilt im gegliederten Schulwesen der Besuch einer besonderen Schulform; für weniger erfolgreiche Jugendliche ist dies die Hauptschule, die inzwischen als Restschule gilt. An beruflichen Schulen ist die Schulform mit dem geringsten Prestige für die Schüler das Berufsvorbereitungsjahr, in dem bisher gescheiterte Jugendliche den Hauptschulabschluss nachmachen oder ihn verbessern können.

Unter Selbstwertgesichtspunkten ist es nicht verwunderlich, dass doppelt so viele Schüler aus der Hauptschule wie aus dem Gymnasium ungern zur Schule gehen (vgl. Shell-Jugendstudie 2002, S. 72). Sie sind zu einem Drittel unsicher, ob ihre beruflichen Wünsche in Erfüllung gehen können. Viele von ihnen haben schon die Einstufung in die „Restschule“ als Misserfolg erlebt. Hinzu kommen weitere Misserfolgserlebnisse wie Versetzungsgefährdung (32 %) und Sitzenbleiben (25 %). Das führt nicht selten zur Schulverweigerung.

Insgesamt verzeichnet die jüngste Shell-Jugendstudie ein Bildungsrisiko bei 31 % der Jugendlichen (ebenda, S. 70). Diese Jugendlichen drohen materiell, statusbezogen wie auch im Hinblick auf die soziale Eingebundenheit zu einer gefährdeten Gruppe zu werden. Sie müssen ihr Selbstwertgefühl fast zwangsläufig in Bereichen suchen, die außerhalb der Schule liegen und nicht selten mit mehr oder weniger deviantem Verhalten einhergehen.

Auch die Schüler anderer Schularten verlieren in der Sekundarstufe allmählich ihre positive Lernbereitschaft. Auch hier gehen nur ein Drittel der Schüler gern zur Schule. Die übrigen haben auch hier mit Misserfolgserlebnissen zu tun. Aus Selbstschutz heraus werden deshalb andere Bereiche wichtiger, um das grundlegende Bedürfnis nach Selbstachtung und Zugehörigkeit befriedigen zu können und an einem positiven Selbstbild zu arbeiten.

Insgesamt wird eine Balance zwischen externen Leistungsanforderungen und internen Bedürfnissen angestrebt und im Großen und Ganzen auch erreicht.

Gerade junge Lehrer und Lehrerinnen sollten aber wissen, dass dieser angeblich universelle Trend zu abnehmender Lernbereitschaft in der Schule nicht zwangsläufig existiert, sondern ein typisches Kennzeichen für jugendliches Verhalten in Deutschlands Sekundarschulen ist. Fend berichtet, dass in der Schweiz die Lernfreude kaum abnimmt und dass eine positive emotionale Zuwendung zur Schule doppelt so häufig anzutreffen ist wie in Deutschland (Fend, 2003, S. 360). In den USA ist eine zunehmende Ablehnung der Schule durch die Schüler überhaupt nicht zu finden. Fend sieht die Gründe dafür in den vielen extracurricularen Angeboten, die dort selbstverständlich sind, in mehr Wahlmöglichkeiten und mehr direkten Begegnungen zwischen allen Beteiligten im Zusammenhang mit der Ganztagsbetreuung. Ergänzend ist zu erwähnen, dass Lehrer dort wegen der fehlenden Leistungsauslese an den Schulen selbst eher als Helfer und Berater denn als Kontrolleure wahrgenommen werden.

Folgende Faktoren können die Anstrengungsbereitschaft jugendlicher Schüler auch in Deutschland um bis zu 10% vergrößern (ebenda, S. 361):

1. ein positives Verhältnis zu den Eltern
2. eine reflektierte Wertschätzung von Leistung
3. schulfreundliche Normen in der Altersgruppe
4. hohes Schulengagement der Lehrer
5. faktische Lernerfolge

Fend spricht daher von der Notwendigkeit, die „Humanverträglichkeit“ der Schule im Auge zu behalten (ebenda, S. 368). Dazu gehört die Stärkung des Ich, die soziale Beheimatung und die Aufgabenbewältigungschance (vgl. Kap. 6).

Die Humanverträglichkeit würde auch die Ergebnisse unserer Schüler in den internationalen Vergleichsuntersuchungen (PISA) verbessern. Unsere Schüler sind schließlich nicht dümmer als anderswo, sondern zu einem großen Prozentsatz Schulverweigerer, und zwar meist aus Selbstschutz.

9.5.4 Die Neustrukturierung des Ich und der Aufbau eines eigenen Werte- und Einstellungssystems

Neben die mehr äußerlichen Aufgaben der Reorganisation der sozialen Beziehungen und der Bewältigung des Schulalltags treten die eher inneren der Neustrukturierung des Ich und der Herausbildung eines eignen Wertesystems.

Die enormen körperlichen Veränderungen fordern die Jugendlichen geradezu heraus, sich Fragen danach zu stellen, wer sie sind und wer und wie sie sein wollen. Sie entwickeln dabei ein Bewusstsein von sich selber als Subjekt, gleichzeitig aber auch die Fähigkeit, sich als Objekt zu beobachten und zu beurteilen. Es wird zwischen realem und idealem Selbst unterschieden und eine Differenz zwischen Innerem und Äußerem wahrgenommen. Unter Umständen gibt man sich um der Meinung anderer willen anders als man sich fühlt. Soziale Rückmeldungen zwingen zu neuen Selbstdefinitionen und eventuell Korrekturen. Insgesamt ist aber das Bestreben da, ein kohärentes, also in sich geschlossenes Selbst abzugeben, ein „wahres" oder auch „eigentliches" Selbst, das sich von anderen unterscheidet und Ursprung des eigenen Denkens und Handelns ist.

Ebenso wie die eigene Person beobachtet wird, werden auch die Angehörigen, die Lehrer und die Gleichaltrigen beobachtet und beurteilt. Jugendliche haben erstmals aufgrund ihrer kognitiven Entwicklung die Fähigkeit, in „Möglichkeitsräumen" (Fend, 2003, S. 390) zu denken. Sie stellen deshalb überkommene Werte in Frage und experimentieren mit neuen Wertvorstellungen und Ideologien.

Von daher ist es wichtig, Jugendlichen Orientierungsangebote zu machen und ihnen kulturelle Traditionen nahe zu bringen sowie deren Zusammenhang mit gegenwärtigen Lebensformen zu verdeutlichen. Damit die Bildungsbemühungen jedoch nicht im luftleeren sozialen Raum stehen, sollten sie von „schulischen Lerngelegenheiten, Reflexionshilfen und Erprobungsgelegenheiten normativ begleitet sein" (ebenda, S. 385).

Zwei Kernbereiche abendländischer Kultur erscheinen unerlässlich, wenn wir deren Wirksamkeit für unsere Gesellschaft erhalten wollen: Die Orientierung an Rationalität und Vernunft und die Orientierung an einem Verfahrenskonsens in der politischen Willensbildung. In beiden Bereichen muss für Handlungsorientierung gesorgt werden, damit nicht nur die im formalen Denken besonders guten Schüler deren Sinn erfahren, sondern alle.

Bei Schülern an Hauptschulen ist nämlich, wie nachgewiesen wurde, derzeit ein deutlich geringeres Verständnis der politischen Wirklichkeit als bei Schülern höherer Schulformen vorhanden und es sind – was besonders erschreckend ist – von Klasse 6 bis Klasse 9 kaum Fortschritte im Wissen zu verzeichnen. Das rührt zum einen von der oben beschriebenen verbreiteten Schuldistanz und dem subjektiven Gefühl sozialer Ausgrenzung her. Zum anderen hat es aber auch mit geringeren Analysekompetenzen und mit einer schwach ausgeprägten Empathie zu tun, der Fähigkeit also, sich in andere Menschen hinein zu versetzen. Jugendliche mit solch einem Hintergrund brauchen mehr noch als andere ein entsprechendes Training, zum Beispiel in Empathie, und Mitwirkungsmöglichkeiten. Wenn sie sich selbst überlassen bleiben, wächst die Gefahr, in größerer Zahl autoritätsgläubige Rechtsradikale heranzuziehen. Derzeit sind es etwa 15–20 %, die zum Rechtsradikalismus neigen, wobei männliche Hauptschüler überwiegen. Für soziales Training in Schulklassen steht inzwischen genügend Material zur Verfügung.

Immer wieder gilt, dass Jugendliche positive Selbstwirksamkeitserfahrungen benötigen und das Gefühl haben müssen, in dieser Gesellschaft willkommen zu sein und gebraucht zu werden (ebenda, S. 400ff.).

9.6 Risikoentwicklungen

Wie zu Anfang dieses Kapitels dargestellt wurde, verläuft die Entwicklung in der Adoleszenz bei den meisten Jugendlichen positiv. Sie bewältigen die anstehenden Aufgaben und Herausforderungen im Sinne des „Coping". Hilfreich ist dabei eine Steigerung der Kompetenzen, eine gelungene Individuation und eine gelungene soziale Integration. Wenn diese Ressourcen fehlen, kann es zu abweichendem Verhalten kommen.

Es gibt zwei typische Abweichungen von einer produktiven Entwicklung, einmal die **Internalisierung** von Problemen, den Rückzug nach innen, und zum anderen die **Externalisierung**, den Angriff nach außen. Zur Internalisierung neigen eher Mädchen, zur Externalisierung Jungen.

9.6.1 Die Internalisierung von Problemen

Jugendliche, die Probleme internalisieren, lehnen sich selbst ab, schädigen sich oft selbst, beispielsweise durch übermäßiges Fasten, und werden unter Umständen depressiv. Sie nehmen die Welt als fremd und als ihnen gegenüber uninteressiert wahr. Sie fühlen sich allein und unverstanden.

Die Ursachen für abweichendes Verhalten sind nur zum Teil genetisch bedingt. Eine große Rolle spielen neben den Erbanlagen die Erziehungsbedingungen in der Kindheit. So hat sich anhaltende Feindseligkeit von Eltern ihren Kindern gegenüber als wichtiger Faktor für verschiedene Belastungen bis hin ins Erwachsenenalter erwiesen. Beispielsweise haben Jugendliche, die im Alter von 12 Jahren ein schwaches Selbstbewusstsein hatten, mit 16 Jahren ein dreifach höheres Risiko depressiv zu werden als solche mit starkem Selbstbewusstsein (Fend, 2003, S. 430). Hiervon sind interessanterweise nur 3% Gymnasiasten betroffen, aber 18% der Mädchen an Hauptschulen. Ihr Gefühl des Abgewiesenseins, das mit negativen Emotionen einher geht, führt schließlich auch zu negativen Kognitionen, wonach positive Erfahrungen gar nicht mehr zur Kenntnis genommen werden.

Lehrer und Lehrerinnen sollten auf anhaltende Traurigkeit bei einzelnen ihrer Schüler, vor allem aber Schülerinnen achten, denn diesen Schülern und Schülerinnen kann beigestanden werden. Beratungslehrer oder Schulpsychologen können ein kognitives Training vermitteln, das mit positiver Bestärkung arbeitet. Es hat sich als sehr hilfreich erwiesen. Etwa 50% der Betroffenen schaffen es danach, aus Problemlagen wieder heraus zu kommen.

9.6.2 Die Externalisierung von Problemen

In den Augen der Jugendlichen, die Probleme externalisieren, ist die Welt feindlich und sie können sich vermeintlich nur durch Aggression in ihr behaupten. Das Syndrom ihrer Problemverarbeitung besteht aus Leistungsdistanz, Schuleschwänzen und aggressiven Handlungen.

Auch hier gibt es meist eine lange Problemvorgeschichte. So fielen 5–6% aggressive Jungen schon im Kindesalter auf. Auch hier ist das Hauptproblem die Negativität der Mutter oder des Vaters. Dazu kommen viele negative Schulerfahrungen. Insgesamt kann man von einer Konstellation der **Deprivation** (Entbehrung) sprechen. Als weitere Ursachen müssen der Triebschub in der Adoleszenz, eine schlechte Impulskontrolle und mangelnde soziale Kontrolle durch die Bezugspersonen angesehen werden. Weiterhin spielt die Gruppenbildung eine Rolle. Die Jugendlichen suchen sich ihresgleichen, um normabweichendes Verhalten zu produzieren und sich in „Banden" dabei gegenseitig zu stützen. Gruppen sind gleichzeitig „Auditorium" und „Trainingslager" (Fend, ebenda, S. 451). Meist fühlen sich die gewaltbereiten Jugendlichen bei ihren schädigenden Handlungen völlig unschuldig. Sie interpretieren sie vielmehr als Schutzreaktionen auf Angriffe von außen. Ein schlechtes Selbstwertgefühl haben diese Jugendlichen nicht; sie zeigen vielmehr Wahrnehmungsdefizite und schätzen ihre Möglichkeiten und Kompetenzen falsch ein.

9.6.3 Die Schule und Risikoentwicklungen

Die Situation an den Schulen ist in den letzten Jahren tatsächlich schlimmer geworden. Die kleine Gruppe gewaltbereiter Jugendlicher ist von 5% auf 12% angewachsen (ebenda, S. 451). Für Lehrerinnen und Lehrer wird es dann besonders schwierig, wenn in einer Klasse überwiegend Jungen mit schlechtem Leistungsstand und geringen Zukunftsaussichten zusammen kommen. In solchen Klassen kann sich schnell ein feindliches Verhältnis gegenüber der Lehrerschaft entwickeln und es entsteht ein Teufelskreis der Eskalation. Die Lehrer allein können hier oft nichts ausrichten; sie werden gar nicht erst gehört. Nötig und erfolgversprechend ist vielmehr ein Netzwerk an Einflussnahme, bei dem Kollegen und die Schulleitung, aber auch Eltern und andere Mitglieder der Kommune, wie beispielsweise Vertreter der Polizei oder der Jugendbehörden, zusammen wirken. Hier ist wiederum die Schulkultur entscheidend. In solchen Schulen, die mit Devianz gut zurecht kommen, wird das Zusammenleben ganz bewusst gestaltet, einschließlich strikter Regeln und Gebote.

Manche Schüler mit abweichendem Verhalten brauchen aber auch Langzeitbetreuung, die allerdings möglichst früh (in den ersten 5 Lebensjahren!) einsetzen muss (vgl. ebenda, S. 452).

Diesen Jugendlichen müssen – so wie allen anderen auch – Erfolgserfahrungen ermöglicht werden. Und alle Jugendlichen brauchen Zukunftsperspektiven.

Für die Lehrerschaft ist ein Training nützlich, das ihnen hilft ihrerseits ihre Wahrnehmung zu schulen, die Interpretation von Jugendlichen kennen zu lernen und ihr eigenes Handlungsrepertoire zu vergrößern. Insgesamt sollten sie lernen, distanziert auf Störungen zu reagieren.

9.7 Maximen für Pädagogen nach Fend

Im Anschluss an klassische Konzepte der Jugendpädagogik macht Fend Pädagogen sechs Verhaltensvorschläge zum besseren Umgang mit Jugendlichen und deren Unfertigkeit (Fend, 2003, S. 459 ff.):

1. Pädagogen sollen Taktgefühl zeigen; Jugendliche sind sich ihres Körpers, ihres Aussehens usw. noch nicht sicher.
2. Pädagogen sollten unverständliches Verhalten als Experimentierverhalten interpretieren.
3. Sie sollten sich ihres eigenen Modellcharakters bewusst sein.
4. Sie sollten, was die eigenen Anforderungen betrifft, Sicherheit vermitteln, aber durchaus auch zu Begründungen bereit sein.
5. Pädagogen sollten mit Humor und Gelassenheit reagieren.
6. Sie sollten Sicherheit und Festigkeit in den Rahmenbedingungen schaffen.

Insgesamt sollten sie anstreben, die „hohe Kunst der indirekten Begleitung“ (ebenda, S. 463) zu pflegen. Denn sie sind für Leute zuständig, die sich im Grunde gerade von der Bevormundung durch Erwachsene lösen wollen und auch sollen. Diese Leute sollen für eigenverantwortliches Handeln gestärkt werden.

9.8 Konsequenzen für die Praxis

Das Jugendlichsein unserer Schüler bedeutet für uns Lehrer und Lehrerinnen nicht nur Belastung, sondern auch Freude, Herausforderung und die Chance, uns selber weiter zu entwickeln. In keiner anderen Lebensphase sind Menschen so offen für Neues und offen auch für den Umgang mit anderen Menschen. Wir Lehrer können also im Prinzip genau das tun, wofür wir uns gerüstet fühlen: Unser Wissen weiter geben.

Nur müssen wir auch bedenken, dass unser Wissen, ja schulisches Wissen überhaupt, bei weitem nicht alles und schon gar nicht das Wichtigste ist, das Jugendliche beschäftigt. Jugendliche erleben gleichzeitig ganz andere wichtige Dinge, nämlich gute und weniger gute körperliche Veränderungen, Auseinandersetzungen mit den Eltern und anderen Erwachsenen, Freude über neue Freunde, aber auch Streit und Eifersucht, erste aufregende sexuelle Erfahrungen, Kompetenzzuwachs auf vielen Gebieten, aber auch Enttäuschungen über eigenes Versagen und vieles andere. Wir Lehrer sollten unser eigenes Anliegen also keinesfalls überbewerten.

Auch sollten wir darauf gefasst sein, dass gerade an beruflichen Vollzeitschulen viele Schüler zusammen kommen, die eine eher krisenhafte Entwicklung durchgemacht haben. Für sie sollten wir hilfreiche Begleiter sein, ohne uns aufzudrängen. So sollten wir darauf achten, ob die uns anvertrauten Jugendlichen hinreichend akzeptiert werden, Erfahrungen der eigenen Nützlichkeit machen können, wenigstens einen Interessen-Schwerpunkt entwickeln und Perspektiven für die Zukunft erhalten. Hierüber müssen wir uns mit den Kollegen und anderen Verantwortlichen austauschen und im Team Erfahrungsgelegenheiten, zum Beispiel Praktika, bereit stellen oder vermitteln.

Auch „störende" Jugendliche müssen eingebunden werden, zum Beispiel dadurch, dass ihnen Verantwortung übertragen wird. Als Beispiel sei eine Begebenheit aus meiner Praxis angeführt. In der Eingangsklasse eines Technischen Gymnasiums, die ich im Fach Deutsch übernommen hatte (eine 11. Klasse mit Schulabgängern aus der gesamten Region), war weder ich den Schülern bekannt, noch kannten sich Schüler und Schülerinnen untereinander. Nach der Darlegung meiner Vorhaben bat ich gleich zu Anfang einen dieser Schüler, der in Bahnhofsnähe wohnte, für uns alle eine Gruppenfahrkarte für eine Exkursion zu kaufen. Es stellte sich jedoch heraus, dass es sich um einen schuldistanzierten Schüler handelte. Der Schüler brachte weder die Fahrkarte noch auch seine Hausaufgaben bei. Aus meinem Anliegen schien deshalb zunächst nichts zu werden. Das Fehlen der Hausaufgaben hielt ich emotionslos in meinem Notizbuch fest und das Fehlen der Karte registrierte ich mit einem bedauernden Schulterzucken. Als die Klasse merkte, dass ich durchaus nicht gewillt war, nun jemand anderen mit dem Kartenkauf zu beauftragen, sondern vielmehr die Exkursion ausfallen lassen würde, klappte der Auftrag plötzlich. Entweder hatte ich den Schüler für mich gewonnen oder ich hatte die Klasse für mich gewonnen, die ihrerseits den Schüler beeinflusst hat. Genau weiß ich es bis heute nicht. Denn neugieriges Nachfragen verbietet m. E. das Taktgefühl, das Jugendliche brauchen, um nicht das Gefühl zu haben „angebaggert" zu werden, sondern um sich selbst entscheiden zu können.

Natürlich gelingen solche Versuche der Eingliederung nicht immer. An den beruflichen Schulen haben wir aber eine besondere Chance auf einen unbelasteten Neuanfang: Die Jugendlichen sind oft anderswo gescheitert und möchten den neuen Schulabschnitt, der auch Erfahrungen anderer Art zu bieten verspricht, besser bewältigen. Sie sind deshalb in der Regel zu Beginn recht aufgeschlossen. Wir sollten sie deshalb auf keinen Fall enttäuschen. Vielmehr sollten wir Schule zu einem Erfahrungsfeld positiver Art werden lassen. Dann kann auch bei uns die Freude über die aufscheinende jugendliche Begeisterungsfähigkeit den unvermeidlichen Ärger über kleinere und größere „Störungen“ wettmachen.

Literatur

Baacke, D.: Die 13- bis 18jährigen. Weinheim und Basel 2003

Deutsche Shell (Hrsg.): Jugend 2002. Frankfurt 2003

Dittmann-Kohli, F.: Die Bewältigung von Entwicklungsaufgaben bei Lehrlingen, in Olbrich / Todt (Hrsg.) Probleme des Jugendalters. Heidelberg 1984, S. 227–257

Fend, H.: Schule und Persönlichkeit. In: Pekrun, R. & Fend, H.: Schule und Persönlichkeitsentwicklung. München und Konstanz 1991

Fend, H.: Die Entdeckung des Selbst und die Verarbeitung der Pubertät. Entwicklungspsychologie der Adoleszenz in der Moderne. Bd. III, Bern, Göttingen, Toronto, Seattle 1994

Fend, H.: Entwicklungspsychologie des Jugendalters. Opladen 2003

Ferchhoff, W.: Anything goes? Jugendkulturen der neunziger Jahre, in: Universitas, 7, 1991, S. 639ff.

Ferchhoff, W. / Sander, U. / Vollbrecht, R. (Hrsg.): Jugendkulturen – Faszination und Ambivalenz. Weinheim und München 1995

Friedrich Verlag (Hrsg): Schüler ’97. Stars – Idole – Vorbilder. Seelze 1997

Hornstein, W.: Unsere Jugend. Weinheim und Basel 1982

Hornstein, W.: Jugendforschung und Jugendpolitik. Weinheim 1999

Hornstein, W.: Jugendforschung – Jugendpädagogik, in: Zeitschrift für Pädagogik, 1997, S. 13–50

Hurrelmann, K. / Rosewitz, B. / Wolf, H. K.: Eine Einführung in die sozialwissenschaftliche Jugendforschung. München 1994

Hurrelmann, K.: Lebensphase Jugend. Weinheim 2004

Oerter, R. / Montada, L. (Hrsg.): Entwicklungspsychologie. München, Weinheim 1995

Olbrich, E.: Jugendalter – Zeit der Krise oder der produktiven Anpassung? In: Olbrich und Todt (Hrsg.), Probleme des Jugendalters. Heidelberg, New York, Tokyo 1984

Olbrich, E.: Konstruktive Auseinandersetzung im Jugendalter. In: Oerter, R.: Lebensbewältigung im Jugendalter. Weinheim 1985, S. 7–29

10. Die Lehrerpersönlichkeit

10. Die Lehrerpersönlichkeit

10.1 Fragestellung

Spätestens dann, wenn Referendarinnen und Referendare ganz in den Schulalltag eingetaucht sind, selbstständig Unterricht halten und die Belastungen des Alltags miterleben, fragen sie sich mehr oder weniger verstohlen, ob der Lehrerberuf wohl der richtige Beruf für sie sei und ob sie wohl „gute Lehrer“ werden könnten. Die Frage ist nur, woran „gute Lehrer“ zu erkennen sind. Sind es Charaktermerkmale, Verhaltensweisen oder Einstellungen, die den Unterschied ausmachen? Zählen etwa auch Äußerlichkeiten? Und haben es Männer leichter als Frauen, sich durchzusetzen?

Fast jeder hat ein Idealbild vom guten Lehrer vor Augen. Aber angesichts so mancher Enttäuschung ist es fraglich, ob man es je wird erreichen können. Nicht ohne Grund wird viel vom „geborenen Erzieher“ gesprochen. Es scheint ungewiss, ob man das Gute-Lehrkraft-Sein lernen kann.

Ein Blick auf das Lehrerkollegium zeigt jedoch, dass es durchaus sehr unterschiedliche Menschen sind, die diesen Beruf zufriedenstellend ausüben. Wahrscheinlich geht es also gar nicht um den idealen Lehrer, sondern um eine Schnittmenge an wünschenswerten Einstellungen und Verhaltensweisen. Diesen Fragen soll im Folgenden nachgegangen werden.

10.2 Lehrerbilder

10.2.1 Das Bild vom guten Lehrer

In der Öffentlichkeit gibt es ein diffuses Lehrerbild, das von Verachtung einerseits („Halbtagsjobber“) bis zur verschämten Hochachtung reicht („also, Lehrer möchte ich heutzutage nicht sein“). Das hängt damit zusammen, dass das Betätigungsfeld zwar komplex, aber auch mit einer geringen Transparenz für Außenstehende versehen ist. Die Eltern ahnen mehr als dass sie wissen, dass es ein schwieriges Geschäft ist, mit heutigen Jugendlichen umzugehen und dass es um mehr geht als um Wissensvermittlung. Es geht auch darum, dass ein Erwachsener sich menschlich auf die Jugend einlässt, sie versteht, fordert und fördert. Es geht um die Lehrerpersönlichkeit. Da aber das, was eine Lehrerpersönlichkeit im guten Sinn ausmacht, schwer zu fassen ist, stirbt die Vorstellung nicht aus, dass die Entscheidung, Lehrer zu werden, eine Art Berufung sein müsse, der nur wenige gerecht werden können.

Die Vorstellung, es handele sich beim guten Lehrer um eine herausragend moralische Persönlichkeit, wird von vielen normativen Aussagen in der pädagogischen Literatur genährt. Schon vor 150 Jahren hat der Pädagoge Diesterweg die umfangreichen Wünsche überspitzt zu Papier gebracht:

„Mit Recht wünscht man dem Lehrer die Gesundheit und die Kraft eines Germanen, den Scharfsinn eines Lessing, das Gemüt eines Hebel, die Begeisterung eines Pestalozzi, die Wahrheit eines Tillich, die Beredsamkeit eines Salzmann, die Kenntnisse eines Leibniz, die Weisheit eines Sokrates, und die Liebe Jesu Christi“ (zit. in Dieterich et al., 1983, S. 49).

Ganz offensichtlich handelt es sich hierbei um ein Idealbild. Idealbilder können aber Durchschnittsmenschen tatsächlich auch erschrecken und verunsichern. Die Kritik fragt sich zu Recht, ob nicht Tugendkataloge eher eine Überforderung als eine Orientierungshilfe darstellen.

Etwas konkreter sieht das Bild aus, das Schulbeteiligte vom guten Lehrer zeichnen. Ich stütze mich bei dessen Darstellung auf eine ältere Untersuchung (Gröschel, 1980), weil sie interessanterweise die Forderungen und Wünsche von verschiedenen Gruppen, nämlich von Schulräten, Schülern und Eltern aus ein und demselben Schulbereich gegenüber stellt. Hier zeigt sich nun, dass die verschiedenen Gruppen durchaus unterschiedliche Vorstellungen vor Augen haben. Für Schulräte sind vor allem Gewissenhaftigkeit, Gründlichkeit, Sorgfalt und Zuverlässigkeit wichtig, also gute Beamten- Tugenden (ebenda, S. 107). Die Eltern schätzen Transparenz, Leistung, Ordnung, Kontrolle und Engagement der Lehrer (ebenda, S. 108ff.). Und die Schüler wünschen sich vor allem heitere, gerechte, geduldige und klar erklärende Lehrer. Lehrer sollen ihrer Meinung nach außerdem verständnisvoll, aber dennoch auch konsequent sein.

Aus einer Untersuchung von 1994 (Greving, 1994, S. 26) stammen die folgenden Schülerwünsche: Im Unterricht solle es Abwechslung geben statt Monotonie. Der Lehrer solle sein Fach mögen und mit Begeisterung beim Thema sein; er solle nicht autoritär sein und schon gar nicht Schüler „fertig machen“; Noten sollten nicht zur Disziplinierung eingesetzt werden, sondern der Notengebungsprozess sollte vielmehr transparent sein und verständigen Maßstäben folgen. Auch in dieser Untersuchung werden bestimmte persönliche Eigenschaften positiv gewertet, nämlich Humor, Einfühlungsvermögen, Konsistenz im Verhalten und Toleranz. Lehrer sollten „nett“ sein, aber nicht „zu nett“.

Ähnliches wird auch an anderen Schulen als der untersuchten geäußert. Der Autor versteht seine nicht repräsentative Umfrage ausdrücklich als Einladung zur Nachahmung, um mit den Schülern der eigenen Schule über deren Lehrerbild ins Gespräch zu kommen. Es wird deutlich, dass man vom allgemeingültigen Lehrerbild wegzukommen versucht und sich einer modernen Feedback-Praxis nähert. Einer der Gründe dafür ist, dass – wie oben dargestellt – unterschiedliche Schulbeteiligte unterschiedliche Wünsche äußern, ein anderer, dass das Bild vom guten Lehrer sich auch je nach gesellschaftlichen und historischen Gegebenheiten geändert hat und sich weiter ändert.

10.2.2 Der historische Wandel des Lehrerbildes

Lehrer wurden zwar in der Geschichte oft mit maßlosen Forderungen konfrontiert: Einerseits mussten sie als Sündenböcke für gesellschaftliche Zwänge herhalten (Adorno, 1965, in: Dieterich, S. 78), andererseits sollten sie diese gleichzeitig auffangen. Diese Forderungen aber änderten sich mit dem Zeitgeist.

Bis weit ins 19. Jahrhundert hinein galt es zunächst einmal, sich von der Bindung an die kirchliche Autorität zu lösen und den Menschen als selbst denkendes Wesen wahrzunehmen und zu fördern. Danach fungierte der Lehrer in erster Linie als Kulturvermittler, bis ihm mit der Reformbewegung der zwanziger Jahre des 20. Jahrhunderts zusätzlich die Aufgabe zufiel, die Entwicklung der Kinder und Jugendlichen nach deren eigenen Entwicklungsgesetzen zu fördern (vgl. Fend, 1994, S. 13). In der Zeit des Nationalsozialismus sollte der Lehrer ideologisch geschulter „Jugend(ver)führer" sein (Frommer, 2000, S. 141). Nach dem 2. Weltkrieg wurden die Ideen der zwanziger Jahre wieder aufgegriffen, wobei sich das Gymnasium immer mehr als Kulturvermittler, die Volksschule eher als Entwicklungshelfer verstand. Ende der sechziger Jahre entstand dann im Zusammenhang mit der Ablehnung einer „Gesinnungspädagogik" das Bild vom Lehrer als „Spezialist und Fachmann" (Fend, 1994, S. 13). Wissensinhalte und fachdidaktische Aufbereitung traten von da an in den Vordergrund.

Als letzte Phase, die bis in die Gegenwart reicht, sieht Fend „Die Individuation des Lehrers: Die neue Gestalt einer Lehrerpersönlichkeit" (ebenda, S. 13). Sowohl auf Schüler- wie auf Lehrerseite bestehe zunehmend der Wunsch, auch als Person wahrgenommen zu werden und sich einbringen zu können. Fend beschreibt das neue Idealbild folgendermaßen:
„Das Idealbild besteht somit im mündigen Lehrer, der selbstständig handeln und entscheiden kann, der sich selber in Frage stellen und korrigieren kann, der sich aber gleichzeitig auf der Grundlage einer unprätentiösen Selbstsicherheit und Orientierungssicherheit positiv dem öffentlichen Auftrag seiner Tätigkeit verpflichtet weiß." (ebenda, S. 30)

10.2.3 Der schlechte Lehrer

Da der gute Lehrer schlecht zu fassen ist und da es anscheinend auch unterschiedliche Wege gibt, ein guter Lehrer zu sein oder zu werden, scheint es eventuell sinnvoll zu sein, nur den schlechten Lehrer zu identifizieren und ihn vom Lehrerwerden abzuhalten.

In der Tat gibt es auch zu diesem Thema etliche Beiträge.

Nach Untersuchungen von Bernd Schwarz, der mit 14 Lehrern und Lehrerinnen aller Schularten ausführliche ein- bis zweistündige Interviews führte, werden schlechten Lehrern folgende Eigenschaften zugeschrieben:

„Mangelndes Einfühlungsvermögen, mangelnde kommunikative und soziale Kompetenz, Ungerechtigkeit, Inkonsequenz, Unberechenbarkeit, Gereiztheit und auch Hilflosigkeit darin, richtig und falsch, wichtig und unwichtig zu unterscheiden, vielleicht sogar auch Ängstlichkeit werden dann zu Charakteristika des ‘schlechten Lehrers’“ (Schwarz, 1997, S. 194).

Außerdem werden Lehrer für schlechte Lehrer gehalten, die sich einen guten Kontakt zu Schülern auf Kosten der unterrichtlichen Arbeit, z. B. durch geringe Ansprüche „erkaufen“. Die interviewten Kollegen sehen aufgrund ihrer Erfahrung aber auch, dass es „den“ schlechten Lehrer nicht gibt; das gezeichnete Bild sei vielmehr ein „Symptombild“ (ebenda, S. 212). Eine Person wird nicht in erster Linie zum schlechten Lehrer, weil sie so ist, wie sie ist, sondern auch äußere Ursachen können beteiligt sein, etwa ein Geflecht von Problemen im beruflichen wie auch im privaten Bereich.

Schwarz sieht eine mögliche Ursache darin begründet, dass es im Lehrerberuf ein geringeres, vom Berufsinhaber unabhängiges Professionswissen gibt als in anderen akademischen Berufen. Stattdessen sind unwägbare, stark mit der Persönlichkeit verbundene Fähigkeiten erforderlich (ebenda, S. 214).

Für Rainer Winkel sind schlechte Lehrer in erster Linie Pädagogen, denen „pädagogischer Takt“ fehlt. Pädagogischer Takt ist für ihn der „freie Raum der Entscheidung zwischen Theorie und Praxis“ (Winkel, 1994, S. 7). So können kleine Defizite, die wir alle kennen und haben, zu großen Defiziten werden. Es ist zum Beispiel normal, dass man auch als Lehrender manchmal Wissenslücken hat und etwas Falsches behauptet. Schädlich wird eine solche Lücke erst, wenn der betreffende Lehrer oder die Lehrerin nichts unternimmt, um den Fehler zu beheben, möglicherweise die Wissenslücke sogar gar nicht schlimm findet, weil es sich ja nicht um sein bzw. ihr Fach handelt. Dann wird aus dem Normallehrer ein Ignorant, der pädagogischen Zielen zuwiderhandelt. Weitere defizitäre Typen sind für Winkel der Scharlatan, der nun seinerseits so tut, als wisse er alles, der Schleimer, der Manipulateur, dem es um Macht geht, der Egomane, der Karrierist und der „Nassauer“, der es sich auf Kosten anderer gut gehen lässt.

Der Kollege Gerald Warnke weist in der gleichen Zeitschrift darauf hin, dass Lehrer oft erst allmählich zu schlechten Lehrern würden und es nur nicht merkten. Er sieht an den Schulen „viel Hilflosigkeit, Überforderung, mangelnde Kooperation und Kommunikation, festgefahrene Strukturen, Sackgassen und Fallen, in die da einige hineingeraten sind“ (Warnke, 1994, S. 20). Er sieht großen Handlungsbedarf in der Organisation, zum Beispiel in der Einrichtung von Supervisions- und Fallbesprechungsgruppen. Ähnlich sieht es Jessica Greiss aus der Sicht einer Referendarin (Greiss, 1994). Ihren Beobachtungen zufolge sind „Lehrer ständig mit der eigenen Persönlichkeit und mit den individuellen Schwächen konfrontiert“ (ebenda, 1994, S. 24). Die Bereitschaft, sich damit auseinander zu setzen, erlebte sie während ihrer Referendarzeit jedoch als gering.

Aus Sicht der Schüler ist die herausragende Charakterisierung des schlechten Lehrers mit den Stichworten Machtmissbrauch und Inkompetenz zu umreißen. (Stolz, 1997, S. 167) Machtmissbrauch wird bei starker Lenkung und emotionaler Zurückweisung erlebt, Inkompetenz bei mangelnder Planungsfähigkeit, unzureichenden Lernhilfen, unverständlichen Erklärungen und fehlenden motivationalen Anreizen.

Deutsche Lehrer sind traditionell Einzelkämpfer, die wenig über sich und andere Bescheid zu wissen scheinen. Es fehlt etlichen von ihnen die notwenige soziale Kompetenz für den pädagogischen Beruf, und es fehlt vielen ein konsistentes Bild ihrer eigenen Person.

10.3 Lehrerkompetenzen

Zwischenzeitlich wurden normative Vorstellungen von der Lehrerpersönlichkeit in der wissenschaftlichen Auseinandersetzung von Kompetenzvorstellungen abgelöst. Unter Kompetenzen werden Fähigkeiten verstanden, die jemand braucht, um bestimmte vorgegebene Ziele erreichen zu können. Von einer Auflistung von notwendigen Kompetenzen für den Lehrberuf erhofft man sich eine gerechtere, nachvollziehbare Beurteilung von Kandidaten sowie die bessere Identifizierung von Defiziten. Diese könnten dann, so ist die Hoffnung, durch geeignete Trainingsmaßnahmen behoben werden.

Schon 1970 hat der Deutsche Bildungsrat fünf unterschiedliche Funktionen ausgewiesen, für die jeder Lehrer und jede Lehrerin gerüstet sein müsse, nämlich Lehren, Erziehen, Beurteilen, Beraten und Innovieren.

Die Kataloge wurden in der Folge immer weiter ausdifferenziert und den geänderten Gegebenheiten angepasst. So hat die Bildungskommission in NRW (Schule der Zukunft, 1995), ausgehend von den veränderten Lebensverhältnissen der heutigen Jugend ein „verändertes Leitbild für die Tätigkeit von Lehrerinnen und Lehrern“ entworfen. Neben einer grundlegenden „Handlungskompetenz“, die auf Selbststeuerung, Selbstverantwortung, pädagogischen Grundeinstellungen, sozialem Verhalten, Kreativität, Schulverantwortung und kommunikativen Fähigkeiten basiert, gehören noch folgende „Basisqualifikationen“ zu den „professionellen Grundbefähigungen“:

- Fachlich-didaktische Kompetenz
- Methodische Kompetenz
- Kompetenz zur Leitung von Lerngruppen
- Diagnostische Kompetenz
- Beratungskompetenz
- Metakognitive Kompetenz
- Medienkompetenz
- Teamfähigkeit

Diese Kompetenzen werden in insgesamt 30 Unterkompetenzen aufgefächert, zu denen dann noch Qualifikationen schulstufenbezogener Art hinzukommen (vgl. Lenhard, 1999, S. 138).

Unter solchen Umständen scheint es nicht verwunderlich, dass ähnlich wie beim überhöhten Lehrerbild nun auch durch ausufernde Kompetenzlisten bei den betroffenen Personen ein Gefühl der Überforderung entstehen kann, das sich in Satiren, wie zum Beispiel der folgenden, Luft verschafft:

„Wahrscheinlich gibt es nicht viele Berufe, an die die Gesellschaft so widersprüchliche Anforderungen stellt: gerecht soll er sein, der Lehrer, und zugleich menschlich und nachsichtig, straff soll er führen, doch taktvoll auf jedes Kind eingehen, Begabungen soll er wecken, pädagogische Defizite ausgleichen, Suchtprophylaxe und Aids-Aufklärung betreiben, auf jeden Fall den Lehrplan einhalten, wobei hochbegabte Schüler gleichermaßen zu berücksichtigen sind wie begriffsstutzige. Mit einem Wort: Der Lehrer hat die Aufgabe, eine Wandergruppe mit Spitzensportlern und Behinderten bei Nebel durch unwegsames Gelände in nordsüdlicher Richtung zu führen, und zwar so, dass alle bei bester Laune und möglichst gleichzeitig an drei verschiedenen Zielorten ankommen" (aus: Die Weltwoche vom 22.2.1988).

Andererseits sind Kompetenzkataloge eine gute Ausgangsbasis für empirische Untersuchungen. Anhand eines ausreichenden Datenmaterials kann überprüft werden, welche Kompetenzen nun wirklich eine Rolle spielen und welche nicht.

So haben Weinert & Helmke (1996) die Wirkung von acht Lehrmerkmalen auf die Leistungsentwicklung in Mathematik in 47 Grundschulklassen untersucht, und zwar folgende:

- die Klarheit und Strukturiertheit des Unterrichts
- die Effizienz der Klassenführung
- das aufgabenbezogene Aktivitätsniveau der Schüler
- die individualisierte Unterstützung der Lernenden
- die Adaptivität der Instruktion
- die Variabilität der Unterrichtsformen
- das soziale Klassenklima
- das Ausmaß kooperativen Lernens

(vgl. Weinert & Helmke, 1996, S. 227).

In 23 Klassen war der Lernzuwachs durchschnittlich, in 13 Klassen aber deutlich über und in 11 Klassen deutlich unter dem Durchschnitt. In einem nächsten Schritt wurden die Lehrer der „Optimalklassen" anhand der oben genannten Kriterien mit denen der unterdurchschnittlichen Klassen verglichen. Zwischen erfolgreichen und nicht erfolgreichen Lehrern bestehen die größten Differenzen danach in der Klarheit und Strukturiertheit des Unterrichts, in der Effektivität der Klassenführung, in der Förderung aufgabenbezogener Schüleraktivitäten, in der individualisierten Unterstützung der Lernenden und in der Variabilität der Unterrichtsformen.

Keine Unterschiede ergaben sich erstaunlicherweise beim sozialen Klassenklima und bei der Anpassung des Unterrichts an wechselnde situative Bedingungen.

Weinert und Helmke zufolge hat die Untersuchung die Bedeutung von pädagogischem Expertenwissen eindrücklich belegt. Was aber nicht beantwortet werden konnte, war die Frage nach konstitutiven Persönlichkeitsmerkmalen, denn die untersuchten Lehrer zeigten in ihren Verhaltensweisen große individuelle Unterschiede (ebenda, S. 232). Diese Erkenntnis zeigt meines Erachtens, dass es nicht Charakterunterschiede, sondern Selbst-Kompetenzen (vgl. 10.4) sind, die es einem Individuum erleichtern, pädagogisches Wissen besonders gut in die eigene Denkstruktur zu integrieren.

10.4 Integrierende Modelle

Unter integrierenden Modellen verstehe ich solche, die einerseits ihr Augenmerk auf Lehrerkompetenzen richten, zum anderen aber auch ein steuerndes und lenkendes Ich hinter den Fähigkeiten und Fertigkeiten sehen, also eine Variable „Lehrerpersönlichkeit".

Fend, der zuvor den Wandel des Lehrerleitbildes im Lauf der Zeiten beleuchtet hat, hält für die heutige Zeit ein neues Lehrerleitbild für nötig. Er gliedert es in vier Aufgabenkreise, die hier in gekürzter Form wiedergegeben werden (vgl. Fend, 1994, S. 27ff.):

1. Der Lehrer muss fachlich-didaktisch guten Unterricht in freundlicher Atmosphäre halten können (Fachkompetenz).
2. Der Lehrer muss die entwicklungspsychologischen Besonderheiten der Schüler und ihre Lebenssituation kennen sowie Kenntnisse in Gruppendynamik besitzen (Pädagogische Kompetenz).
3. Der Lehrer muss ein hohes Verhandlungsgeschick und Kenntnisse in Gesprächsführung aufweisen (Sozialkompetenz).
4. Der Lehrer muss ein reflektiertes Verhältnis zu sich selbst haben, das heißt einen besseren Zugang zur eigenen Person finden (Selbstkompetenz).

Ganz wichtig ist für Fend die Verbesserung der pädagogisch-psychologischen Kompetenzen sowie die Persönlichkeitsentwicklung der Lehrer und Lehrerinnen. Letzteres kann nicht durch die Vermittlung fachlicher und didaktischer Inhalte geschehen, sondern nur in der Lebensorganisation im Umkreis des Studiums bzw. der Seminarausbildung. Hier könnten soziale Zirkel entstehen, die die pädagogische Konzept-Arbeit pflegen und vorwärts bringen.

Auch Huwendiek ist der Meinung, dass zwar zweifelsohne professionstypische Kompetenzen erworben bzw. ausgeformt werden müssen, dass aber in das Professionalitätskonzept die Lehrerpersönlichkeit als Faktor integriert werden müsse (Huwendiek, 1997, S. 20ff.). Die Lehrerpersönlichkeit zeichnet sich unter anderem durch Selbstvertrauen, Selbstkritik und pädagogischen Takt aus.

Huwendiek selbst stellt 16 Kompetenzen zusammen, die er in 4 Bereiche gliedert (ebenda, S. 22):

A. **Unterricht**
1. Fachwissenschaftliche Kompetenz, Sachkompetenz
2. Didaktische Kompetenz
3. Methodische Kompetenz
4. Medien-didaktische / pädagogische Kompetenz
5. Diagnostische Kompetenz, Beurteilungskompetenz

B. **Kommunikation und Kooperation**
6. Interaktions-, Team- und Beziehungskompetenz
7. Beratungskompetenz
8. Gruppenleitungs- und Klassenlehrerkompetenz
9. Erziehungs- und Konfliktbewältigungskompetenz
10. Kompetenz zur Gestaltung außerunterrichtlicher Veranstaltungen
11. Kompetenz zur Entwicklungsförderung im Jugendalter

C. **Organisation und Verwaltung**
12. Planungskompetenz
13. Dispositionskompetenz, Zeitmanagement
14. Verwaltungskompetenz

D. **Person**
15. Rollen-Kompetenz (Umgang mit Rollen-Set)
16. Selbstkompetenz

Der vierte Bereich gilt der eigenen Person. „Zu sich selber als Lehrer finden“ (Frommer, zit. ebenda, S. 33) ist für Huwendiek eine wichtige Aufgabe. Ausdrücklich genannt werden hier Rollenkompetenz und Selbstkompetenz. Mit Rollenkompetenz ist gemeint, die Rolle des Lehrers anzunehmen und individuell auszufüllen (vgl. Abschnitt 10.5). Mit dem Begriff der Selbstkompetenz wird im Allgemeinen die Fähigkeit verbunden, die eigenen Bedürfnisse wahrzunehmen und für sich selbst einstehen zu können. Selbstkompetenz ist für jedermann wichtig, besonders aber für Angehörige sogenannter helfender Berufe. Sie können sich im Bewusstsein ihrer persönlichen Grenzen besser vor der Gefahr schützen, von den Klienten vereinnahmt zu werden.

Die genannten personalen Kompetenzen werden auch von anderen Autoren gefordert. So sieht zum Beispiel Lenhard die Gefahr, dass der Anpassungsdruck an die schulische Wirklichkeit die Reformeuphorie immer wieder überlagern könnte. Er hält es deshalb für dringend nötig, die jungen Lehrerinnen und Lehrer auf die Widersprüchlichkeiten von Schule in unserer Gesellschaft hinzuweisen sowie auf die Notwendigkeit, diese Widersprüche aushalten zu lernen. Hierzu ist seiner

Meinung nach Selbstvertrauen wichtig, „das sich mit Nachdenklichkeit und Selbstkritik verbindet und offen ist für eine fortwährende Selbstentwicklung" (Lenhard, 1999, S. 144).

Für den Psychologen Bromme (1997) rückt ebenfalls wieder die Person des Lehrers ins Zentrum der Analyse, und zwar wegen der Kontextabhängigkeit des Lehrerhandelns. Der Blick richtet sich aber nicht mehr auf den „geborenen" oder „begnadeten" Erzieher, sondern auf den Fachmann, der Expertenwissen in sich selbst zu einem zusammenhängenden Ganzen („kohärentes Ensemble", S. 186) als handlungsleitende Kognition zu verknüpfen versteht. Beteiligt sind individuelle Merkmale, professionelle Wissensbestände im Lichte eigener Erfahrungen und die Steuerung durch das Ich, die zentrale Instanz der Person.

10.5 Aspekte der Lehrerpersönlichkeit aus Sicht der Psychologie

Die Wiederentdeckung der Persönlichkeit als wichtige Unterrichtsvariable konfrontiert angehende Lehrer und Lehrerinnen mit einer Reihe von Fragen, die Unterrichtstechnokraten nicht stellen und nicht zu stellen brauchen, weil es ihnen nur um die Anwendung erworbener Fertigkeiten geht. Im Vordergrund steht dabei die Frage danach, ob es eventuell unabdingbare Einzelmerkmale gibt, die eine erfolgreiche Koordination all der vielen oben beschriebenen Wissenselemente ermöglichen. Danach folgt die Frage, wie man sich selbst besser kennen lernen kann, und schließlich ist es von großem Interesse zu erfahren, ob und wie Persönlichkeitsentwicklungen gelingen können.

Diesen Fragen widmet sich ein gemeinschaftlich herausgegebenes Buch aus der pädagogischen Psychologie, das sich ganz der Erhellung der Lehrerpersönlichkeit verschrieben hat. Die Autoren Dieterich, Elbing, Peagitsch und Ritscher sehen die „Persönlichkeit des Lehrers als wesentliche Bestimmungsgröße des pädagogischen Bezugs" (Dieterich et al, 1983, S. 5). Dabei unterstellen sie ausdrücklich keine lineare Entsprechung zwischen Erzieherpersönlichkeit und Erziehungsverhalten. Unterricht sei vielmehr ein ganzheitliches, interaktives Geschehen, in das Lehrer und Schüler beide verwickelt sind. Sie unternehmen deshalb den Versuch, mit Hilfe von Einzelaspekten zu einem Gesamtbild der Lehrerpersönlichkeit zu kommen, in der Annahme, dass dieses auf die Schülerpersönlichkeit in all ihren Facetten Einfluss ausübt.

Für die Analyse werden Grundmodelle der psychologischen Persönlichkeitstheorie herangezogen, nämlich das „Eigenschaftsmodell", die „Rollentheorie", das „Selbstkonzept", das „Einstellungsmodell", „Motivationstheorien" und „Lerntheorien". Sie eignen sich dazu, Aspekte der Lehrerpersönlichkeit zu erhellen und deren erzieherische Bedeutung zu erläutern. Inwieweit der Lehrer oder die Lehrerin für die Schüler aber menschlich akzeptabel ist, hängt von der Integration der genannten Persönlichkeitsaspekte durch das agierende Subjekt ab.

Die folgende Grafik soll verdeutlichen, wie verschiedene Aspekte zusammen das Gesamtbild einer Persönlichkeit, in diesem Fall der Lehrerpersönlichkeit, ergeben:

Aspekte der Lehrerpersönlichkeit

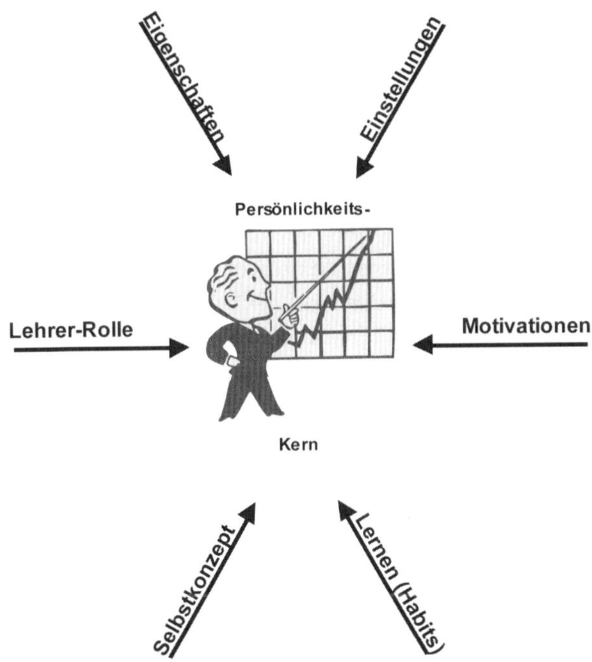

10.5.1 Lehrereigenschaften

Von der Mitte des vorigen Jahrhunderts bis in die siebziger Jahre hinein versprach man sich – besonders in den USA – viel von großangelegten **Persönlichkeitstests**, um die Eignung bestimmter Personengruppen für bestimmte Aufgaben heraus zu finden oder um angebliche Fehlleistungen mit Persönlichkeitsmerkmalen erklären zu können.

Fehlleistungen im Schulbereich wurden in der Öffentlichkeit oft damit erklärt, dass nur schwache Personen Lehrer werden würden, die nur die Schule und nicht das „wirkliche Leben" kennen, Personen, die intellektuell nicht herausragend seien, dafür aber besonders ängstlich, mit Neigung zu Neurosen.

Im Zusammenhang mit den PISA-Diskussionen tauchten solche Klischees in jüngster Zeit wieder in den Medien auf. Es ist deshalb interessant zu erfahren, dass die tatsächlich durchgeführten Persönlichkeits-Tests bei insgesamt über 3500 in den USA und Deutschland getesteten Lehrerstudenten und Junglehrern ein anderes Bild ergaben (Dieterich, 1983, S. 28ff.). Die Durchschnittswerte der Lehrer entsprechen im Großen und Ganzen denen der Normalpopulation. Lehrer sind damit typische Repräsentanten ihrer Gesellschaft.

Bei einigen Eigenschaften stellen verschiedene Tests leicht überdurchschnittliche Werte bei Lehrern fest. So ist ihr soziales Engagement vielfach überdurchschnittlich ausgeprägt; sie sind eher begeisterungsfähig und warmherzig, gleichzeitig aber auch etwas sensibler und leichter verletzbar und verärgert. Im Allgemeinen sind sie aufgeschlossener, geselliger und freundlicher als der Durchschnitt der Bevölkerung (ebenda, S. 28).

Neben den allgemeinen Persönlichkeitstests wurden auch solche Tests durchgeführt, die besonders relevante Dimensionen wie die Intelligenz, die angebliche Tendenz zu Neurosen und Angst und die Neigung zu autoritärem Verhalten untersuchen sollten. Auch hier gab es keine Anzeichen für eine besonders ausgeprägte negative Disposition bei der Lehrerschaft insgesamt. Im Gegenteil. Die Untersuchungen ergaben einen IQ von 106–118, mit Schwerpunkt auf der Begriffsbildung. Und auf der Neurotizismus-Skala erreichten effiziente Lehrer sogar niedrigere Werte als die Normalpopulation (ebenda, S. 35).

Allerdings wiesen schlechte Lehrer im letzteren Bereich höhere Werte auf. Ähnlich verhielt es sich bei der nicht-neurotischen Angst und der Neigung zu autoritärem Verhalten. Diese negativen Befunde können so interpretiert werden, dass Neurosen, Angst und Autoritarismus möglicherweise erst im Lehrberuf und durch den Lehrberuf entstehen und hier eine größere Wirkung entfalten als in anderen Berufen. Der Lehrer und die Lehrerin stehen immer in der Öffentlichkeit und ihre Eigenarten werden eher sichtbar. Auch haben sie es in der Praxis mit vielen Diskrepanzerlebnissen zu tun, die zu Vermeidungsreaktionen führen können, wenn sie nicht rechtzeitig gelernt haben, mit Widersprüchen und Konflikten umzugehen (vgl. ebenda, S. 38).

Die Kenntnis der mit Persönlichkeitstests gemessenen Lehrereigenschaften kann zur Ausbildung von Lehrern insofern wenig beitragen, als Persönlichkeitsmerkmale mehr oder weniger als gegeben hingenommen werden müssen. Sie ist aber nicht unwichtig, wenn es darum geht, noch vor Eintritt in den Beruf die eigene Eignung zu reflektieren und sich z.B. zu fragen, ob man wirklich ein Mensch ist, der gern den Umgang mit anderen Menschen pflegt.

Weiterhin kann man nach diesen Untersuchungen Vorurteilen und Klischees mit mehr Selbstbewusstsein entgegen treten. Und schließlich ist es beruhigend zu wissen, dass es nicht darauf ankommt, irgendwie besonders zu sein, sondern nur das Beste aus dem – im Sinne der Statistik – durchschnittlichen ICH heraus zu holen.

10.5.2 Die Lehrerrolle

In den siebziger und achtziger Jahren des vorigen Jahrhunderts gewann die Untersuchung der Lehrerrolle und deren Auswirkung an Bedeutung. Der Forschungsansatz stammt aus der **„Rollentheorie“**, einer Theorie der Soziologie bzw. Sozialpsychologie.

Die Rolle umschreibt die Erwartungshaltung, die die Gesellschaft an den Inhaber einer sozialen Position hat. So wird von einer jungen Mutter z. B. ein anderes Verhalten als von einer allein stehenden Frau gleichen Alters erwartet, und einem Verkäufer begegnet man anders als einem Polizisten. Je nachdem, wie stark sich der Rollenträger mit der Rolle identifiziert, erklärt sie zum Teil das tatsächliche Verhalten: Die junge Mutter wird im Vergleich zur kinderlosen jungen Frau seltener ausgehen, und der Verkäufer wird verbindlicher auftreten dürfen als der Polizist im Dienst.

Auch das Verhalten der Lehrer kann zu einem guten Teil mit den Erwartungen erklärt werden, die an ihn gestellt werden. Lehrer und Lehrerinnen müssen auf die Einhaltung von Disziplin achten; sie müssen zurückhaltend sein, was die Freundschaft mit Schülern betrifft; sie sollten seriös gekleidet sein, in der Öffentlichkeit reden können und vieles mehr. „Es lässt sich beobachten, dass Lehrer in der Schulsituation immer wieder gezwungen werden, sich in charakteristischer Weise zu verhalten, obwohl sie Menschen mit durchschnittlichen Persönlichkeitseigenschaften sind“ (Müller-Fohrbrodt, in: Dieterich, S. 81). Die Gesellschaft erwartet vom Lehrer und der Lehrerin, dass er bzw. sie lehrt, beurteilt, unter Umständen sitzen bleiben lässt, aber auch, dass er oder sie erzieht und alle Schüler in das Gruppengeschehen integriert. Soziologisch gesprochen muss der Lehrer die Schulfunktionen der Qualifikation, Allokation (Zuweisung) und Integration erfüllen (vgl. Kapitel 8) und ist als Beamter auch Funktionär.

Viele der schulischen Funktionen sind jedoch widersprüchlich, wie schon in etlichen der vorangegangenen Kapitel deutlich wurde. Insbesondere die gleichzeitige Erwartung an Förderung und Auslese macht den meisten Lehrern und Lehrerinnen zu schaffen. Für die Lehrerschaft ergeben sich also aus den unterschiedlichen Erwartungen und gesellschaftlichen Zwängen nicht wenige so genannte Rollenkonflikte.

Soziologen unterscheiden zwischen **Intra**- und **Inter-Rollenkonflikten**. Der oben genannte Konflikt zwischen Fördern und Auslesen ist ein Intra-Rollenkonflikt, der in der Person selbst zu Spannungen und Zweifeln führen kann. Der Inter-Rollenkonflikt ist ein Konflikt, der zwischen Personen mit unterschiedlichen Erwartungen auftritt. Im Schulbereich gibt es typische Rollenkonflikte zwischen Lehrern und Schülern, Lehrern und Eltern, Lehrern und Schulleitung etc., und zwar immer dann, wenn die eine Seite berechtigterweise etwas verlangt, was die andere Seite aus ihrer Sicht heraus ablehnen muss. Eltern verlangen zum Beispiel oft Rücksichtnahme auf den eigenen Sohn oder die Tochter, während Lehrer und Lehrerinnen ihrerseits klar machen müssen, dass sie allen Schülern gerecht werden müssen und nur in Ausnahmefällen von der Gleichbehandlung abweichen dürfen.

Ein weiterer Intra-Rollenkonflikt ist, dass Lehrer und Lehrerinnen auch sie selbst bleiben möchten und auch sollen. Ein guter erzieherischer Einfluss gelingt erst, wenn sie in der Rolle dennoch authentisch sind.

Um mit den oben genannten Schwierigkeiten fertig zu werden, ist es von entscheidender Bedeutung, sich erst einmal der Berufsrolle mit all ihren Implikationen bewusst zu werden und sie im Großen und Ganzen zu akzeptieren, falls der Berufswunsch entschieden ist. Im Übrigen erleichtern drei Verhaltensweisen den Umgang mit der Rolle, nämlich die **Rollendistanz**, die sog. **Ambiguitätstoleranz** und die **Empathie**. Rollendistanz bedeutet, dass man sich nicht hundertprozentig mit der Rolle identifizieren muss, sondern versuchen kann, eine eigene Note hineinzubringen oder aber sich mit anderen zusammen für alternative Konzepte einzusetzen. Auch kann man mit einem Ausdruck des Bedauerns auf die äußeren Zwänge verweisen. Unter Ambiguitätstoleranz versteht man die Fähigkeit, konträre Erwartungen auszuhalten. Sie zeigt sich beispielsweise darin, dass sowohl das Fördern wie auch das Beurteilen ernst genommen werden, dass man aber den Beteiligten deutlich zu erkennen gibt, wann und wie die eine Funktion und wann und wie die andere zum Tragen kommen soll. Empathie schließlich ist die Fähigkeit, sich in den Rollenpartner hinein zu versetzen und ihm Verständnis entgegen zu bringen, bevor die eigene Position erläutert wird.

Zum Schluss soll noch darauf hingewiesen werden, dass die Rolle auch Sicherheit bietet, etwa bei der Umsetzung von Regeln oder der Verhängung von Strafen. Lehrer wie Schüler agieren in einem geordneten Rahmen von gegenseitigen Erwartungen.

Unsere Jugendlichen, die schon etliche Jahre in der Schülerrolle zu Hause sind, erwarten ihrerseits tatsächlich auch, dass der Lehrer oder die Lehrerin rollenkonform agiert. Sie gehen beispielsweise davon aus, dass er oder sie die vorgeschriebene Anzahl von Klassenarbeiten schreibt, diese zügig zurückgibt, nach einem anerkannten Notenschlüssel bewertet und – um ein banales, aber nicht unwichtiges Beispiel zu bringen – beim Klingelzeichen den Unterricht beendet. Die selbstverständliche Einhaltung von Rollenvorschriften vermittelt ein Stück weit Zuverlässigkeit.

10.5.3 Das Selbstkonzept des Lehrers

Das **Selbstkonzept** ist die kognitive Repräsentation der gesamten eigenen Person. Es ist also die Theorie, die eine Person von sich selbst hat.

Dem Konstrukt „Selbst" liegt dabei ein Menschenbild zu Grunde, das die Person als reflexives Subjekt begreift, das zum einen ein Produkt vorausgegangener Erfahrungen ist, zum anderen aber auch in einem ständigen Prozess der Informationsverarbeitung und Weiterentwicklung begriffen ist (vgl. Elbing, in: Dieterich et al. ebenda, S. 112).

Zum Bild des eigenen Ich gehören drei Hauptkomponenten, das „**Selbstbild**" als deskriptiver Teil, das „**Idealselbst**" als normativer Teil und das „**Selbstwertgefühl**" als bewertender Teil (vgl. ebenda, S. 112). Alle drei Komponenten beeinflussen das Verhalten einer Person.

Zum Selbstbild gehören Vorstellungen vom eigenen Aussehen (Körperselbstbild) und von den eigenen Fähigkeiten und Fertigkeiten. Bei manchen Menschen besteht mangels rechtzeitiger Korrekturen eine Verzerrung der Eigenwahrnehmung. Das hat zur Folge, dass diese Personen, sofern sie – wie es bei Lehrern der Fall ist – viel mit anderen Menschen zu tun haben, auf ihr Gegenüber unglaubwürdig wirken. Lehrerinnen und Lehrer sollten sich deshalb in der Selbstdarstellung nicht durch Über- oder Untertreibungen lächerlich machen, sei es nun in Bezug auf das Körperselbstbild, das hochstilisiert oder vernachlässigt wird, oder aber in Bezug auf Fähigkeiten und Fertigkeiten. Es kommt immer wieder schlecht an, wenn Lehrerinnen und Lehrer ihr eigenes Können überbewerten und dasjenige anderer Menschen, hier insbesondere der Schüler, abqualifizieren. Die Fähigkeit zur realen Selbstwahrnehmung ist ein wichtiger Bestandteil der pädagogischen Kompetenz eines Lehrenden.

Im Idealselbst konkretisiert sich die Vorstellung davon, wie eine Person gern wäre oder glaubt sein zu müssen. Das Idealselbst ist stets positiver als das Realselbst; es ist sozusagen der Anreiz zur Weiterentwicklung. Wenn das Idealselbst verkümmert ist, haben wir es mit passiv-pessimistischen und depressiven Menschen zu tun (vgl. ebenda, S. 114). Im Schulbereich sind dies die Kolleginnen und Kollegen, die das so genannte Burnout-Syndrom, also Erschöpfungszustände zeigen und auf nichts anderes warten als auf den Eintritt in den Ruhestand. Werden Idealselbst und Realselbst aber fälschlicherweise gleichgesetzt, entstehen Perfektionsphantasien, die in der Interaktion mit den Schülerinnen und Schülern ebenfalls Schaden anrichten. Das perfekte Selbstbild des einen korrespondiert notwendigerweise mit dem schlechten Bild, das derjenige vom anderen, in diesem Fall von der Schülerschaft, hat.

Das Selbstwertgefühl ist in hohem Maß durch das Selbstbild bestimmt. Es ist positiv, wenn das Selbstbild komplex und ausgeglichen ist und wenn Idealselbst und tatsächliches Selbst nicht zu weit auseinander klaffen. Umgekehrt wirkt das Selbstwertgefühl aber auch bei der Modifikation oder der Verteidigung des Selbstbildes, einschließlich der Verdrängung der Realität, mit. Die Ausdrucksformen der Selbstachtung und des Selbstvertrauens wirken sich positiv auf das Selbstbild aus, die Ausdrucksformen der Demütigung, der Bloßstellung oder der Angst vor Misserfolg begünstigen ein negatives Selbstbild (vgl. ebenda, S. 115).

Es sind folgende Situationen, die das Selbstwertgefühl von Lehrerinnen und Lehrern besonders belasten (ebenda, S. 115):

- stellvertretende Aggression der Schüler gegen den Lehrer (mutwillige Beschädigung von Lehrereigentum)
- deutliches Desinteresse am Unterricht, fehlende Mitarbeit
- offener Ungehorsam einzelner Schüler oder von Gruppen
- unflätige Antworten der Schüler auf Lehreräußerungen (verbale Aggressionen)
- Infragestellen der beruflichen Kompetenz des Lehrers durch die Schüler
- Äußerungen persönlicher Ablehnung des Lehrers
- Provokationsversuche der Schüler
- Anlügen durch Schüler

Für den Umgang mit belastenden Situationen wird zunächst empfohlen, das Handeln zu analysieren und es so rationaler Begründung zugänglich zu machen. Ein nächster Schritt wäre der ernsthafte Versuch, sich selbst realistisch einzuschätzen. Dazu gehört auch die Kenntnis darüber, warum man geworden ist, wie man ist. Ein perfektionistischer Lehrer, der wegen zu hoher Anforderungen aneckt, ist vielleicht deshalb so perfektionistisch geworden, weil er in seiner Jugend nur durch Leistung die Anerkennung seiner Eltern erreichen konnte. Diese Einsicht kann helfen, persönliche Eigenschaften – wie in diesem Beispiel den Perfektionismus – zu relativieren und sich selbst wie auch das Gegenüber differenzierter wahrzunehmen.

Es gilt inzwischen als gesichert, dass Individuen, die sich selbst akzeptieren, auch eher bereit sind, andere Personen zu akzeptieren (vgl. ebenda, S. 130).

Die Quellen des Selbst sind das Verhalten und die Aussagen anderer, Vergleichsprozesse, Selbstreflexion und die Identifikation mit Vorbildern. Alle diese Quellen können sozusagen angezapft werden, wenn man mehr über sich selbst erfahren möchte. Das Einfachste ist es, sich von Freunden, Kollegen, Beratern und natürlich auch von den Schülerinnen und Schülern Feedback geben zu lassen.

Das Selbstkonzept des Lehrers hat nicht nur mit ihm selbst und seinem Selbstwertgefühl zu tun, sondern es berührt auch stark die Entwicklung des Selbstkonzeptes der Schüler und Schülerinnen. Schüler und Schülerinnen, die nur allein für eventuelle Misserfolge im Unterricht verantwortlich gemacht werden, während der Lehrer überhaupt nicht über mögliche Eigenanteile nachdenkt, können kaum ein positives Selbstkonzept entwickeln.

Lehrer, die verdrängen, selektiv wahrnehmen oder rationalisieren, verschieben das Interesse am anderen in Richtung auf das eigene Selbst. Damit geben sie ihr pädagogisches Ethos auf. Sowohl um der Schüler als auch um der Lehrer willen muss es deshalb selbstverständlich werden, dass – wie in anderen helfenden Berufen auch – Supervisions- und Fallbesprechungsgruppen eingerichtet werden, in denen das Verhalten der Kollegen gespiegelt, gestützt und notfalls vorsichtig verändert werden kann.

10.5.4 Lehrereinstellungen

Einstellungen sind Wahrnehmungsorientierungen. Sie sind das auf die Umwelt gerichtete Pendant des Selbstkonzepts (Dieterich, 1983, S. 137), ein psychologisches Konstrukt, das man in Analogie dazu auch „Weltkonzept" nennen könnte. Jeder Mensch entwickelt eine subjektive Theorie seiner Umwelt.

Im Allgemeinen wird angenommen, dass das Einstellungssystem sich aus drei Komponenten zusammensetzt. Es sind dies die kognitive Komponente, die die Wissensbestände über ein Objekt umfasst, die affektive Komponente, die sich auf die positiven oder negativen Gefühle bezüglich des Objektes bezieht und die sogenannte konative Komponente. Die konative Komponente ist die Handlungskomponente, die ein Individuum veranlasst, Einstellungen in Verhalten umzusetzen (vgl. ebenda, S. 139), zum Beispiel eine liberale Einstellung in die tatsächliche Duldung von konträren Meinungen.

Zwischen den Komponenten können aufgrund situativer Bedingungen Diskrepanzen entstehen, die zu einem Auseinanderklaffen zwischen Einstellung und Handeln führen können. Bekannt ist, dass viele junge Lehrer und Lehrerinnen, die sich in der Ausbildung mit Begeisterung partnerschaftlichen, schülerzentrierten Vorstellungen angeschlossen haben, beim Eintritt in das Berufsleben einen „Praxisschock" erleiden und von der liberalen Vorgehensweise wieder Abstand nehmen. Manchmal fehlen auch einstellungsadäquate Handlungsmittel, oder bestimmte Persönlichkeitsfaktoren hindern jemanden daran, seine Einstellungen umzusetzen. So könnte eine sehr ängstliche Person sich scheuen, neue Methoden auszuprobieren, obwohl sie sie im Grunde für gut hält und gern anwenden würde.

Einstellungen haben die Funktion, die Komplexität der Realität zu reduzieren, das Handeln zu steuern und das eigene Verhalten zu rechtfertigen. Die Einstellung „die Jugendphase ist eine Krisenphase" kann einen Lehrer oder eine Lehrerin z. B. der Mühe entheben, sich eingehender mit den Schwierigkeiten eines individuellen Schülers oder einer Schülerin zu beschäftigen. Sie werden als „altersbedingt" abgetan (Reduktion von Komplexität). Die Einstellung wird das Handeln dieses Lehrers oder dieser Lehrerin insofern steuern, als der Altersphase keine Bedeutung beigemessen wird und sich der Unterricht allein auf den Sachaspekt beschränkt (Steuerungsfunktion). Und schließlich kann die Einstellung der Selbstverteidigung bzw. der Rechtfertigung dienen, wenn dem Lehrer oder der Lehrerin ein zu geringes Eingehen auf Schülerbelange vorgeworfen wird (Rechtfertigungsfunktion).

Untersuchungen über Lehrereinstellungen mit erzieherischer Auswirkung ergaben mindestens sechs Dimensionen, die eine Rolle spielen (vgl. ebenda, S. 151):

- Allgemeinbildung versus Spezialisierung
- Anlage versus Umwelt

- Berufung versus Job
- Druck versus Zug
- Negative Reformeinstellung versus Veränderungsbereitschaft
- Selbstverständnis als Pädagoge versus Selbstverständnis als Fachwissenschaftler

Interessanterweise hat sich aber ebenfalls herausgestellt, dass die Einstellungen auf unterschiedliche Schüler unterschiedlich wirken. Um nur ein Beispiel zu nennen: Bei Lehrern mit größerer Reformbereitschaft schneiden Schüler relativ gut ab, wenn sie von geringerer Nervosität und höherer Gelassenheit sind. Sie schneiden dagegen eher schlechter ab, wenn sie von hoher Nervosität und geringerer Gelassenheit sind (vgl. ebenda, S. 151).

Es wird deutlich, dass die Wirkungsweise komplizierter ist als angenommen. Lehrerinnen und Lehrern kann es immerhin als Trost dienen, dass sie mit ihren Einstellungen nicht bei allen Schülerinnen und Schülern gleich gut ankommen können. Diese Erkenntnis kann auch zu einer gewissen Toleranz anderen Einstellungen gegenüber verhelfen.

„Richtige“ oder „falsche“ Einstellungen gibt es nicht, aber entwicklungsfördernde und solche, die Entwicklung eher behindern. Schülerinnen, denen von manchen männlichen Lehrern von vorneherein unterstellt wird, dass sie als Mädchen keine Begabung für Mathematik oder Physik haben könnten und denen deshalb keine Beachtung geschenkt wird, werden nur selten ihr Potenzial in diesen Fächern auszuschöpfen versuchen.

Wegen ihrer teilweise gravierenden Folgen in Bezug auf das Selbstverständnis der Schüler müssen Einstellungen deshalb einer Revision zugänglich gemacht werden können. Hier gelten die gleichen Ratschläge wie beim Selbstkonzept: Lehrer sollten lernen, sich in Supervisions- oder Fallbesprechungsgruppen kritisch mit ihren Einstellungen auseinander zu setzen und ihr Einstellungssystem vor allem auch daraufhin überprüfen, ob es stimmig ist. Einstellung und Handeln sollten übereinstimmen, und Einstellung und Handeln sollten ebenfalls kompatibel mit dem gesellschaftlichen Auftrag sein.

10.5.5 Motivationale Aspekte des Lehrerberufs

In der Lehrerausbildung wird von Motiven und Motivation meist nur im Zusammenhang mit Schülerverhalten gesprochen (vgl. hierzu Kapitel 6). Es ist aber nicht unbedeutend, einmal das Motivationsgefüge der Lehrer unter die Lupe zu nehmen. Auch die Motive der Lehrer beeinflussen die Beziehungen in den Schulklassen. Die aktuellen erzieherischen Handlungen sind nämlich nicht nur durch aktuelle Erfordernisse bedingt, sondern ebenso durch lang zurückliegende Vorerfahrungen des Lehrers und der Lehrerin. Sie sind ihm oder ihr nur oft nicht bewusst. So kann sich zum Beispiel hinter dem Wunsch nach ständigem

Blickkontakt ein besonderer Beziehungswunsch verbergen. Ebenso gut könnte es sich aber auch um das Bestreben handeln, immer alles unter Kontrolle haben zu wollen. Erst eine Motivanalyse kann klären, ob hier vielleicht Bedürfnisse der Schüler hintangestellt und unbewusste eigene Bedürfnisse befriedigt werden (vgl. Peagitsch, in: Dieterich, S. 161 ff.).

Berufswahlmotive

Schon die Berufswahlmotive des Lehrers sind oft unklar. Einerseits meint jeder aufgrund eigener Schulerfahrungen über den Lehrberuf Bescheid zu wissen, andererseits fehlt aber die detaillierte Kenntnis über die tatsächlichen Anforderungen. Hinzu kommt die Diskrepanz zwischen der in Sachgebiete gegliederten theoretischen Ausbildung und der Komplexität des Alltags. Enttäuschungen beim Eintritt in die Praxis sind also vorprogrammiert.

Sehr viele angehende Lehrer wählen empirischen Untersuchungen zufolge den Beruf, um mit Menschen, insbesondere auch Jugendlichen, Umgang zu haben. In diesem Fall erweisen sich die Vorstellungen, die des öfteren von pädagogischer Hingabe und selbstloser Hilfsbereitschaft geprägt sind, vielfach als bei weitem zu idealistisch. Die Folge kann das sogenannte **Helfersyndrom** sein, das auch in anderen sozialen Berufen die Berufsausübung erschwert, weil eine andauernde Geber-Haltung früher oder später zur totalen Erschöpfung führt.

Von einiger Anziehungskraft sind für Lehrerkandidaten aber auch die Bedingungen und Aspekte der Berufsausübung wie Sicherheit, Vielseitigkeit und Ferien (vgl. ebenda, S. 170). In diesem Fall wird die Arbeitsbelastung oft unterschätzt. Im Lehrberuf ist tatsächlich, wie oben dargestellt wurde, die Fähigkeit zur Rollendistanz und die Fähigkeit zur Selbstorganisation enorm wichtig.

Motivationale Aspekte der Berufsausübung

Da Lehrende nicht nur Wissensvermittler, sondern auch Erzieher sein sollen, spielen auch elementare soziale Bedürfnisse in der Lehrer-Schüler-Beziehung eine Rolle. Dabei werden oft unbewusst alte Kindheitsmuster in die neuen Beziehungen eingebracht und es entstehen auf Seiten der Schüler, aber auch der Lehrer und Lehrerinnen Übertragungswünsche. Der Schüler mag im Lehrer den Vater sehen, der Lehrer im Schüler eventuell das Kind, das er selbst war oder gern gewesen wäre.

Die Neigung zur Wiederbelebung früherer Kindheitsmuster wird besonders dann aktuell, wenn Menschen in Abhängigkeitsverhältnissen zueinander stehen. Das ist in der Schule der Fall. So werden Konflikte, die im Primärbereich Familie ungenügend gelöst wurden, im Lehrer-Schüler-Verhältnis oft unbewusst reaktiviert. Probleme, die dadurch entstehen, werden meist den Schülern angelastet, obwohl Lehrer und Lehrerin ihren Teil dazu beitragen. Peagitsch hat Recht, wenn sie feststellt: „Beratung und Therapie geschieht am Problemschüler; den Problemlehrer scheint es nicht zu geben“ (Peagitsch, ebenda, S. 178).

Die – möglichst professionell angeleitete – Analyse der eigenen Motive ist also dringend nötig, wenn das Engagement junger Lehrer und Lehrerinnen nicht in Hilflosigkeit, Resignation oder Rückzug umschlagen und eine heimlich abgewehrte Aggression nicht durch die Hintertür als Ironisieren oder Zynismus in die Klassenzimmer zurückkehren soll.

Institutionelle Motivationsbedingungen

Die Institution Schule schafft als solche bestimmte Motivationsbedingungen. So wird die natürliche Lernbegierde in eine Leistungsmotivation im schulischen Sinn umgemünzt (vgl. Kapitel 7) und durch diverse Organisationsformen und Rituale kanalisiert. Die gesamte Disziplin- und Ordnungsstruktur dient nach Fürstenau der „Triebabwehr und Verhaltenssteuerung“ (in: ebenda, S. 180). Lehrer und Lehrerinnen müssen als Vertreter der Gesellschaft für die Einhaltung der Grundprinzipien Leistung, Ordnung und Disziplin sorgen und sind dadurch unweigerlich in einer Machtposition. In dieser Situation ist Missbrauch möglich. Nicht wenige Lehrer missbrauchen zum Beispiel die Aufgabe der Beurteilung dazu, um unter dem Deckmantel der pädagogischen Notwendigkeit aggressive Impulse zu befriedigen („dem hab ich's aber gezeigt“). Solche Impulse dienen zumeist der Aufrechterhaltung des inneren Gleichgewichts oder werden als Kompensation für diverse Kränkungen gebraucht.

Dass heimlicher Machtmissbrauch eine fatale erzieherische Wirkung hat, braucht nicht weiter betont zu werden. Wichtig ist es aber, sich der Gefahr bewusst zu sein und zu lernen, Wut und Verletzung direkt auszudrücken, um zu vermeiden, dass sie indirekt, zum Beispiel als „gnadenloses Durchziehen des Pensums“ den Unterricht bestimmen.

10.5.6 Lerntheoretische Aspekte der Lehrerpersönlichkeit

Nicht nur Schülerinnen und Schüler, sondern auch Lehrerinnen und Lehrer unterliegen subtilen Persönlichkeitsveränderungen, die durch schulische Lernbedingungen hervorgerufen werden. Zur Erklärung können verschiedene lerntheoretische Modelle herangezogen werden wie die klassische und die operante Konditionierung, das Modelllernen und das kognitive Lernen (vgl. Kapitel 4).

Das Lehrerverhalten aus Sicht der klassischen Konditionierung

Lehrer wie Schüler sind in Reiz- Reaktionsmechanismen eingebunden. Manch ein Lehrer und manch eine Lehrerin reagiert zum Beispiel allergisch auf Reize wie Schüler-Gähnen, Nach-hinten-schauen und träumerisches Aus-dem-Fenster-gucken und neigt unter Umständen sogar zu einer heftigen Reaktion. Die beteiligten Schüler würden hingegen behaupten, doch „nichts gemacht“ zu haben, was auch stimmt. Das Nach-hinten-schauen könnte zum Beispiel dazu gedient haben sich zu versichern, welcher Paragraf gerade dran war. Es macht also Sinn, Schüler-Reize nicht immer als Angriff auf die eigene Person zu sehen, sondern unter Umständen neu zu interpretieren.

Umgekehrt senden Lehrer und Lehrerinnen unbewusst auch Reize aus, auf die Schüler und Schülerinnen allergisch reagieren können. Ein Sprachverhalten, das mit lauter „äh’s“ versetzt ist, kann zum Beispiel zum Nachäffen verführen und eine außergewöhnliche Selbstdarstellung zur Erfindung von Spottversen oder Spitznamen. Das können Lehrer vermeiden, wenn sie sich der Stimuli, die sie aussenden, bewusst werden und sie so arrangieren, dass die Möglichkeit von unerwünschten Reaktionen eingeschränkt ist (manchmal hilft auch schon ein gemeinsames Lachen über eine dumme Angewohnheit). Umgekehrt können sie auch dafür sorgen, dass erwünschte Reaktionen zunehmen. Dazu gehören nicht nur angenehme Reize der Person wie ein adrettes Aussehen und ein aufgeschlossenes Gesicht, sondern auch Maßnahmen, die den Gesamteindruck des Klassenzimmers verändern wie eine andere Sitzordnung, wie Bilder an den Wänden oder Blumenschmuck.

Das Lehrerverhalten aus Sicht der operanten Konditionierung

Die Lehrer-Schüler-Interaktion kann als wechselseitiger Verstärkungsprozess aufgefasst werden. Leider reagieren Lehrer stark auf unerwünschte, nicht regelkonforme Ereignisse und weniger auf positive. Sie ermahnen, kritisieren und klagen viel. Lerntheoretisch gesprochen „emittiert“ der Lehrer damit Strafreize oder gar negative Verstärker. Stattdessen wäre es besser, Verstärkungslernen bewusst zu berücksichtigen (vgl. Kapitel 4), bis hin zum sogenannten „**Kontingenzmanagement**“. Mit Kontingenz ist der Zusammenhang zwischen Verhalten und Konsequenz gemeint. Der Lehrerende kann lernen, die Kontingenz bewusst zu nutzen, indem er entscheidet, ob und wie er reagieren und verstärken und zum Beispiel auch mal Selbstverständlichkeiten anerkennen will.

Auch Lehrer sind abhängig von positiven Verstärkern, bekommen aber nachgewiesenermaßen im Berufsleben zu wenig Anerkennung. Von Forschern initiierte positive Schüler-Äußerungen haben tatsächlich eine positive Verhaltensänderung bei Lehrern bewirkt (vgl. Elbing, in: Dieterich, S. 198). In Ermangelung von Verstärkern durch andere greifen Lehrer und Lehrerinnen oft auf Selbstverstärker, und zwar auf Machtgefühle zurück, die aber nur eine kurzfristige Wirkung bei den Schülern und Schülerinnen haben. Es wäre für alle besser, wenn Lehrer sich für andere Qualitäten selbst verstärken würden, beispielsweise für Experimentierfreude, für Flexibilität, ein gutes Klassenklima und anderes. Es ist auch zu empfehlen, sich öfters von den Schülern Feedback geben zu lassen.

Meist fällt es differenzierter aus als Lehrer meinen (das hängt auch von der Fragestellung ab, die nicht pauschal sein darf) und es sind fast immer einige erfreuliche Rückmeldungen dabei.

Das Modelllernen und seine erzieherische Wirkung

Das Modelllernen und seine erzieherische Wirkung wurde an anderer Stelle ausführlich erläutert (vgl. Kapitel 4 und 8). Es scheint besonders wichtig im Zusammenhang mit der Übernahme komplexer Verhaltensweisen zu sein. Lehrerinnen und Lehrer wirken hier mit der Gesamtheit ihrer Persönlichkeit. Dessen müssen sie sich bewusst sein; dessen sollte sich aber auch die Organisation Schule bewusst sein, wenn es um Neueinstellungen geht. Dabei sind Persönlichkeitsaspekte mindestens ebenso wichtig wie die Examensnoten.

Die persönlichkeitsbildende Wirkung kognitiver Lernprozesse

Eine differenzierte kognitive Struktur ist Voraussetzung für die Verwirklichung didaktisch- methodischer Anforderungen und für die Entwicklung eines hohen Anspruchsniveaus im Unterrichtsfach. Erstaunlicherweise beeinflusst die kognitive Struktur des Lehrers und der Lehrerin aber auch die Qualität des Klassenklimas in positiver Weise (vgl. ebenda, S. 32). Das hängt vermutlich damit zusammen, dass Lehrer und Lehrerinnen, die ihr Tun immer wieder bewusst reflektieren, differenzierte Kenntnisse über sich und die Umwelt erwerben und sich eher von Vorurteilen und Verhaltensstereotypen lösen können.

10.6 Konsequenzen für die Praxis

Lehrer und Lehrerinnen müssen keine besonders gearteten Menschen sein, um im Lehrberuf erfolgreich sein zu können. Sie sollten sich aber bewusst machen, dass sie sich mehr als in anderen Berufen mit der ganzen Person einbringen müssen. Auch müssen sie den Belastungen und Widersprüchen gewachsen sein, die der Beruf mit sich bringt. Es ist deshalb wichtig, dass Lehrer und Lehrerinnen stabil sind, im Großen und Ganzen optimistisch, kontaktfreudig und zukunftsoffen.

Eine wichtige Grundlage stellen fachdidaktische, pädagogische und psychologische Kenntnisse dar. Es reicht jedoch nicht aus, wenn diese nur angelesen oder oberflächlich gelernt wurden; es geht vielmehr darum, sie in der Persönlichkeitsstruktur so zu verankern, dass in neuen Situationen im Hinblick auf die zugrunde liegenden Werte und Ziele schnell analysiert und gehandelt werden kann.

Für die Entwicklung von Lehrerkompetenzen wurde und wird schon viel getan. Für die Entwicklung der Lehrerpersönlichkeit könnte mehr getan werden. Selbsterfahrung in irgendeiner Form müsste – wie bei anderen helfenden Berufen auch – eine Selbstverständlichkeit in Ausbildung und Praxis werden.

In meinem Seminar profitierten die Referendarinnen und Referendare nach eigenem Bekunden sehr von der teilnehmerzentrierten Behandlung der oben beschriebenen Aspekte der Lehrerpersönlichkeit. Jeder Teilnehmer und jede Teilnehmerin versuchte sich an einen besonders „schlechten Lehrer" zu erinnern und beschrieb dessen Merkmale. Dabei blieb man aber nicht stehen, sondern jeder versuchte sich das „seltsame" Benehmen des Pädagogen (oder der Pädagogin) hypothetisch anhand eines der oben näher erläuterten sechs Aspekte zu erklären und fand sich bereit, sich mit diesem näher zu beschäftigen. So entstanden zwanglos Experten-Kleingruppen, die sich die hinter dem jeweiligen Schlagwort stehende Theorie erarbeiteten, um dann zu überprüfen, ob die Diagnosen der Gruppenmitglieder zutrafen. Ein zutreffendes Beispiel wurde schließlich ausgewählt und zusammen mit einem Informationsinput über die Theorie dem Plenum vorgestellt.

Es schloss sich jeweils eine lebhafte Kreis- Diskussion darüber an, wie man sich selbst vor einem Abrutschen in ein derartiges Negativverhalten wie in den vorgestellten Fällen schützen könne. So wurde zum Beispiel sehr intensiv die exzessive Neigung zur Perfektion besprochen, die besonders viele weibliche Teilnehmer kennen. Wie sich herausstellte, hatten sie meist schon als Kinder erlebt, dass sie nur über Leistung Anerkennung erreichen konnten. Dieses Verhaltensmuster setzten sie unbewusst fort, obwohl sie merkten, um wie viel gelassener die Kolleginnen und Kollegen (oft die jungen Männer) reagieren können, die keinen Perfektionismus anstreben. Und Gelassenheit – darin war man sich einig – ist Grundlage für die Geduld, die man im Umgang mit Schülerinnen und Schülern braucht.

Das Wissen um die Bedeutsamkeit der Lehrerpersönlichkeit gehört meines Erachtens zum Professionswissen eines jeden Lehrers und einer jeden Lehrerin, auch in beruflichen Schulen und Weiterbildungsinstituten. Noch wichtiger als das Wissen darum ist aber die Integration dieses Wissens in das eigene Selbst und die ständige Weiterentwicklung der eigenen Person.

Literatur

Bauer, K.-O.: Pädagogisches Handlungsrepertoire und professionelles Selbst von Lehrerinnen und Lehrern, in: Zeitschrift für Pädagogik 3, 1998, S. 343ff.

Böhm, W.: Das „Bild" des Lehrers im Wandel der Geschichte, In: Gröschel, H. (Hrsg.): Die Bedeutung der Lehrerpersönlichkeit für Erziehung und Unterricht. München 1980, S. 9–22

Bromme, R.: Kompetenzen, Funktionen und unterrichtliches Handeln des Lehrers, in: Enzyklopädie der Psychologie. Göttingen u. a. 1997, S. 177–203

Dieterich, R. / Elbing, E. / Peagitsch, I. / Ritscher, H.: Psychologie der Lehrerpersönlichkeit. München, Basel 1983

Fend, H.: Sozialer Wandel, Lehrerbilder und Lehreraus- und Fortbildung, hrsg. vom Landesinstitut für Schule und Weiterbildung. Soest 1994

Frommer, H.: Zum Wandel des Lehrerleitbildes in acht Jahrzehnten. In: SEMINAR 1, 2000, S. 140–156

Greiss, J.: Der bringt's nicht. Aus der Sicht einer Referendarin. In: Pädagogik 11, 1994, S. 21–24

Gröschel. H.: Forderungen und Wünsche an die Lehrerpersönlichkeit, in: Gröschel, H. (Hrsg.): Die Bedeutung der Lehrerpersönlichkeit für Erziehung und Unterricht. München 1980, S. 105–114

Huwendiek, V.: Schule, Lehrerbild und Lehrerbildung in der Diskussion, in: SEMINAR, 3, 1997, S. 7–35

König, S. / Dalbert, C.: Ungewissheitstoleranz, Belastung und Befinden bei BerufschullehreInnen, in: Zeitschrift für Entwicklungspsychologie und Pädagogische Psychologie 36, Heft 4, 2004, S. 190–199

Lenhard, H.: Das neue Bild von Lehrerin und Lehrer? In: SEMINAR 4, 1999, S. 135–151

Memmert, W.: Kunstfehler beim Unterrichten. In: Schwarz, B. / Prange, K. (Hrsg.): Schlechte Lehrer/innen. Weinheim und Basel 1997, S. 248–274

Prange, K.: Was ist schlecht am „schlechten Lehrer“? In: Schwarz, B. / Prange, K. (Hrsg.): Schlechte Lehrer/innen. Weinheim und Basel 1997, S. 14–31

Rost, D. H. (Hrsg.): Handwörterbuch Pädagogische Psychologie. Weinheim 2001

Schwarz, B.: Qualität von Lehrern und Unterricht im Spiegel der empirischen Forschung. In: Schwarz, B. / Prange, K.(Hrsg.), Schlechte Lehrer/innen. Weinheim und Basel 1997, S. 86–117

Schwarz, B.: Formen und Ursachen des Misserfolgs und beruflichen Scheiterns von Lehrern. In: Schwarz, B. / Prange, K. / (Hrsg.), Schlechte Lehrer/innen. Weinheim und Basel 1997, S. 179–218

Terhart, E.: Gute Lehrer – schlechte Lehrer. In: Schwarz, B. / Prange, K. (Hrsg.), Schlechte Lehrer/innen. Weinheim und Basel 1997, S. 34–85

Terhart, E.: Lehrerbild und Lehrerbildung: Ansprüche und Möglichkeiten. In: SEMINAR 1, 1998, S. 18–26

Warnke, G.: Schlechte Lehrer? In: Pädagogik 11, 1994, S. 16–20

Weinert, F. E. / Helmke, A.: Der gute Lehrer: Person, Funktion oder Fiktion? In: Zeitschrift für Pädagogik, 34. Beiheft, 1996, S. 223–233

Winkel, R.: Vielleicht bin ich auch ein schlechter Lehrer? Oder: Die acht Todsünden im Lehrberuf, in: Pädagogik 11, 1994, S. 6–10

11. Lehrer-Schüler-Interaktion

11. Lehrer-Schüler-Interaktion

11.1 Fragestellung

Die meisten Referendarinnen und Referendare wünschen sich dringend die Behandlung von Lehrer-Schüler-Beziehungen in ihren Seminarveranstaltungen, denn ihnen wird zunehmend klar, dass es mit der Planung von Unterricht allein nicht getan ist. Die Alltagserfahrung lehrt, dass es viel kommunikative Kraft braucht, um überhaupt die Bedingungen für erfolgreiches Lehren herzustellen und aufrecht zu erhalten.

Leider wird das Thema Beziehungsebene aber in der Ausbildung immer noch stiefmütterlich behandelt. Viele Didaktiker behaupten nach wie vor, dass nicht viel schief gehen könne, wenn eine Stunde gut geplant sei und entsprechend durchgeführt werde.

Der Rest wird einerseits dem persönlichen Geschick der Lehrkraft zugeschrieben, andererseits „störenden Schülern", die dann nach Maßgabe der Schulregeln zu bestrafen seien.

In den Veranstaltungen der Pädagogischen Psychologie werden zwar emotionale Grundlagen erörtert, aber oft akademisch und ohne direkten Praxisbezug. Manch ein Referendar und manche Referendarin möchte in diesem Rahmen allerdings auch gar nicht mit der Schilderung einer besonderen Begebenheit aufwarten, da es bei uns immer noch als Tabu gilt, „persönliche" Probleme anzusprechen. Etliche Fachleiter wiederum verstecken sich hinter dem Argument, dass sie keine Rezepte für singuläre Fälle geben könnten.

Sind Beziehungsfragen im schulischen Raum aber wirklich „persönliche" Fragen? Müssen sich Lehrerinnen und Lehrer heimlich außerhalb der Institution Rat holen?

Schulische Arbeit ist kommunikative Arbeit. Und kommunikative Arbeit hat, wie inzwischen allgemein bekannt ist, neben dem **Inhalts-** immer auch einen **Beziehungsaspekt**. Ohne persönlichen Anteil geht es also nicht, wie auch im vorangegangenen Kapitel deutlich wurde. Es wäre also sträflich, diesen Aspekt zu vernachlässigen und Lehramtsanwärter nicht wenigstens mit den Grundlagen der Kommunikationspsychologie vertraut zu machen. Umgekehrt gesprochen sollten Referendarinnen und Referendare ihrerseits auf einer entsprechenden Veranstaltung bestehen.

Allerdings reicht eine rein theoretische Behandlung der wichtigsten Modelle nicht aus: Die Theorien müssen umgesetzt und die intendierten Verhaltensänderungen eingeübt und trainiert werden. Hierfür bedarf es einer geschützten Atmosphäre, hierfür muss die Bereitschaft der Teilnehmer da sein, sich auf Beziehungsfragen einzulassen und hier muss letztlich jemand die Leitung übernehmen, der eine beraterische Zusatzqualifikation aufweisen kann, um notfalls professionelle Hilfe bieten zu können. Im Rahmen des Seminars kämen dafür Zusatzseminare, Kompaktveranstaltungen oder Workshops in Frage.

Wenn im Folgenden wichtige Modelle der Kommunikationspsychologie vorgestellt werden, so gilt die gleiche Einschränkung, die oben gemacht wurde: Veränderungen im Kommunikationsverhalten müssen eingeübt und am besten in vertrauten Gruppen besprochen und rückgemeldet werden. Die Darstellung kann und soll also nur Appetit auf die praktische Vertiefung machen.

11.2 Theoretischer Hintergrund

Unter **Interaktion** wird die wechselseitige Beeinflussung von Personen verstanden, die verbal, aber auch nonverbal ablaufen kann. Eine wichtige Rolle spielen dabei die Erwartungen, die ein Interaktionspartner in Bezug auf den anderen hat sowie die Interpretation der jeweiligen Situation.

Im Fall Schule werden sowohl Schüler wie Lehrer von der Situation erwarten, dass sie schulischen Gesetzmäßigkeiten entspricht und vom Gegenüber, dass er sich im Prinzip rollenkonform verhält. Sollte ein Lehrender Neues ausprobieren wollen (z. B. die Sitzordnung ändern oder neue Methoden einführen), so muss er die veränderten Erwartungen an die Schüler und Schülerinnen darlegen und selbst damit rechnen, dass auch ihre Erwartungen, Befürchtungen, Ängste usw. zur Sprache oder sonst irgendwie, z. B. durch Murren, zum Ausdruck kommen.

Das heißt, dass alle Beteiligten weder ganz gebunden noch ganz frei in ihren Aktionen sind, sondern sie reiben sich am jeweils anderen und errichten gemeinsam, was man das unterrichtliche Geschehen nennen könnte. Dabei machen sie sich ihre je eigenen Gedanken und verfolgen ihre je eigenen Intentionen.

Der größte Teil der schulischen Interaktion läuft über sprachliche Mitteilungen. Aber auch nichtsprachliche Signale spielen eine Rolle, wobei nach Meinung einiger Forscher der nonverbale Anteil sogar den größeren Einfluss hat: Er liefert sozusagen die Gebrauchsanweisung für den sprachlichen Teil. So wird zum Beispiel einem Lehrer oder einer Lehrerin ein „Guten Morgen allerseits“ nicht als freundlicher Gruß abgenommen werden, wenn er oder sie gleichzeitig ein griesgrämiges Gesicht macht.

Sowohl der verbale wie der nonverbale Ausdruck sind Teil des Kommunikationsprozesses, der das unterrichtliche Geschehen voranbringt oder stört. Um unnötige Störungen zu vermeiden, sollten Lehrerinnen und Lehrer deshalb als erstes lernen, in ihren Botschaften eindeutig zu sein (Körpersprache und Nachricht müssen übereinstimmen) und sie müssen lernen, die Erwartungen ihrer Interaktionspartner, die auch möglichst eindeutig geäußert sein sollten, zu berücksichtigen. In Zweifelsfällen sind Nachfragen angebracht.

Dass es trotzdem zu vielen Missverständnissen, Fehlinterpretationen und Konflikten kommt, ist nur natürlich. Es ist deshalb sinnvoll, Kommunikations-Mechanismen besser kennen zu lernen und in einem guten Sinn nutzen zu lernen.

Ich möchte im folgenden drei Kommunikationsmodelle vorstellen, die sich schon in vielen Lehrer-Fortbildungsveranstaltungen bewährt und vielen Kollegen und Kolleginnen geholfen haben, ihre Probleme zu erkennen und zu lösen. Es sind dies das sogenannte „Gordon-Training" (Thomas Gordon), das „Modell der vierseitigen Nachricht" (Schulz v. Thun) und die „Transaktionsanalyse" (TA; Eric Berne). Ein viertes wichtiges Modell (TZI) wurde bereits im Kapitel 2 vorgestellt.

Alle Modelle entstammen dem Umkreis der Humanistischen Psychologie. Sie geht davon aus, dass der Mensch prinzipiell imstande ist, seine eigenen Potenziale aktiv zu nutzen und sich weiter zu entwickeln, um mit den situativen Gegebenheiten fertig zu werden („Selbstaktualisierungstendenz" / Rogers). Bezogen auf die Modelle heißt das, dass sie auf die Entscheidungsfähigkeit und die Vernunft des Gegenübers setzen, die aber erst wirksam werden kann, wenn Missverständnisse geklärt sind.

Die Humanistische Psychologie wurde vielfach als zu idealistisch kritisiert, zeigt aber eine erstaunliche Übereinstimmung mit modernen, naturwissenschaftlich gestützten Systemtheorien (vgl. Lexikon der Psychologie, 2001).

11.3 Das Gordon-Training (Thomas Gordon)

Thomas Gordon, Psychotherapeut und Schulpsychologe, ist davon überzeugt, dass der wichtigste Faktor für Unterricht aller Art die Fähigkeit ist, eine besondere Beziehung zu den Schülern und Schülerinnen herzustellen, und zwar mittels einer besseren, und vor allem ehrlicheren Art der Kommunikation. Sein Training beruht auf wenigen pädagogischen Prinzipien, die allerdings in Handeln umgesetzt und eingeübt werden müssen. Viele Lehrer haben deshalb seine Kurse als „Lernprozess beschrieben, der ihnen eine sinnvolle praktische Anwendung ihrer theoretischen Kenntnisse ermöglicht" (Gordon, 1989, S. 21). Fast alle hatten nämlich gelernt, dass ein Lehrer verständnisvoll sein und den Schülern mit Respekt begegnen müsse, scheiterten damit aber in der Praxis, bevor sie die Gesprächsmethoden der „Annahme" kennen lernten. Die Sprache der Annahme verzichtet auf jegliche Ratschläge, auch die sogenannten „guten", sondern setzt auf Zuhören können und Klären, und Letzteres möglichst durch die Betroffenen selber.

11.3.1 Aktives Zuhören

Das erste pädagogische Prinzip heißt zuhören lernen. Dieses Prinzip wird eingesetzt, wenn Schüler ein Problem haben und deswegen dem Unterricht nicht folgen können. Die Fähigkeit des Zuhörens lässt dem Partner die Freiheit, sein Problem nach seiner Art zu schildern und dadurch vielleicht selbst auf eine Lösung zu kommen. Zum richtigen Zuhören gehört zunächst das Schweigen können, dann das Zuhören unter Einsatz kleiner Bestätigungen wie „aha“ oder „mmh“ und schließlich die Fähigkeit, Rückmeldungen zu geben, die zeigen, dass die – oft verschlüsselte – Botschaft verstanden wurde. Der Zuhörer wiederholt oder interpretiert hierbei das Gesagte mit seinen Worten. Diese letzte Art des Zuhörens nennt Gordon „aktives Zuhören“. Ein Gespräch zwischen Lehrer und Schüler hört sich dann zum Beispiel so an:

S: „Werden wir schon bald eine Arbeit schreiben?“
L: (denkt, dass S sich Sorgen macht) „Machst du dir Sorgen darüber, dass du bald geprüft wirst?“
S: (korrigiert) „Nein, ich weiß nur nicht, was für eine Arbeit Sie schreiben lassen werden. Und ich fürchte, dass es ein Aufsatz sein wird.“
L: „Ach, du machst dir Sorgen über die *Art* der Arbeit, die wir schreiben werden.“
S: „Ja, Aufsätze liegen mir nicht.“
....
L: „Es werden mehrere Themen zur Wahl stehen.“
S: „O.K., das ist gut. Da bin ich erleichtert.“
(nach Gordon, 1989, S. 72)

Viele Lehrer fürchten, dass sie gar nicht genug Zeit haben, bei 30 und mehr Schülern aktives Zuhören zu praktizieren. In Wirklichkeit machen die meisten jedoch die Entdeckung, dass ein kurzes Gespräch mit einem „Problemschüler“ oder einer Gruppe von Schülern sogar Zeit für Lehren und Lernen gewinnen hilft. Der Grund ist in erster Linie in der Verbesserung des Klimas zu sehen, die durch das Gefühl entsteht, verstanden zu werden.

11.3.2 Ich-Botschaften statt Du-Botschaften

Das zweite pädagogische Prinzip ist für den Fall geeignet, dass nicht die Schüler, sondern die Lehrer selbst ein Problem haben und mit den herkömmlichen Mitteln vergeblich auf Verständnis hoffen. Das ist zum Beispiel der Fall, wenn es im Klassenzimmer laut ist und der Lehrer oder die Lehrerin deshalb Mühe hat, sich verständlich zu machen. Viele Kolleginnen und Kollegen drohen in dieser Situation mit irgendwelchen Strafen, womit sie meist noch mehr Unruhe oder möglicherweise sogar eine verdeckte Rebellion provozieren. Auch sogenannte Du-Botschaften wie zum Beispiel „Ihr seid unmöglich und du, Stefan, bist der Oberstörer“ lösen nur Widerstand aus, weil sich Schüler und natürlich auch Schülerinnen durch solche Äußerungen degradiert fühlen.

Besser wäre es, wenn Lehrer und Lehrerinnen lernen würden, ihre eigenen Bedürfnisse zu erspüren und diese klar und deutlich als Ich-Botschaft zu äußern. Im Fall großer Unruhe könnte gesagt werden: „Wenn Ihr dermaßen laut seid, kann ich Euch das unmöglich erklären. Wir machen dann überhaupt keine Fortschritte und das frustriert mich wirklich.“ Wie das Beispiel zeigt, ist eine richtige Ich-Botschaft dreiteilig. Sie bezieht sich auf ein konkretes Verhalten zu einem bestimmten Zeitpunkt, sie nennt die Folgen für denjenigen, der sie ausspricht und die Gefühle, die er dabei hat. Die Verantwortung für die Reaktion liegt nun beim Gegenüber, hier bei den Schülerinnen und Schülern. Viele Lehrerinnen und Lehrer fürchten die Reaktion nach so viel Selbstäußerung, stellen aber wiederum mit Verblüffung fest, dass ihre Offenheit oft auf Verständnis stößt. Ich-Botschaften können – so Gordon – „Rücksichtslosigkeit in Rücksichtnahme verwandeln“ (ebenda, S. 136).

11.3.3 Die Konfliktlösungs-Methode ohne Niederlagen

Das dritte wichtige Prinzip des Gordon-Trainings ist die Einübung einer Konfliktlösung ohne Niederlage für die eine oder andere Seite. Ausgehend von der Überlegung, dass der Machtgebrauch von Lehrern und Lehrerinnen bei Schülern und Schülerinnen viele negative Gefühle und negative Verhaltensweisen hervorruft, schlägt Gordon vor, dass gemeinsame Lösungen gesucht werden, die sowohl die Lehrer- wie die Schüler-Bedürfnisse berücksichtigen. Dabei spielen die beiden anderen Prinzipien, das aktive Zuhören und das Austauschen von Ich-Botschaften, eine große Rolle. Für den Problemlöse-Prozess eignen sich die folgenden „6 Stufen einer wissenschaftlichen Methode“, die John Dewey vor ca. 100 Jahren formuliert hat:

1. Definition des Problems
2. Sammlung möglicher Lösungen
3. Wertung der Lösungsvorschläge
4. Entscheidung für die beste Lösung
5. Richtlinien für die Realisierung der Entscheidung
6. Bewertung der Effektivität der Entscheidung
   (nach Gordon, 1989, S. 216)

Natürlich ist es sinnvoll, die Schülerinnen und Schüler in die neuen Methoden der Konfliktlösung einzuführen, damit das veränderte Lehrerverhalten kein Misstrauen auslöst. Gordon schlägt die folgende Formulierung vor: „Wir stehen hier vor einem Problem und ich frage mich, wie wir es wohl zusammen lösen könnten“ (ebenda, S. 215). Gordon betont, dass es keine Standardlösungen gibt, sondern dass die beteiligten Personen jeweils für ihre einzigartigen Probleme eine nur für ihre Situation annehmbare Regelung treffen können.

Die Konfliktlösungs-Methode ohne Niederlagen hilft nicht nur bei der Lösung einzelner Probleme zwischen Lehrern und Schülern, sondern sie kann insgesamt dazu verwendet werden, um ein Schulklima zu schaffen, das durch „Respekt, Sorge und Vertrauen füreinander charakterisiert“ werden kann (ebenda, S. 232).

11.4 Die vierseitige Nachricht (Schulz von Thun)

11.4.1 Die vierseitige Nachricht

In der Sprachwissenschaft ist es seit langem geläufig, Sprache einen Code zu nennen, mit dem ein Sender eine Botschaft verschlüsselt, die der Empfänger wiederum entschlüsseln muss. Ebenfalls aus der Sprachwissenschaft stammt die Erkenntnis, dass Sprache nie ganz eindeutig ist und je nach Tonfall und sonstigem Beiwerk verschiedene Funktionen haben kann. Das Wort „Feuer“ zum Beispiel kann auf einen Sachverhalt verweisen, es kann – mit lauter Stimme gerufen – ein Appell sein, der Löschaktivitäten in Gang setzen soll und es kann – verbunden mit einem ängstlichen Gesichtsausdruck – auf die Furcht des Sprechenden verweisen, also eine Selbstoffenbarung sein. Es kann sogar alle drei Funktionen gleichzeitig haben, wenn es in höchster Erregung, mit schreckgeweiteten Augen und auf das Feuer deutendem Zeigefinger ausgerufen wird.

Der Psychologe Schulz v. Thun fügt den drei genannten Funktionen eine weitere Funktion, nämlich die Beziehungsfunktion hinzu und stellt uns ein vierseitiges Kommunikationsmodell vor. Das Modell kann folgendermaßen dargestellt werden:

Die vier Seiten (Aspekte) einer Nachricht
Ein psychologisches Modell der zwischenmenschlichen Kommunikation

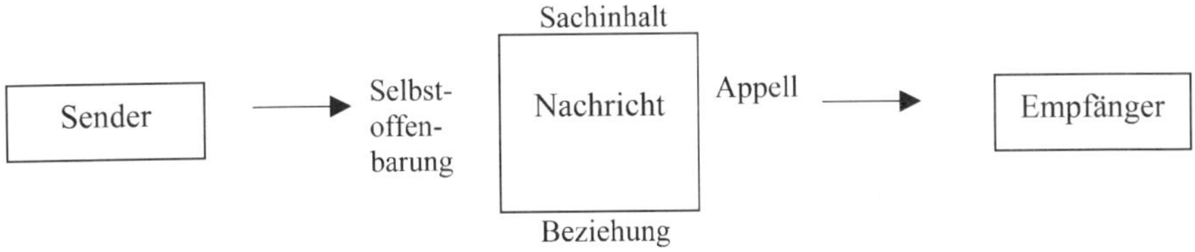

Nach Schulz von Thun, 1992, S. 30

Im Mittelpunkt der Kommunikation steht die Nachricht, die auf dem Weg vom Sender zum Empfänger nie ganz eindeutig verschlüsselt wird. In Wirklichkeit handelt es sich also um ein Nachrichtengeflecht, zum einen, weil die Sprache mehrere Deutungen zulässt, zum anderen aber auch, weil der Sender vielleicht gar nicht eindeutig sein will oder kann. Es sind also so genannte verdeckte Botschaften möglich. Der Empfänger entscheidet, wie er die Botschaft auffassen will: Handelt es sich wirklich nur um eine Sachaussage? Oder steckt ein Appell in der Nachricht? Wird etwas über die Beziehung, die der Sender zum Empfänger hat, ausgedrückt oder kann die Nachricht als Selbstoffenbarung gedeutet werden? Oft spielen hier die Vorerfahrungen eine Rolle, die die Gesprächspartner miteinander haben.

Schulz v. Thun demonstriert den Sachverhalt an einer typischen Partnerschaftsszene: Ein Mann und eine Frau sind im Auto unterwegs; die Frau sitzt am Steuer. Da sagt der Mann: “Du, da vorne ist grün!“. Steckt in diesem Satz nur eine sachliche Mitteilung oder verbirgt sich dahinter der unausgesprochene Appell „Gib Gas!“? Oder will der Mann zu erkennen geben, dass er es eilig hat und im Stress ist? Die Partnerin in der kleinen Szene interpretiert den Satz als Beziehungsaussage. Sie antwortet: „Fährst Du oder fahre ich?“ und verbittet sich wohl damit die männliche Einmischung.

nach Schulz v. Thun, 1992, Bd. I, S. 25

11.4.2 Der vierohrige Empfänger

Bei der Anatomie einer Nachricht spielen also nicht nur die Absichten des Senders eine Rolle, sondern nicht minder die Empfangsgewohnheiten des Gesprächspartners. Der Empfänger trägt die Verantwortung für die Reaktion! Folgerichtig stellt Schulz von Thun deshalb der vierseitigen Nachricht den „vierohrigen Empfänger“ gegenüber.

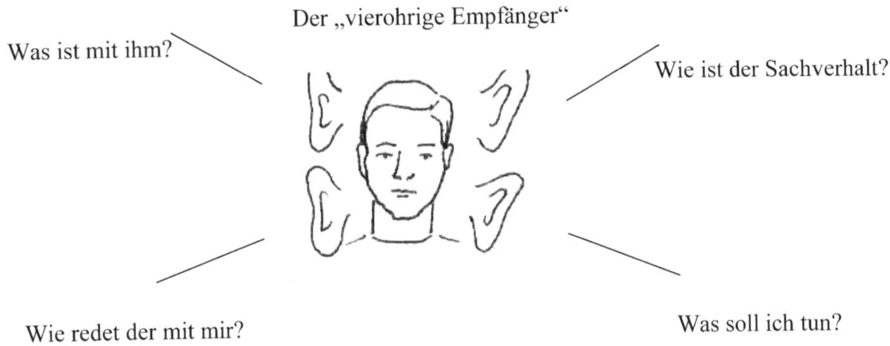

nach Schulz von Thun, 1992, Bd. I, S. 45

Der Empfänger kann aus der Situation heraus die eine oder die andere Seite der Nachricht hören, er kann aber aufgrund langjähriger Erfahrungen, die sehr oft bis in seine Kindheit zurückreichen, auch besondere Empfangsgewohnheiten ausgebildet haben. So sind viele „brave“ Töchter dazu erzogen worden, sachliche Aussagen schnell als Appell aufzufassen, so dass sie zum Beispiel sofort aufspringen und das Fenster schließen, wenn im Raum jemand sagt: „Es zieht“. Umgekehrt neigen Autoritäten wie Eltern oder Lehrer tatsächlich dazu, ihre Appelle in Sachaussagen zu „verpacken“. Kühl und angeblich sachlich erwähnen sie wie nebenbei etwa Folgendes: „Hier liegt schmutziges Papier auf dem Boden“, möchten aber in Wirklichkeit, dass der anwesende Jugendliche das Papier aufhebt. Wenn dieser dann selbstbewusst zurückfragt: „Möchten Sie, dass ich das aufhebe?“ oder gar „Ja, und?“ sagt, mag der eine oder andere Erwachsene das als frech empfinden. Lehrer und Lehrerinnen, die in Kommunikationsfragen geschult sind, werden deshalb ihre Appelle deutlich ausdrücken und im Fall dieses Beispiels sagen: „Heb' bitte das Papier auf!“

Zusammenfassend kann man sagen, dass das Nachrichtengeflecht des Senders auf das Interpretationsgeflecht des Empfängers trifft, der bei seiner Rückmeldung wieder eine vierseitige Nachricht produziert. Das vollständige Kommunikationsmodell sieht folgendermaßen aus:

Vervollständigtes Modell der zwischenmenschlichen Kommunikation

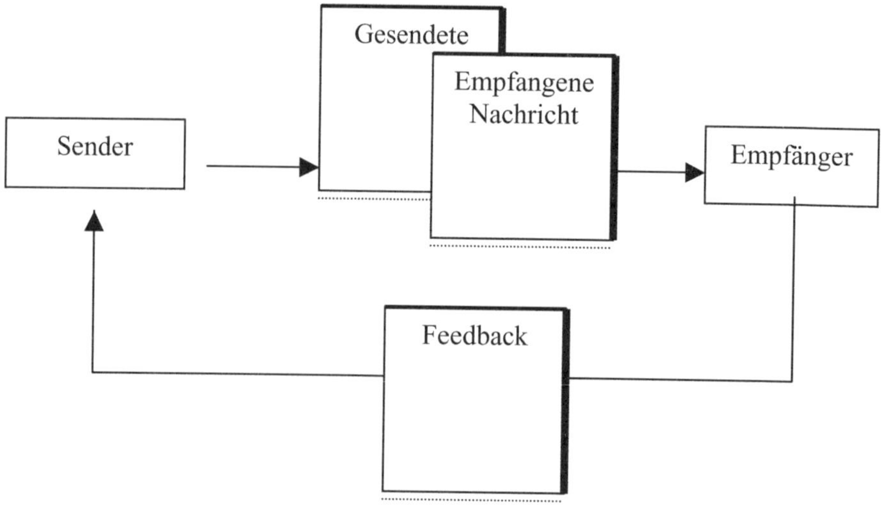

Nach Schulz von Thun, 1992, Bd. I, S. 81

Sowohl das Modell wie auch die Beispiele zeigen, dass menschliche Kommunikation ein komplexes Geschehen ist. Vielleicht liegt es daran, dass so viele Menschen auf eigene eingefahrene Kommunikationsmuster zurückgreifen. Ein Lehrer schimpft mit einem Schüler, weil dieser im Unterricht seine Baseballkappe nicht abnimmt. Der Schüler wiederum fühlt sich in einem persönlichen Bereich angegriffen, der seiner Meinung nach den Lehrer nichts angeht und behält demonstrativ die Kappe auf, was wiederum der Lehrer als Provokation interpretiert, die er nicht durchgehen lassen will, etc. etc. Es entsteht ein Teufelskreis der Kommunikation.

Teufelskreis der Kommunikation

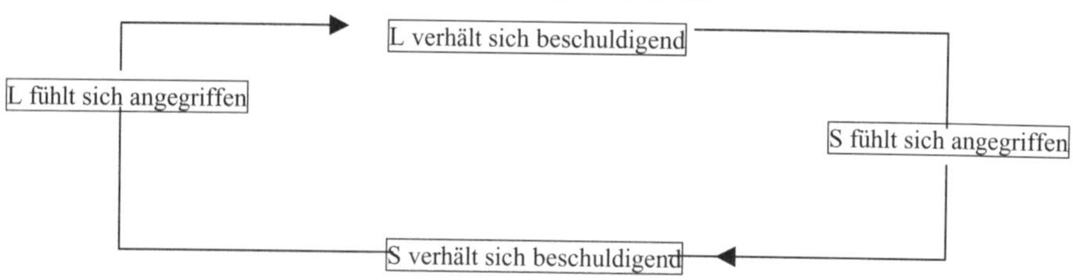

Nach Schulz v. Thun, 1992, Bd. II, S. 129

11.4.3 Verhaltensvorschläge

Aus der vorsichtigen Verhaltensdiagnose lassen sich erste Vorschläge ableiten, wie eingefahrene Muster verändert werden können. Auf der Senderseite besteht der wichtigste Fortschritt darin, möglichst eindeutige Botschaften zu senden und z. B. Appelle nicht in angebliche Sachaussagen zu verpacken. Auch könnte der Aspekt der Selbstoffenbarung, der in unserem Kulturkreis weithin als Schwäche gilt, trainiert werden. Die Verantwortung für die Reaktion liegt dann beim Empfänger, aber er weiß die neue Offenheit und das Vertrauen, das ihm damit entgegen gebracht wird, meistens zu schätzen.

Auf der Empfängerseite gilt es als erstes, eigene Empfangsgewohnheiten zu studieren. Danach gelingt es besser, alle Aspekte der Nachricht in den Blick zu nehmen und nicht nur den, auf den man meist anspringt. So sollten Lehrer und Lehrerinnen schulische Unmutsäußerungen nicht gleich als gegen sich gerichtet betrachten, sondern als Selbstaussagen der Schüler und Schülerinnen.

Der wichtigste Vorschlag von Schulz von Thun ist wohl, die Unterbrechung von Teufelskreisen der Kommunikation einzuleiten und auf einer anderen Ebene eine Einigung zu suchen. Die andere Ebene ist die Ebene der **Metakommunikation**, der Kommunikation über die Kommunikation. Hierfür ist gar kein großes Training nötig, sondern es muss nur etwas Zeit geopfert werden. Geeignet ist zum Beispiel eine Unterrichtsstunde, in der es nur darum geht, dass die Konfliktparteien ihre Anliegen vortragen und – ganz im Sinne Gordons – eine Einigung erzielen können. Dieser Einsatz an Zeit lohnt sich.

11.5 Die Transaktionsanalyse (TA / Eric Berne)

11.5.1 Die drei ICH-Zustände

Die **Transaktionsanalyse** untersucht vorwiegend die gegenseitige Beeinflussung von zwei Personen (Transaktion) und berücksichtigt dabei nicht nur die offensichtlichen Mitteilungen, sondern auch die ICH- Zustände, in denen die beiden sich befinden.

Nach Berne trägt der Mensch drei Persönlichkeitsinstanzen in sich, das **Kindheits-Ich (K)**, das **Eltern-Ich (EL)** und das **Erwachsenen-Ich (ER)**. Das ursprüngliche Kind ist neugierig und spontan, oft auch ängstlich, traurig oder wütend, bis es erzogen wird und lernt, die Emotionen mehr oder weniger zu unterdrücken. Es assimiliert im Imitationsprozess deshalb Eltern-Ich-Anteile und lernt, Kritik oder Fürsorglichkeit zu übernehmen, andere zurecht zu weisen oder ihnen zu helfen. Die Übernahme des Elternverhaltens kann man sehr gut bei Rollenspielen von Kindern beobachten, etwa beim Vater-Mutter-Kind-Spiel. Die zuletzt herausgebildete Instanz ist – ähnlich wie es schon Freud beschrieb –

das Erwachsenen-Ich. Das Erwachsenen-Ich erhält die Steuerungsfunktion. Es sammelt Informationen, wägt ab und setzt Vernunft und Verstand ein.

Anders als Freud annahm, glaubt Berne jedoch, dass alle drei Anteile lebenslang in uns vorhanden und wirksam sind, auch bei gesunden Menschen und auch im Erwachsenenalter. Diese Überzeugung gewann er durch die genaue Beobachtung der körpersprachlichen Signale wie den Gesichtsausdruck, die Stimmlage, den Tonfall und die Haltung der Menschen in unterschiedlichen Situationen. Das Kindheits-Ich zeigt sich zum Beispiel in Momenten von Ausgelassenheit (z. B. im Karneval), das fürsorgliche Eltern- Ich im Umgang mit dem anschmiegsamen Partner („Komm, ich helfe Dir"), das kritische Eltern-Ich zeigt sich allzu oft im Umgang mit Untergebenen („Sie müssen wirklich ...") und der Erwachsenen-Ich-Zustand ist in wirklich sachlichen Gesprächen erreicht. Hier ist aber Vorsicht geboten, denn oft versteckt sich in angeblich sachlichen Gesprächen auch eltern-typische Kritik oder kindischer Trotz. Es hängt also auch zu einem großen Teil von den Ich-Zuständen zweier Partner ab, wie sie aufeinander reagieren.

Drei Persönlichkeitsinstanzen nach Eric Berne

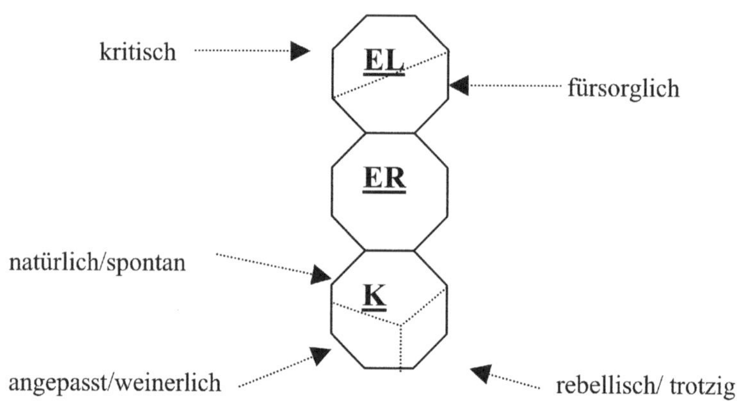

11.5.2 Die Transaktionsanalyse

Den direkten Umgang eines Gesprächspartners mit einem anderen nennt Berne Transaktion. Es gibt drei Formen von Transaktionen, die einfache, die gekreuzte und die verdeckte Transaktion. Bei der einfachen Transaktion „verstehen" sich die Partner. Damit ist nicht gemeint, dass sie immer aus dem Erwachsenen-Ich heraus miteinander reden. Es ist durchaus möglich, dass ein Partner oder eine Partnerin aus dem fürsorglichen Eltern-Ich heraus genau den „kindlichen" Ich-Zustand trifft, in dem die Partnerin oder der Partner sich gerade befindet, zum Beispiel, weil er oder sie gerade krank ist und gern umsorgt werden möchte.

Einfache Transaktion

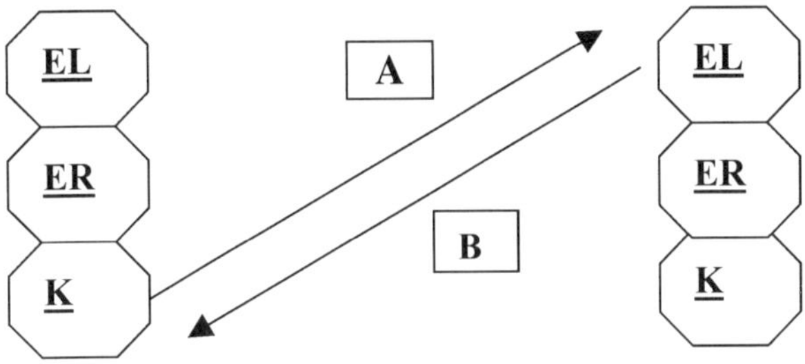

A: Bringst Du mir bitte Tee?
B: Hier, hoffentlich hilft er!

Bei der gekreuzten Transaktion gibt es Missverständnisse. Ein Partner fragt zum Beispiel nach seinen Hausschuhen (aus dem ER) und die Partnerin reagiert gereizt: „Pass auf Deinen Kram selber auf!" (aus dem EL).

Gekreuzte Transaktion

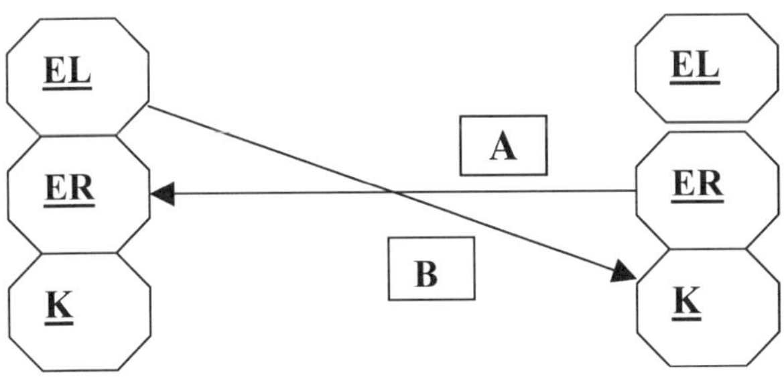

A: Wo sind meine Hausschuhe?
B: Pass auf Deinen Kram selber auf!

nach: Rogoll 1996, S. 34

Bei der dritten Art der Transaktion, der verdeckten, wird etwas anderes gemeint als gesagt wird. Es gibt also zwei Ebenen, eine soziale (öffentliche) und eine psychologische (verdeckte).

Verdeckte Transaktion

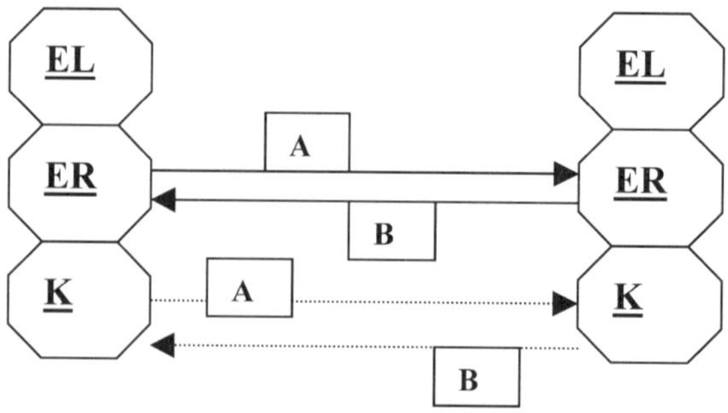

Soziale Ebene: ⟶
A: „Hier ist es so laut. Sollen wir rausgehen?
B: „Ja, das denke ich auch.“ ┈┈▶
Psychologische Ebene:
A: „Ich wäre gern mit dir allein. Ich mag dich.“
B: „Ich wäre auch gern mal mit dir allein.“

Viele Kommunikationsschwierigkeiten des Schulalltags können mit Hilfe der TA analysiert werden. Wie schon oben angedeutet, befinden sich Lehrer und Lehrerinnen gern im kritischen Eltern-Ich-Zustand, da sie es mit Abhängigen zu tun haben. Sie kritisieren viel und schimpfen oft und glauben sich damit im Recht. Jugendliche jedoch reagieren oft entsprechend trotzig (rebellisches K) und entwickeln „kindisches“ Verhalten, worüber sich wieder die Lehrer und Lehrerinnen empören (kritisches EL). Nicht selten schlägt ihre Empörung sogar in Wut um, ein Verhalten, das dem Kind-Ich zugeschrieben wird (trotziges K). Nun können die Schülerinnen und Schüler aus dem Elter-Ich reagieren: „Regen Sie sich doch nicht so auf! Was war schon dabei?!“ Was beide Seiten stattdessen anstreben, ist die Herstellung einer Sachebene, das heißt, beide möchten in Lehr- und Lernphasen eigentlich aus dem Erwachsenen-Ich heraus kommunizieren (Was kleine Ausflüge in den spontanen K-Zustand, zum Beispiel Späße machen, nicht ausschließt).

11.5.3 Das Herauskreuzen

Eine Methode, um aus der eingefahrenen Kommunikationsbahn herauszukommen, ist das sogenannte Herauskreuzen. Der Lehrer oder die Lehrerin aus dem obigen Beispiel könnte zunächst in das fürsorgliche Eltern-Ich (ein sogenannter produktiver Ich-Zustand) wechseln und Verständnis für den Trotz oder die Wut zeigen, etwa mit den Worten: „Ich kann mir vorstellen, dass Euch das jetzt ärgert, so kurz vor Schluss“, danach aber in den Erwachsenen-Ich-Zustand übergehen und nachfragen, wo genau denn die Probleme liegen. Die meisten Schülerinnen und Schüler gehen dann gern auf Detailfragen ein, ein Austausch auf der ER-Ebene kann beginnen und eine Eskalation wurde vermieden.

Kein Lehrer und keine Lehrerin kommt ganz um Wut und Ärger herum. Die TA kann aber helfen, verfahrene Situationen zu analysieren und – kombiniert mit den Methoden von Schulz von Thun und Gordon – zu einer Lösung zu kommen. So kann zum Beispiel mit einer schwierigen Klasse eine Metakommunikation vereinbart werden, bei der sachlich (Sachaspekt / Erwachsenen-Ich) über die Verletzungen und Bedürfnisse beider Seiten gesprochen wird und bei der Vereinbarungen getroffen werden können (niederlagenlose Konfliktlösung).

11.6 Konsequenzen für die Praxis

Fragen der Lehrer-Schüler-Beziehungen sind keine „persönlichen“ Fragen. Sie dürfen nicht dem individuellen Geschick des Referendars oder der Referendarin überlassen bleiben. Dazu sind sie viel zu wichtig, auch für die Schüler und Schülerinnen. Es hängt auch vom Vorbild der Lehrenden ab, wie Jugendliche Kommunikation gestalten lernen. Ich möchte deshalb nochmals ausdrücklich jedem Lehramtsanwärter und jeder Referendarin empfehlen, Kommunikations-Kurse mit Übungen zu besuchen.

Die obige Darstellung kann vorab schon wahrnehmen und beobachten helfen (vgl. auch mit Kapitel 2). Jede Lehrkraft wird sich fragen müssen, ob sie sich auch rollenkonform verhält oder gegen unausgesprochene Regeln verstößt, ob sie klar in ihren Botschaften ist und ob sie zuhören kann, wenn Schüler Probleme haben. Wenn es um ihre eigenen Bedürfnisse geht, sollte sie diese als Ich-Botschaften äußern und bei Konflikten Foren für niederlagenfreie Lösungsmöglichkeiten anbieten.

Außerdem ist es hilfreich, die Sendegewohnheiten der Kommunikationspartner und die eigenen Empfangsgewohnheiten unter die Lupe zu nehmen und sich zu fragen, ob das Gesagte nicht auch anders interpretiert werden könnte, zum Beispiel als Selbstaussage und nicht als Angriff.

Und schließlich hilft die genaue Beobachtung der Gesprächspartner dabei, auf ihre derzeitigen Ich- Zustände zu schließen (umgangssprachlich ausgedrückt: „wie sie drauf sind“) und entsprechend den richtigen Ton zu finden.

Ich möchte das hier Gesagte am Beispiel des Themas „Zu-spät-Kommen im Unterricht“ veranschaulichen.

Zur Situation Schule gehört es, dass es festgelegte Anfangs- und Endzeiten gibt. Das entspricht auch den Erwartungen der Beteiligten: Es ist nicht der freien Übereinkunft der Anwesenden überlassen, wann sie zu kommen gedenken. Jeder Lehrer und jede Lehrerin sollte also das Zu-spät-Kommen auf irgendeine Art registrieren.

Wie der einzelne Lehrer oder die Lehrerin reagiert, hängt aber auch von dem persönlichen Störgefühl ab, das er oder sie beim Zu-spät-Kommen der Schüler oder Schülerinnen empfindet. Manch einer möchte gleich eine Erklärung oder Entschuldigung hören, andere ignorieren die Störung am liebsten, um nicht aus dem Konzept gebracht zu werden. Hier ist eine klare Aussage darüber sinnvoll, wie er oder sie vorzugehen gedenkt. So könnte beispielsweise gesagt werden: „Ich notiere eingangs alle Fehlenden. Wenn dann noch jemand kommt, bitte ich ihn, sich leise zu setzen und sich erst nach der Stunde zu entschuldigen. Ich fühle mich sonst bei meinen Ausführungen gestört“.

Bei der späteren Anhörung der Entschuldigung ist es angebracht, aktives Zuhören zu praktizieren. Längst nicht alles Zu-spät-Kommen beruht nämlich auf Nachlässigkeit; vielmehr macht die heutige Verkehrssituation auch den Eifrigsten oft einen Strich durch die Rechnung. Natürlich muss nicht jede Entschuldigung akzeptiert werden. Vom aktiven Zuhören kann der Lehrer oder die Lehrerin notfalls zur niederlagenlosen Konfliktlösungs-Methode übergehen: „Ich höre, Sie wären eine halbe Stunde zu früh in der Schule, wenn Sie einen Zug früher nehmen würden. Das ist in der Tat sehr ungünstig. Ich fühle mich aber gestört, wenn Sie immer später kommen und auch noch anklopfen. Wie wäre es, wenn Sie sich von der Direktion eine Genehmigung fürs Zu-spät-Kommen holen. Sie könnte ins Klassenbuch eingetragen werden und alle wüssten Bescheid. Wenn Sie dann kommen, sollten Sie aber so unauffällig wie möglich Ihren Platz einnehmen. Dann würde ich mich nicht mehr so gestört fühlen“.

Wie unterschiedlich Botschaften interpretiert werden können, hat mir in diesem Zusammenhang eine Referendarin klar gemacht. Ich hatte mir angewöhnt, das Zu-spät-Kommen von Referendaren im Seminar zu ignorieren (Sachaspekt), um mich nicht stören zu lassen und im Text fortfahren zu können. Unbewusst hatte ich dabei Zu-spät-Kommen aber wohl als unhöfliches Verhalten unterstellt (Beziehungsaspekt). Die Referendarin, die einmal deutlich zu spät kam, fühlte sich durch meine Nicht-Beachtung gekränkt. Sie legte im allgemeinen großen Wert auf Zuverlässigkeit, war aber an diesem Tag in einen Verkehrsstau geraten. Sie hätte sich gern entschuldigt (Selbstaussage).

Unter dem Blickwinkel der Transaktionsanalyse agierte ich in dieser Situation aus dem kritischen Eltern-Ich heraus (Ignorieren einer Unart). Die Referendarin – bei Schülern wäre es ähnlich – hatte ich dadurch in den Zustand des angepassten Kindes gedrängt: Sie musste sich schnell und leise hin setzen. In Wirklichkeit hätte sie das Vorkommnis gern von gleich zu gleich, also aus dem Erwachsenen-Ich heraus erklärt. Spätestens von da an versuchte ich gleich zu Beginn einer neuen Unterrichts-Einheit mein Bedürfnis nach Störungsfreiheit kund zu tun, zeigte mich aber offen für eine Erklärung nach der Stunde.

Mit der Offenlegung der Wünsche auf beiden Seiten und der neuen Vereinbarung war das Missverständnis geklärt. Gelungene Kommunikation lebt von der Transparenz der Botschaften und dem Aushandeln von Interessen.

In verfahrenen Situationen ist es auf jeden Fall sinnvoll, zum Zweck der Problemlösung ein Klassengespräch einzuberufen. In einem solchen Gespräch werden die Anliegen der Beteiligten vorgebracht und es werden Regeln für die Zukunft formuliert.

Damit wird letztlich nicht nur psychologischen Ratschlägen, sondern auch einer wünschenswerten demokratischen Kommunikations-Kultur entsprochen. Sie kann mit Blick auf die nachfolgende Generation gar nicht früh genug geübt und praktiziert werden.

Literatur

Balser, H.: Konfliktfeld Schule: Systemische Problembewältigung. Wetzlar 1993

Berne, E.: Spiele der Erwachsenen. Reinbek bei Hamburg 1981

Gordon, T.: Lehrer-Schüler-Konferenz. München 1989

Gührs, M. / Nowak, C.: Das konstruktive Gespräch. Ein Leitfaden für Beratung, Unterricht und Mitarbeiterführung mit Konzepten der Transaktionsanalyse. Meezen 1995

Hofer, M.: Lehrer-Schüler-Interaktion. In: Weinert, F. E. (Hrsg.): Psychologie des Unterrichts und der Schule. Göttingen 1997, S. 215–252.

Mutzeck, W.: Grundlagen und Methoden der Beratung und Supervision im Berufsalltag. 2002

Rogoll, R.: Nimm dich wie du bist. Freiburg, Basel, Wien 1996

Schulz von Thun, F.: Miteinander Reden. 2 Bde, Reinbek 2001

Schulz von Thun, F.: Praxisberatung in Gruppen. Weinheim 2001

Schulz von Thun: Klarkommen mit sich selbst und anderen. Reinbek 2004

Städtler, T.: Lexikon der Psychologie. Stuttgart 1998

Watzlawick, P. / Beavin, J. H. / Jackson, D. D.: Menschliche Kommunikation. Bern, Stuttgart, Toronto 1990

Wenninger, G. et al.: Lexikon der Psychologie. Heidelberg, Berlin, Bd. 4, 2001

12. Pädagogik und Psychologie als Wissenschaften

12. Pädagogik und Psychologie als Wissenschaften

12.1 Fragestellung

Referendare und Referendarinnen, die ihren Dienst an beruflichen Schulen beginnen, denken zumeist nicht an Pädagogik oder Psychologie, wenn sie sich ihre zukünftigen Aufgaben vorstellen, sondern in erster Linie an ihr Fachwissen und dessen Vermittlung. Auch über die Institution Schule als solche machen sie sich relativ wenig Gedanken. Und mit den Schülern und Schülerinnen hoffen sie durch persönlichen Einsatz einen zwanglosen Umgang erreichen zu können.

Diese Einschätzung der Aufgaben eines Lehrers an einer weiterbildenden Schule teilen sie mit vielen Menschen in Deutschland. Schule wird als Institution oft nicht weiter hinterfragt, Psychologie gilt als geheimnisumwittert und Pädagogik wird entweder als „Kinderkram" für Grundschulkinder oder aber als praxisferne Elfenbeinturm-Wissenschaft abgetan.

Für die Vorurteile, mit denen insbesondere die Pädagogik zu kämpfen hat, gibt es viele Gründe. Zunächst einmal ist die Pädagogik selbst nicht ganz unschuldig an ihrem Ruf. Die Erziehungswissenschaft, wie sie seit der realistischen Wende Mitte des vorigen Jahrhunderts heißt, zerfällt an den Universitäten in unzählige Bereichsgliederungen und Einzeldisziplinen ohne gemeinsamen verbindlichen Kern oder gemeinsame Methoden. Dies mag seine guten Gründe haben, wirkt nach außen aber als Mangel.

Für Vorurteile sorgen aber auch die Referendare und Referendarinnen selber. Viele sind nicht mehr bereit, sich auf schwierige Texte einzulassen und lehnen manches ab, ohne es genauer zu kennen. Darin sind sie durchaus Kinder ihrer Zeit: Derjenige, der ihnen etwas zu sagen hat, möge es, bitteschön, mundgerecht anbieten.

Einen dritten Grund sehe ich in der hierzulande immer noch weit verbreiteten Existenz der „zwei Kulturen" (Habermas, 1966), der naturwissenschaftlichen und der geisteswissenschaftlichen Kultur als Gegensätze. Noch heute kann man in einigen Schulen erleben, dass Kollegen vor ihren Schülern von „Laberfächern" reden, wenn es um Fächer wie Deutsch, Geschichte oder Gemeinschaftskunde geht. Die sogenannten „weichen" Fächer werden – gerade auch an beruflichen Schulen – nicht ernst genommen.

Erst in der sogenannten dritten Phase, nach Beendigung der Ausbildung und etlichen Enttäuschungen in der Praxis, besinnen sich viele Kollegen und Kolleginnen eines Besseren. Es zeigt sich, dass erstklassige Planungen und der neueste Stand der Unterrichtstechnologien nicht ausreichen, um den Schulalltag erfreulich zu gestalten. Schule scheint anders zu laufen, als viele dachten. In dieser Phase werden pädagogische und psychologische Fortbildungsveranstaltungen plötzlich nachgefragt und gewinnen immerhin bei denjenigen an Ansehen, die sich mit dem status quo nicht zufrieden geben wollen.

Ich möchte im Folgenden zeigen, dass das Nachdenken über Schule, über Pädagogik und Psychologie spannend sein kann, gerade auch, wenn es um Themen geht, die über das Alltagsgeschäft hinaus gehen. Man sieht scheinbar Selbstverständliches mit anderen Augen und kann bewusst an einer Weiterentwicklung oder Veränderung mitwirken.

12.2 Grundlegende Fragen zur Pädagogik und Psychologie

Jede Wissenschaft will Ordnung in die Vielfalt der Phänomene bringen, um Gesetzmäßigkeiten zu erkennen und für die Zukunft Voraussagen machen und planen zu können. Die Pädagogik und die Pädagogische Psychologie wollen dies ebenfalls; sie sind aber aufgrund ihrer uralten Geschichte – beide sehen ihre Wurzeln in der Antike – nicht übereinstimmend sicher, welches die ihnen gemäßen Methoden sind.

Im neunzehnten Jahrhundert gehörten Pädagogik und Psychologie zunächst zu den Geisteswissenschaften, die Phänomene zu „verstehen“ (Hermeneutik) suchen. Mit dem Siegeszug der Naturwissenschaften wuchs dann das Bedürfnis, auch die Fragen von Seele und Erziehung naturwissenschaftlich erklären, einordnen und prognostizieren zu wollen. Es entstand die empirische Richtung, die einmal davon ausging, dass der Mensch ein Lebewesen unter anderen ist, und zum anderen, dass man das Verhalten – so gut wie das der Tiere – beobachten, messen und vorhersagen könne.

Beide Stränge sind – als „reine“ Lehre – veraltet. Denn spätestens seit den Forschungen von Thomas Kuhn zur Geschichte der Hypothesenbildung ist klar, dass auch Naturwissenschaften auf nicht naturwissenschaftlich zu erklärenden Voraussetzungen beruhen, weil nämlich die Hypothesenbildung selbst nicht naturwissenschaftlich hergeleitet werden kann. Sie unterliegt sozusagen dem Zeitgeist, und es gibt verblüffende Paradigmenwechsel im Laufe der Geschichte. Mit anderen Worten: Auch die Forschung und mit ihr favorisierte Forschungsmethoden unterliegen immer gesellschaftlichem Wandel.

Heute werden Pädagogik und Psychologie allgemein den Sozialwissenschaften zugerechnet, die sich sowohl um empirische Belegbarkeit als auch um die gesellschaftlich bestimmten Fragestellungen und Interpretationen bemühen.

12.3 Grundlegendes zur Pädagogik

12.3.1 Die Entwicklung der Pädagogik der Neuzeit

Im Mittelalter und noch bis in die Neuzeit hinein war das Lehren der Tendenz nach eine Aufgabe von Theologen. Erst mit der Aufklärung und dem Wunsch, sich aus der „selbstverschuldeten Unmündigkeit zu befreien" (Kant) emanzipierte sich die Pädagogik von der Kirche und wurde zu einer weltlichen Wissenschaft. Das Ziel der neuen Wissenschaft, die nun der philosophischen Fakultät zugerechnet wurde, war es, über Bildung und Erziehung eine Verbesserung „des Menschengeschlechts" als auch der gesellschaftlichen Verhältnisse zu erreichen. Die ersten bedeutenden Pädagogen der Aufklärungszeit waren deshalb nicht nur Ideen-Produzenten, sondern auch Sozial- und Schulreformer. Nicht umsonst ersann Rousseau sowohl einen Erziehungsroman als auch eine Verfassung, den „Contrat Social", und Wilhelm von Humboldt renovierte das Universitätswesen und erarbeitete ein Konzept für eine Art Gesamtschule, die jeder Bürger so lange besuchen würde, bis er die in ihm liegenden Kräfte voll zur Entfaltung gebracht hätte. Erst danach sollte die Ausbildung für verschiedene Berufe und Berufungen stattfinden. Diese revolutionären Vorstellungen wurden nur in Ansätzen umgesetzt. Was blieb, ist aber der Gedanke an eine Bildung für alle, eine Bildung, die das Selberdenken ermöglichen soll.

Im 19. Jahrhundert hat die zunehmende Reglementierung durch die Staatsbürokratie die Umsetzung fortschrittlicher Bildungsentwürfe vielfach erschwert. Die Pädagogik hat in dieser Zeit und bis weit ins zwanzigste Jahrhundert hinein in ihrer universitären Ausprägung deshalb ein relativ idealistisches Eigenleben geführt. Möglicherweise rührt hierher ein tendenziell zu beobachtendes Auseinanderdriften von Theorie und Praxis und die Entstehung des hartnäckigen Vorurteils, dass die pädagogische Theorie nicht viel mit der Wirklichkeit zu tun habe.

In den sechziger Jahren des 20. Jahrhunderts, nach der sogenannten realistischen Wende, nahm auch in Deutschland die empirische Lehr-Lernforschung zu und es begann ebenso eine Auseinandersetzung mit gesellschaftspolitischen, aber auch neuen philosophischen Fragen. So werden derzeit etwa systemtheoretische und konstruktivistische Konzepte oder Fragen der Postmoderne diskutiert. Mit Herbert Gudjons wird die Pädagogik heute von vielen als „ integrierende Sozialwissenschaft verstanden, die auf Interdisziplinarität angelegt ist" (Gudjons, 2003, S. 25). Während die empirische Pädagogik beispielsweise umfangreiches Material zur Verifizierung von Hypothesen bereitstellt, erforschen die Geisteswissenschaftler die in Frage kommenden Zusammenhänge und sorgen mit ihren Interpretationen für Kritik und Veränderung.

12.3.2 Ausgewählte Forschungsbeiträge unterschiedlicher Richtungen

In der Pädagogik gibt es nicht nur viele Bereichsdisziplinen wie Schulpädagogik, Sozialpädagogik, Wirtschaftspädagogik usw., sondern auch eine Vielzahl wissenschaftstheoretischer Positionen. Diese Positionen möchte ich hier nicht wie einen weiteren Lehrstoff aufzählen und beschreiben, um die Leser dieses Buches, die meist Praktiker ohne wissenschaftstheoretisches Bewusstsein sind, nicht zu irritieren. Ich möchte vielmehr umgekehrt vorgehen und solche Forschungsbeiträge aufführen, die auf schulisches Handeln großen Einfluss hatten und haben. Die Herkunft wird in diesem Zusammenhang offen gelegt und interessierte Kollegen oder Kolleginnen können sich anhand der genannten Literatur weiter informieren.

Der **geisteswissenschaftlichen Richtung** verdanken wir umfangreiche Erörterungen der Bildungsfrage, wie wir sie bei Klafki kennengelernt haben (vgl. Kapitel 5), aber auch viele praktische Anregungen für eine kind- und jugendgemäße Erziehung und Unterrichtung. Hier wird der Versuch unternommen, gesellschaftliche und historische Aspekte sowie individuelle Gegebenheiten gleichermaßen zu berücksichtigen. So ist zum Beispiel die moderne Forderung nach Selbsttätigkeit und Schüleraktivität ein altes reformpädagogisches Anliegen aus den zwanziger Jahren des vorigen Jahrhunderts. Ähnlich steht es mit der Idee der Wochenplanarbeit, der Gruppenarbeit oder der Handlungsorientierung. Vorrangig haben diese Forderungen nichts mit den Erfordernissen der modernen Wirtschaft zu tun, die heute gern als Begründung herhalten, aber viel mit Ganzheitlichkeit und mit den Lebensbezügen der Kinder und Jugendlichen, um die es geht.

In vielen neueren Arbeiten zur Theorie und Praxis von Schule ist darüber hinaus eine intensive Auseinandersetzung mit Konzepten der Humanistischen Psychologie zu beobachten, von der TZI über Beratungskonzepte bis hin zur niederlagenfreien Konfliktlösung (Winkel, 1997, Miller, 1998, Gudjons, 2003): Hier wie dort geht es darum, Schule humaner zu gestalten.

Die geisteswissenschaftliche Pädagogik hat sich immer auch als kritische Instanz verstanden, die darüber wacht, ob etwa ungerechtfertigte Ansprüche an die Erziehung der Jugend und deren Wohl gestellt werden. Was ihr lange Zeit fehlte, war das Bewusstsein dafür, dass das staatliche Schulwesen jeweils fest in gesellschaftliche Gegebenheiten eingebettet war und ist, und dass die Kritik an diesen Gegebenheiten oft abprallte und noch abprallt.

Sozialwissenschaftliche Forschungen innerhalb der Erziehungswissenschaft haben dagegen ganzen Generationen von jungen Praktikern die Augen für die Macht gesellschaftlicher Bedingungen geöffnet. Sie haben ihnen damit insofern geholfen, als sich die Kolleginnen und Kollegen nicht mehr für alle Fehlschläge allein verantwortlich fühlen müssen. Die Institutionen lassen die Umsetzung vieler idealistischer Vorstellungen aus Gründen der Systemerhaltung nicht zu.

Eins der wichtigsten Bücher in diesem Zusammenhang war und ist die Theorie der Schule von Helmut Fend (1980). Fend zufolge hat die Schule drei Funktionen, nämlich die Qualifizierung des Nachwuchses, die Selektion und Allokation sowie die Integration. Die Qualifizierung dient der Vermittlung von Kenntnissen und Fertigkeiten, die Selektion und Allokation sortiert die Schüler anhand ihrer Leistungen und weist ihnen somit einen Platz in der Gesellschaft zu. Die Integration sorgt für die gesellschaftliche Eingliederung. Lehrer haben demnach die Aufgabe, Schüler zu unterrichten, sie ins Gemeinschaftsleben einzuführen und sie schließlich gemäß ihren Fähigkeiten zu beurteilen und ihnen damit bestimmte Abschlüsse zu ermöglichen oder zu verweigern. Besonders Letzteres ist Quelle vieler Rollenkonflikte, die umso schwerer wiegen, als Schule eine formale Institution mit Amts-Charakter ist. Schulhandeln ist zum großen Teil Verwaltungshandeln. Im Zweifelsfall hat in solch einer Institution immer die jeweils höhere Hierarchie-Ebene Recht und der ausführende Beamte ist der Organisation gegenüber zu einer höheren Loyalität verpflichtet als gegenüber seinem Klienten, in diesem Fall seinem Schüler. (Vogel in: Michaelis-Jähnke, 1981).

Die hier grob skizzierte „strukturell-funktionale“ Schultheorie hat schlagartig erklären können, wie es möglich war, dass noch in den siebziger Jahren ein Direktor den gerade an Seminaren stark propagierten Gruppenunterricht verbieten konnte oder dass ein Kollege „nach oben“ zitiert wurde, weil er angeblich zu gute Noten vergeben hätte. In beiden Fällen wurden „Maßnahmen“ angedroht. Die Maßnahmen, zum Beispiel Versetzungen, wurden im Wiederholungsfall ohne Zögern umgesetzt, denn in einer Behörde agieren die einzelnen Menschen in einer „personen- und situationeninvarianten Ordnung“ (ebenda, S.119) und sind formal leicht zu ersetzen.

Aus heutiger Sicht wird Fend vorgehalten, dass bei ihm die „edukativen und didaktischen Sachverhalte“ zu kurz kämen (Winkel, 1997, S.40). In der Tat kann und muss nach Wegen gesucht werden, wie in einer gegebenen Institution auf der Mikro-Ebene Verbesserungen möglich sind. Um solche Vorschläge geht es in Winkels Theorie und Praxis der Schule aus dem Jahr 1997. Für Winkel ist und bleibt Schule eine „schola reformanda“ (Winkel, 1997, S. 129), das heißt, dass von den Beteiligten von innen eine „Schulreform peu à peu“ eingeleitet werden muss. Allerdings – so meine ich – sind dafür strukturelle Rahmenbedingungen nötig, die Veränderungen zulassen. Solche Rahmenbedingungen sind zur Zeit erfreulicherweise vorhanden und sollten genutzt werden. Schon 1980 konnte Fend beobachten, dass die „von Personen getragenen und von Ideen und Wertungen gespeisten Bemühungen“ als Kontroll- und Veränderungsinstanz allmählich immer höher eingeschätzt werden (Fend, 1980, S. 51). Interessanterweise scheinen es immer wieder Zeiten der Krise zu sein, in denen Reformen nicht nur gewünscht, sondern auch von der Leitungselite begrüßt oder sogar initiiert werden. Das war schon zu Humboldts Zeiten so, als Preußen unter napoleonischer Ägide dem Niedergang nahe war und das wird auch aus der Zeit nach der gescheiterten Revolution von 1848 berichtet, in deren Folge Frauen der Zugang zur Bildung gewährt wurde.

Die **Kritische Theorie** hat uns gelehrt, empfindlich auf Ideologien zu reagieren. Auch Technik und Wissenschaft können zur Ideologie werden, sofern versucht wird, die in ihnen vorhandene Zweckrationalität auf alle gesellschaftlichen Lebensbereiche zu übertragen und überall „Sachzwänge" zum Regulativ werden zu lassen, in der Schule zum Beispiel den Sachzwang „Abschluss". Damit kommt aber die lebenspraktische Seite zu kurz, in der wir uns darüber verständigen müssen, was wir mit den gewonnenen Erfahrungen anfangen wollen. Beispielsweise dürften wir an Berufsschulen mit biologischem Profil gentechnische Prozesse nicht nur lehren und untersuchen, sondern müssten mit den Schülern und Schülerinnen auch die dazugehörige ethische Seite diskutieren. Dazu kommt es aber wegen des bevorstehenden Abschlusses oft nicht und Lehrer wie Schüler beugen sich kritiklos dem angeblichen Sachzwang.

Die Kritische Erziehungswissenschaft setzt daher auf den frühzeitigen Erwerb kommunikativer Fähigkeiten, um die Schüler und Schülerinnen zum Diskurs über ihre Lebensverhältnisse und zum Aushandeln von Regeln zu befähigen.

Die Leistungen der **empirischen Richtung** der Pädagogik brauchen zur Zeit kaum besonders hervorgehoben zu werden: Die sorgfältig durchgeführten internationalen Vergleichsstudien zum Wissensstand der 15-Jährigen zum Beispiel haben erreicht, dass das Thema Bildung wieder ernst genommen und in der Öffentlichkeit diskutiert wird. Auch einige Erkenntnisse, die ihr selbst zugute kommen, verdankt die Lehrerschaft der empirischen Richtung und deren Interpreten. So gibt es etwa differenzierte Arbeiten zur Belastung von Lehrern. Sie haben zeigen können, dass die „Enttraditionalisierung" (Combe, 1996) den Lehrberuf gegenüber früher schwieriger gemacht hat. Es erweist sich, „dass Lehre ein offener, produktiver, riskanter Prozess ist, der auf der prinzipiellen Unmöglichkeit beruht, diesen Prozess einem allgemeinen Kalkül zu unterwerfen" (Combe, 1996, S. 271). Die Hauptbelastung ist eine Entscheidungs- und eine kommunikative Belastung (vgl. ebenda, S. 277 und 284).

Zum Schluss soll noch auf eine grundsätzliche Frage eingegangen werden, die in den letzten Jahren unter dem Stichwort **Postmoderne** diskutiert wird, ob nämlich angesichts der Pluralität der Lebenswelten und angesichts des Scheiterns des „Projekts Aufklärung" überhaupt noch auf irgendein Ziel und irgendwelche Normen hin erzogen werden dürfe oder könne. Die „Verbesserung des Menschengeschlechts" durch Vernunft ist offensichtlich nicht gelungen, im Gegenteil: Die Verabsolutierung der Zweckrationalität hat sich, wie zum Beispiel bei der Entwicklung der Kernenergie zu beobachten ist, als zerstörerisch und selbstzerstörerisch erwiesen.

Trotzdem sollten wir uns – wie auch etliche Erziehungswissenschaftler zu bedenken geben – vom Vernunftprinzip nicht verabschieden, denn die Aufklärung hat die Bürger nicht nur zur Selbst-Destruktivität, sondern eben auch zur Selbstreflexion und zur Selbstentfaltung frei gesetzt. Erst die Vernunft ermöglicht die Teilhabe an der Fülle der Wirklichkeiten und erlaubt uns, „anders zu denken und zu lernen und damit selbst anders zu werden“ (Peukert, 1992, S. 117). So entstehen neue Tugenden wie Konfliktfähigkeit, Toleranz und eine Steigerung der Selbstwahrnehmung sowie der Wahrnehmung der anderen.

Wenn auch die Demokratie von manchen Kritikern der Moderne nur als eine Gesellschaftsform unter anderen denkbaren gesehen wird, so ist sie doch diejenige, die einer größtmöglichen Anzahl von Menschen die Teilhabe an der Auseinandersetzung über die gesellschaftlichen Lebensbedingungen gestattet. Die daraus resultierende Mit- und Selbstbestimmungsmöglichkeit ist ein derart grundlegendes Privileg, dass wir alles daran setzen müssen, um es nicht zu gefährden. Wenn wir die Teilhabe-Möglichkeiten also erhalten und sogar möglichst erweitern wollen, müssen wir als Pädagogen die Verantwortung dafür übernehmen, dass jede nachwachsende Generation die Selbstkompetenz, die soziale Kompetenz und die kommunikative Kompetenz entwickeln kann, die zusammen für eine gemeinsame Entscheidungsfindung nötig sind. Die Erziehung zur Mündigkeit ist eine schwierige, aber lohnende Aufgabe, weil sie allein den Erhalt und die Weiterentwicklung unserer demokratischen Institutionen gewährleistet.

12.4 Grundlegendes zur Pädagogischen Psychologie

12.4.1 Merkmale der Pädagogischen Psychologie

Die Pädagogische Psychologie war zunächst mit der Pädagogik „verschwistert“; berühmte Pädagogen verstanden sich auch als Psychologen und umgekehrt. Erst zeitgleich mit der idealistisch geprägten Pädagogik des 19. Jahrhunderts setzte die Entfremdung ein. Die Pädagogische Psychologie hat sich im Gegensatz zu dieser nämlich vorwiegend als „anwendungsorientierte“ Wissenschaft verstanden (Krapp, 2001, S. 9), die „die wissenschaftliche Erforschung der psychologischen Seite der Erziehung“ (Fischer in: ebenda, S. 7) betreibt. Heute versteht sie sich als „empirisch-wissenschaftliche Disziplin, die trotz ihrer engen Bezüge zur pädagogischen Praxis und zur Erziehungswissenschaft der wissenschaftlichen Psychologie zuzurechnen ist“ (Krapp, ebenda, S. 18). Sie beharrt auf der Wertfreiheit der Forschung, was aber nicht bedeutet, dass nicht vor und nach dem Forschungsprozess Wertungen stattfinden.

Seit der Mitte des 20. Jahrhunderts gab und gibt es wieder eine intensive Zusammenarbeit zwischen Psychologen und Pädagogen. Das gilt besonders für den Austausch mit den Empirikern unter den Pädagogen, aber auch mit allen jenen, denen eine interdisziplinäre Erhellung pädagogischer Themen am Herzen liegt. Anfang der siebziger Jahre wurde zum Beispiel ein „Funkkolleg Pädagogische Psychologie“ angeboten, das von 40000 Hörern belegt wurde, von denen 15000 ein Zertifikat erwarben (Krapp, 2001, S. 14). Viele von ihnen waren Lehrer und Erzieher.

Die Pädagogische Psychologie ist nunmehr fester Bestandteil der Lehrerbildung und der Lehrerfortbildung. Einer neuen geschwisterlichen Zusammenarbeit zwischen Pädagogen und Psychologen kommen zwei wissenschaftstheoretische Paradigmenwechsel entgegen, nämlich die sogenannte **kognitive Wende** und der **Konstruktivismus**.

Die kognitive Wende hat von der reinen Beschäftigung mit Verhaltensweisen fort und zu einer Beschäftigung mit Kognitionen, also subjektiven Theorien und Vorstellungen hin geführt.

Für den Konstruktivismus ist „Wirklichkeit“ nichts anderes als das, was wir uns als Ergebnis unserer Erfahrungen, Vorstellungen und Ideen intern als Welt konstruieren.

Hier gibt es Berührungspunkte mit der geisteswissenschaftlich und philosophisch orientierten Pädagogik: Jedes Individuum entwickelt sein eigenes Weltbild und die Verständigung erfolgt in kommunikativen Austauschprozessen.

So wenig wie es „die Wahrheit“ gibt, so wenig gibt es auch die einzig richtigen Forschungsmethoden. Empiriker greifen heute auch auf Interviews zurück und machen interpretative Aussagen, so wie umgekehrt Geisteswissenschaftler gern ihre Erkenntnisse mit empirischen Forschungsergebnissen untermauern. Wissenschaft, die Theorien für praktisches Handeln bereit stellen will, versteht sich heute als integrativ und interdisziplinär.

Ein realitätsgerechter Theorie-Praxis-Bezug muss von den Bedingungen und Erfordernissen der Situation ausgehen, in der der Praktiker sich befindet; jede neue Situation aber ist etwas Besonderes. So gesehen liefert die Wissenschaft vor allem grundlegende Deutungsmuster, aus denen der Praktiker diejenigen auswählt, die der Situation und den eigenen Erfahrungen sowie der eigenen Intuition am ehesten entsprechen (Beck & Krapp, ebenda, S. 47).

12.4.2 Merkmale der Humanistischen Psychologie

Die Humanistische Psychologie gehört nicht zur Pädagogischen Psychologie. Sie soll hier dennoch erwähnt werden, da ihr Einfluss auf die heutige Schulentwicklung, insbesondere auf Reformen im Bereich der Kommunikation, unübersehbar ist. Die Humanistische Psychologie entstand als „dritte Kraft“ zwischen Psychoanalyse und Behaviorismus, um einerseits der bloßen Verhaltensforschung und andererseits dem Aufspüren des verdrängten Unbewussten einen ganzheitlichen und gegenwartsbezogenen Ansatz des Umgangs mit sich und anderen entgegen zu setzen. Ziel ist die „Selbstaktualisierung“ (Rogers) des Individuums, das heißt die Freisetzung der in jeder Person schlummernden Kräfte, die, wenn sie gelingt, zur Selbststeuerung und zur Bewältigung schwieriger Situationen befähigt.

Therapeuten, aber auch Lehrer können den Prozess der Selbstaktualisierung durch „aktives Zuhören“ (vgl. Kap. 11) und durch die Methode des Verbalisierens von Gefühlen unterstützen. Voraussetzung sind die sogenannten **Therapeuten-Variablen**, nämlich Echtheit und Wärme auf Seiten des Beraters und Akzeptanz des Gegenübers. Auf der Basis der Annahme können auch missliebige Verhaltensweisen zur Sprache kommen und bearbeitet werden. Wenn auf diese Weise Störungen ausgeräumt werden, ist das gemeinsame Erarbeiten von Regeln und deren Anerkennung auf breiter Basis möglich.

12.5 Konsequenzen für die Praxis

Der Lehrberuf an beruflichen Schulen ist entgegen den Erwartungen vieler Referendare und Referendarinnen in erster Linie ein pädagogischer Beruf. Aus diesem Grund ist die Beschäftigung mit pädagogischen und psychologischen Theorien nicht nur interessant, sondern auch äußerst hilfreich.

Allerdings ist das Hilfreiche an Theorien oft nicht auf den ersten Blick zu erkennen. Viele Wissenschaftler neigen zu einer schwierigen und abstrakten Sprache und verlieren sich in Details, die nur einen winzigen Teil des komplexen Umfeldes Schule repräsentieren. Die Versuchung ist deshalb groß, die Bücher zur Seite zu legen und sich nur auf den „gesunden Menschenverstand“ und die eigene Intuition zu verlassen. Das Vorurteil gegen die angeblich praxisferne Wissenschaft besteht also fort.

In Wirklichkeit können „gesunder Menschenverstand“ und Intuition nur wirksam werden, wenn subjektive Theorien und eigene Erfahrungen mit professionsbezogenen Wissensbeständen klug kombiniert werden. Es hat sich gezeigt, dass diejenigen Lehrer die besseren Lehrer sind, die solch eine Kombinationsgabe besitzen, die sich aber andererseits auch zuvor mit grundlegenden Deutungsmustern auseinandergesetzt und sie in ihre kognitive Struktur integriert haben (vgl. Kap. 10).

Mein Anliegen beim Schreiben dieses Buches war es, die Theorien so zu präsentieren, dass eine echte Auseinandersetzung gelingen kann. Nicht die etwaige Eignung für Prüfungszwecke steht im Vordergrund, sondern der Gedanke an die mögliche Übertragung auf schulische Situationen.

Auch dieses letzte Kapitel, das sich mit wissenschaftstheoretischen Fragen beschäftigt, hat einen Praxis-Bezug, wenn er auch nicht gleich zu erkennen ist. Es hat zeigen können, dass der Glaube an unumstößliche Wahrheiten der Vorstellung gewichen ist, dass es viele Lebensentwürfe gibt, die miteinander konkurrieren. Auch unsere demokratische Gesellschaftsordnung ist ein Entwurf unter mehreren denkbaren und deshalb auch immer gefährdet. Wenn wir sie erhalten wollen – und das muss uns nach unseren Erfahrungen in Deutschland ein großes Anliegen sein – dann müssen wir uns ihrer ständig neu vergewissern und sie aktiv weiterentwickeln. In der Praxis bedeutet dies, dass wir uns immer wieder entscheiden müssen, ob wir an bestimmten Strukturen und Gegebenheiten festhalten oder sie im Sinne einer fortschreitenden Demokratisierung verändern wollen. In beiden Fällen brauchen wir Argumente, die einer empirischen Prüfung standhalten, dafür brauchen wir aber auch kommunikative Fähigkeiten, um andere überzeugen zu können und schließlich ein starkes Selbstbewusstsein, das uns die Teilhabe an der Gestaltung der Lebensumstände selbstverständlich erscheinen lässt.

Aus dem bisher Gesagten ergeben sich dreierlei Aufgaben für die schulische Praxis: Lehrerinnen und Lehrer haben einmal die Aufgabe, Vorbild zu sein und an der eigenen Fach-, Sozial- und Selbstkompetenz zu arbeiten. Sie haben weiterhin die Aufgabe, auf allen Ebenen des Schullebens an dessen Gestaltung mitzuwirken und schließlich die außerordentlich wichtige Aufgabe, die nachwachsende Generation auf Entscheidungsprozesse und kommunikative Prozesse vorzubereiten. Bildung und Erziehung bedeutet auch, Verantwortung für demokratische Verhältnisse zu übernehmen; die Übermittlung von Fachwissen allein reicht dafür nicht. Die Pädagogische Psychologie, die empirische Pädagogik und die reflexive Erziehungswissenschaft helfen dabei. Sie ergänzen sich in der Vielfalt ihrer Erkenntnisse, wenn es darum geht, humane Lern- und Lebensbedingungen zu schaffen. Das zu vermitteln, steht im Zentrum meines Interesses.

Literatur

Apel, H.-J.: Schulpädagogik als Wissenschaft, in: Apel, H.-J. / Sacher, W. (Hrsg.), Studienbuch Schulpädagogik. Bad Heilbrunn 2002

Beck, K. / Krapp, A.: Wissenschaftstheoretische Grundfragen der Pädagogischen Psychologie, in: Krapp / Weidenmann, Pädagogische Psychologie. Weinheim 2001, S. 33–73

Benner, D.: Erziehungswissenschaft zwischen Modernisierung und Modernitätskrise. In: Zeitschrift für Pädagogik, 29. Beiheft, 1992, S. 31–44

Fend, H.: Theorie der Schule. München – Wien – Baltimore 1980

Gudjons, H.: Didaktik zum Anfassen. Bad Heilbrunn 1997

Gudjons, H.: Pädagogisches Grundwissen. Bad Heilbrunn 2003

Habermas, J.: Erkenntnis und Interesse. Frankfurt am Main 1973

Habermas, J.: Technik und Wissenschaft als „Ideologie“. Frankfurt am Main 1978

Herrlitz, H.-G. / Hopf, W. / Titze, H.: Deutsche Schulgeschichte von 1800 bis zur Gegenwart. Königstein 1981

Köck, P.: Humanistische Psychologie, in: Wörterbuch für Erziehung und Unterricht. Donauwörth 1997

Krapp, A.: Entwicklung der Pädagogischen Psychologie als wissenschaftliche Disziplin, in: Krapp / Weidenmann (Hrsg.), Pädagogische Psychologie. Weinheim 2001, S. 3–29

Lenzen, D.: Reflexive Erziehungswissenschaft am Ausgang des postmodernen Jahrzehnts, in: Zeitschrift f. Pädagogik, 29. Beiheft, 1992, S. 75–91

Michaelis-Jähnke, K.: Beratung und Schule. Heidelberg (Diss.), 1981

Miller, R.: Beziehungsdidaktik. Weinheim und Basel 1998

Peukert, H.: die Erziehungswissenschaft der Moderne und die Herausforderungen der Gegenwart, in: Zeitschrift für Pädagogik, 29. Beiheft, 1992, S. 113–127

Rogers, C. R.: Entwicklung der Persönlichkeit. Stuttgart 1991

Scherr, A.: Das Projekt Postmoderne und die pädagogische Aktualität kritischer Theorie. In: Marotzki, / Sünker (Hrsg.), Kritische Erziehungswissenschaft – Moderne – Postmoderne. Bd. 1, Weinheim 1992, S. 101–141

Winkel, R.: Theorie und Praxis der Schule. Baltmannsweiler 1997

Register